Ilja Lauber

Kick it vegan!

NEUN ZEHN

INHALT

Was ist los und wer? / Wer ist hier richtig? / Was du hier bekommst / Was du hi

RO

ht bekommst / Disclaimer / Body Positivity

Was ist hier los und wer?

Ein paar persönliche Worte vorneweg

Hi! Darf ich mich vorstellen: Ich bin iLL, Baujahr '80, sesshaft in einer ländlichen Kleinstadt Niedersachsens. Mit vegetarisch ging es bei mir so langsam ab 8 Jahren los, vegane Pfade beschreite ich seit meinem 17. Lebensjahr – da gab es noch nicht dieses neumodische „Internet" und vegane Regale im Supermarkt auch nicht. Ja, meine Kinder, so war das damals wirklich!

Ich betreibe mit wechselnder Gewichtung Kampfsport, Kraftsport, Tanzen und gelegentliches Laufen, sehr intensiv praktiziere ich auch das Liegen auf der Couch mit dem Notebook auf dem Bauch, im richtigen Leben arbeite ich im Schützengraben der stationären Jugendhilfe. Ich mag Anglizismen, Wortkreationen und den Buchstaben V, wie ihr (vielleicht leidvoll) sehr bald bemerken werdet.

Dieses Buch vereint vier Dinge, die in meinem Leben einen maßgeblichen Stellenwert einnehmen. Alle vier ergänzen sich in wunderbarer Weise, auch wenn sie nicht zwangsläufig etwas miteinander zu tun haben müssen. Es handelt sich um: Veganismus, Essen, Kochen und Sport.

Vegan zu sein hat für mich eine Bedeutung, die weit hinausgeht über „Ich ess kein Tierzeug". Der Begriff verkörpert in meiner Definition die Liebe zum Leben. Ich liebe das Leben und da ist es die naheliegende Konsequenz, dass ich das Leben achte und zwar nicht nur mein eigenes, sondern auch das von anderen, inklusive derer, die keine Menschen sind. Veganismus heißt für mich also Liebe, Leben und Respekt vor und für meine Mitlebewesen.

Allerdings bekommt man nach wie vor Zweifel und Behauptungen dahingehend zu hören, ob so eine Ernährungsform denn gesund sein könne und alles liefert, was man braucht. Und wenn es um Sport auf hohem Leistungsniveau geht, vervielfachen sich die Vorurteile und Bedenken noch – woher soll die nötige Power kommen und woher ausreichend Protein? Das werden wir ja sehen!

Essen ist eine meiner Lieblingsbeschäftigungen – ich esse gern und viel und genussbetont, ich schwelge in all den köstlichen Dingen, die die pflanzenbasierte Küche so zu bieten hat – was für ein Geschenk! Dabei trage ich aber auch immer Sorge, mich mit allem Notwendigen zu versorgen, damit die Maschinerie läuft wie sie soll und ich das Beste aus mir herausholen kann. Mich nicht ständig mit irgendwelchem Junk vollzustopfen, hat meiner Meinung nach auch was mit Selbstfürsorge zu tun. Viele Leute unterteilen Nahrungsmittel in *gesundes* Essen und *leckeres* Essen. Nicht mit mir! Wäre doch gelacht, wenn man das nicht unter einen Hut bekäme und einfach das Angenehme mit dem Nützlichen verbinden könnte.

Kochen ist eine tolle Sache. Gerade wenn man sich vegan ernährt, kann man sich so immer die besten Leckereien zaubern, auch wenn der vegane Lebens- und Genussmittel-Markt noch so seine Lücken aufweist (aber einiges tut sich ja bereits!). Man hat zudem eine viel bessere Kontrolle darüber, was man so in sein System lässt – und was lieber nicht. Kochen – jemanden nähren – bedeutet auch eine besondere Form der Zuwendung und Fürsorge, die man jemandem zuteil werden lässt. Egal, ob es die eigene Person ist oder jemand anderes.

Sport ist eine weitere Liebe meines Lebens – auch wenn es keine Liebe auf den ersten Blick war. Selten fühle ich mich so am Leben, so in mir ruhend, von tiefer Zufriedenheit erfüllt und gleichzeitig so stark und euphorisch wie nach einem harten, schweißtreibenden Workout – es ist fast schon spirituell. Und die richtige Ernährung versorgt mich mit dem nötigen sauberen Brennstoff, um in Bewegung zu kommen, zu bleiben und Gas zu geben.

Ich wünsche viel Spaß beim Lesen, Nachkochen und Essen und bin nicht böse, wenn ihr das Buch zwischendurch zur Seite werft, um ein paar Liegestütze zu machen.

Wer ist hier richtig?

Dieses Buch richtet sich an vegane Sportfreaks und die, die es werden wollen. Das heißt, es ist im Wesentlichen an folgende Personengruppe adressiert:

 Leute, die **vegan sind und Sport machen** – Ihr findet hier leckere Rezepte zur Deckung Eures speziellen Nährstoffbedarfs und, falls noch nicht vorhanden, einen leicht verdaulichen, theoretischen Unterbau zum Thema Ernährung.

 Leute, **die Sport machen und vegan ausprobieren oder werden wollen** – Ihr bekommt einen Überblick über vegane Ernährung und veganes Kochen, mit besonderem Fokus auf sauberen Kraftstoff, den man für den körperlichen Einsatz benötigt.

 Leute, **die vegan sind und Sport machen wollen** – Ihr findet neben den Rezepten und der Ernährungstheorie Unterstützung bei der Entscheidungsfindung, welche Bewegungsart die richtige für Euch sein könnte und wie Ihr es am besten angeht und dranbleibt.

 Leute, **die vegan werden und Sport machen wollen** – sehr gut, gleich zwei gute Entscheidungen auf einmal! Ansonsten siehe oben.

Außerdem: Wer einfach nur **zu- oder abnehmen** will, ganz ohne Bock auf Sport, findet hier ebenfalls die passenden Rezepte mit entsprechend hoher und niedriger Energiedichte (aber ich sage Euch: Sport ist so eine tolle Sache, Ihr solltet es wirklich versuchen!). Für KandidatInnen mit **Nahrungsmittelunverträglichkeiten** sind gluten- und sojafreie Rezepte entsprechend gelabelt, laktosefrei ist natürlich sowieso alles, da Milchzucker nicht vegan ist. Und wer ganz ohne Zunehm-, Abnehm-, Vegan- oder Sportanliegen einfach gern **leckere Sachen** isst und seinen **kulinarischen Horizont** erweitern will: Ebenfalls hereinspaziert!

Ich wünsche mir einfach, dass es allen, die dieses Buch gelesen haben, in den Fingern juckt, die Küche zu entern und alles auszuschöpfen, was Mutter Naturs Füllhorn zu bieten hat. Ich hoffe, Ihr könnt es kaum abwarten, vom Sofa aufzuspringen und die Muskeln und das Herz arbeiten zu lassen. Lauscht auf das, was euch der Körper für Signale sendet und gebt ihm, was er benötigt. Es wäre toll, wenn Ihr zu dem Schluss kommt, bzw. in Eurer Entscheidung bestärkt werdet, dass Veganismus der richtige Weg ist.

Was Du hier bekommst

Der Schwerpunkt dieses Buches liegt darauf, Rezepte für leckeres veganes Essen zu liefern. Und zwar Essen, das speziell geeignet ist, den verschiedenen Bedürfnissen sporttreibender Personen gerecht zu werden, sprich: Um geschröpfte Energiespeicher aufzufüllen, Muskelmasse aufzubauen, zuzunehmen oder abzunehmen.

Und weil noch kein Meisterkoch vom Himmel gefallen ist und eine Meisterköchin auch nicht, gibt es bei der Gelegenheit auch gleich das nötige Küchen-Grundlagenwissen dazu, gemäß meiner Prämisse: Jeder kann kochen!

Basics in Sachen gesunder™ und zweckgebundener Ernährung werden ebenfalls geliefert für die, denen das Thema noch fremd ist.

Und zu guter Letzt hoffe ich noch, einen Anreiz für all die BewegungslegasthenikerInnen, Couch-Potatoes und Schulsportunterricht-Traumatisierten setzen zu können, einen für sie passenden Sport zu finden und die Freude und den Spaß an körperlicher Bewegung (wieder) zu entdecken. Sport hat, das kann ich für mich sagen, mein Leben so grundlegend verändert, ich *muss* einfach missionieren!

Was Du hier nicht bekommst

Mir ist bewusst, dass sich fest vorgefasste Ernährungspläne – „In 30 Tagen zur Bikinifigur!!" – oder Trainingskonzepte – „Mit nur 5 Minuten am Tag zum Sixpack!!" – großartig verkaufen, aber das gibt es hier nicht und das hat mehrere Gründe.

Zum einen sind Verkaufsversprechungen, die innerhalb kürzester Zeit und mit minimalstem Einsatz großartige Erfolge für die Figur versprechen, in aller Regel Humbug, wenn nicht gar gesundheitsschädigend. **Zur Wunschfigur gibt's keine Abkürzung.**
Zum anderen gibt es im Bereich Ernährung und Bewegung bereits zahlreiche wirklich gute und etablierte Konzepte mit Hand und Fuß – warum also das Rad neu erfinden?

Zwar bin ich kompetent darin, Leute verschiedenster Fitness-Levels auf kreative und schweißtreibende Art durch die Sporthalle zu jagen und das ist auch eine Sache, die ich wirklich liebe. Aber Bewegung und Ernährung sind beides so umfassende und komplexe Themen, wenn man die beide in einem Buch unterbringen wollte, müsste man entweder ein Werk biblischen Ausmaßes verfassen oder könnte mindestens eins der beiden Themen nur stiefmütterlich abhandeln, ohne dem Thema wirklich gerecht zu werden.
Deswegen gibt es hier Rezepte und Hintergrundwissen und im Anhang Verweise auf bewährte Trainingsprogramme.

Disclaimer

Ich möchte hier noch meine persönliche Grundeinstellung transparent machen, auf der dieses Buch fußt:

(In-)Konsequenz

Ich versuche, möglichst viel bio zu kaufen sowie regional/saisonal, fairtrade, hingegen Palmöl und übermäßigen Plastikmüll zu vermeiden – das heißt aber nicht, dass ich es zum unumstößlichen Dogma für mich erhebe, sondern es sind Richtwerte, an denen ich mich orientiere. Ebenso versuche ich, meinen Speisezettel clean zu halten und vor allem frische, gute und nahrhafte Dinge zu essen – genauso ziehe ich mir aber auch gerne mal eine Tüte Chips rein oder eine große Schüssel zuckerüberzogener Frühstücksflocken in fünf verschiedenen Farben.

Wenn man versucht, alle ethischen, ökologischen und gesundheitlichen Aspekte zu 100% zu berücksichtigen, stehen die Chancen nämlich gut, dass man innerhalb kürzester Zeit völlig ausgebrannt ist oder dass das ganze Unternehmen schon im Vorfeld so abschreckend wirkt, dass man prophylaktisch die Flinte ins Korn wirft und gar nicht erst anfängt.

Entsprechend folgen die Rezepte und Ernährungsempfehlungen in diesem Buch einer bestimmten Linie, aber es wird hier kein Reinheitskult betrieben. Hie und da mag sich also durchaus eine Zutat oder ein Inhaltsstoff finden, der nicht 100% über jeden Zweifel erhaben ist.

Love Yourself

Es mag von einem besonderen Reiz sein, den eigenen Körper gegen alle Widerstände mit purer Willenskraft kompromisslos nach den eigenen Idealvorstellungen zu fordern und zu formen, diese Herangehensweise sehe ich allerdings kritisch. Sich mit Zwang und gegen den Würgereflex ankämpfend mit irgendwelchen Nahrungsmitteln vollzustopfen, die man widerlich findet, die aber beim Muskelwachstum helfen, sich herunterzuhungern auf eine Körperform, die überhaupt nicht für einen vorgesehen ist oder gegen alle körperlichen Alarmsignale immer noch mehr Leistungen aus sich rauszuzwingen – das ist Gewalt gegen einen selbst, Gewalt gegen jemanden, den man eigentlich mögen sollte. Ohnehin ist die Gefahr groß, dass bei so einer Handhabung das Pendel irgendwann zurückschlägt und man die Rechnung für sein Verhalten bekommt. **Das Leben ist auch so schon oft hart genug – warum es sich also absichtlich noch unangenehmer machen?**

Ich bin absolut eine Freundin davon, die eigenen Grenzen – körperliche und mentale – auszuloten und zu erweitern, die Comfort-Zone zu verlassen, um zu wachsen und besser zu werden. Aber: Ich vertrete die Ansicht, dass das immer im Rahmen eines positiven und liebevollen Umgangs mit sich selbst stattfinden sollte.

Body Positivity

Auch wenn es in diesem Buch unter anderem darum geht, den eigenen Körper gemäß einem persönlichen Idealbild zu formen, möchte ich mich ausdrücklich dagegen aussprechen, daraus eine Art kategorischen Imperativ zu machen! Andere Menschen von oben herab zu behandeln oder gar zu beleidigen und lächerlich zu machen, weil sie nicht so schlank, durchtrainiert oder aktiv sind wie man selbst – absolutes No-Go. Das viel strapazierte Argument der belasteten Sozialkassen geht auch nicht ohne weiteres auf – weder ist ein athletischer Körper wie durch ein Wunder gegen Krankheit, Verletzung und Alterserscheinungen immun (man nehme in die Rechnung außerdem bitte auch Sportverletzungen und den erhöhten Verschleiß mit auf), noch sind Ernährung und Sport die einzigen, relevanten, beeinflussbaren Faktoren, die entscheiden, ob man Kosten für die Allgemeinheit verursachen wird oder nicht.

Umgekehrt SportlerInnen verächtlich zu machen, weil sie wie besessen trainieren, sie vermeintlich zu ausgeprägte Muskeln haben, zu unterstellen, dass sie sicher dumm, gedopt und unattraktiv „für das andere Geschlecht" wären, ist ganz genauso daneben.

Einfache Formel: **Your Body, Your Business.** Not Your Body, Not Your Business. Simpel.

II.
WAR
UP

Veganismus / Kleines Vegan-1 x 1 / Ernährung / Sport / Kochen

RM-

VEGANISMUS
FIT, SCHLANK UND SCHÖN!

…wird man durch eine vegane Ernährung nicht. Sorry, Folks! Auch wenn das aktuell gerade gerne mal so vermarktet wird: **Veganismus ist kein universelles Wunderheilmittel.**

Selbstverständlich kann man als VeganerIn schlank, fit und schön sein. Oder dick, fit und schön. Oder schlank, fit und hässlich (was immer „hässlich" bedeuten soll). Eben genau so wie mit vegetarischer oder omnivorer Ernährung. Denn genau das ist der Punkt: Man wird nicht automatisch schlank oder dick oder krank oder topfit oder sonst irgendwas, allein durch die Angehörigkeit zu einer der genannten Ernährungslager. Verkürzt gesagt: Man kann sich sowohl vegan, als auch vegetarisch oder omnivor von Cola und Chips ernähren.

Ich für meinen Teil habe während meiner Vegan-Karriere bei 1,67 m schon 55 kg (ohne Sport) und 80 kg (mit Sport; und nein, es lag leider nicht an den Muskelmassen) gewogen – es spielen dabei eben eine ganze Reihe von Faktoren eine Rolle und nur begrenzt, ob man sein Häkchen bei „vegan" oder „nicht vegan" setzt.

Auch die Frage nach der Gesundheit ist bei weitem noch nicht so wasserdicht erforscht, wie teilweise suggeriert wird. Relativ gesichert scheint zu sein, dass die Sterblichkeit durch koronare Herzerkrankungen bei einer fleischfreien Ernährung im Schnitt deutlich gesenkt ist und dass VeganerInnen im Vergleich zu VegetarierInnen und Alles-EsserInnen den niedrigsten BMI sowie den niedrigsten Cholesterinspiegel haben. Bei allem darüber hinaus ist die Lage umstritten.

Also stellt sich die Frage …

WARUM (NICHT) VEGAN?

Es gibt hier keine tiefschürfende Abhandlung darüber, warum man vegan werden sollte – das wurde schon dutzendfach getan und lässt sich im Netz und in diversen Büchern detailliert nachlesen.
In diesem Buch soll es primär um das *Wie* gehen und nicht um das *Warum*.

Deswegen nur in Kürze: Es gibt für mich keinen Grund, nicht vegan zu werden, ausgenommen vielleicht ein paar seltene komplexe Nahrungsmittelunverträglichkeiten und -allergien.
Eine vegane Ernährung, oder zumindest die Bewegung in diese Richtung, ist meines Erachtens von einem ethisch-moralischen und auch ökologischen Standpunkt aus vielmehr unvermeidlich.

Denn: Egal wie „gut" die Haltungsbedingungen sind, ein Tier zu schlachten stellt unumgänglich immer einen Gewaltakt dar, in dem ein Leben genommen wird und zwar – in unserem Fall – aus absolut niederen Motiven – es besteht schließlich keinerlei lebenswichtige Notwendigkeit dazu! Und das ist auch bei Biobetrieben oder Bauer Hinze aus dem Nachbardorf, bei dem jede Kuh einen Namen hat, nicht anders, ebensowenig, wenn ein Tier in freier Wildbahn geschossen oder gefangen wird. Hinzu kommt, dass die Leute, die wirklich das Geld ausgeben, um Fleisch aus tatsächlich „guter" Haltung zu bekommen und nicht nur das Beispiel heranziehen, um ihren Fleischkonsum zu rechtfertigen, in der absoluten Minderheit sind. **Darum kein Fleisch, kein Fisch, kein Leder, keine Gelatine.**

Damit eine Kuh Milch produziert, muss sie regelmäßig künstlich befruchtet werden. Das Kalb wird ihr unmittelbar nach der Geburt weggenommen (mit Ausnahme der Mutterkuhhaltung, die aber nur in einem Bruchteil der Fälle praktiziert wird). Wenn es männlich ist, wird es gemästet und dann geschlachtet. Wenn es weiblich ist, tritt es selber sein Dasein als Milchkuh an. Im Alter von 5 Jahren wird eine Kuh üblicherweise geschlachtet, weil sie dann nicht mehr genug Milch produzieren kann und somit nicht mehr rentabel ist. Das gilt auch für Biobetriebe. Eine Kuh könnte eigentlich 15–25 Jahre alt werden. Übrigens wird Lab, das häufig als Gerinnungsmittel bei der Käseherstellung benötigt wird, aus kleingeschnittenem Kalbsmagen hergestellt. Ein Austauschstoff für Lab wird aus Schimmelpilzen hergestellt, die teilweise genetisch manipuliert und auf tierischen Nährböden wie Blutprotein gezüchtet sind. Käse ist in vielen Fällen genaugenommen also nicht einmal vegetarisch. **Darum keine Milch und keine Milchprodukte.**

Die lebensunwürdigen Haltungsbedingungen von Legehennen und das Töten der Tiere, wenn ihre Körper nach ein bis zwei Jahren so ausgemergelt sind, dass sie sich wirtschaftlich nicht mehr rentieren, ist eine Sache (und zwar eine schlimme). Was aber den meisten nicht bewusst ist: Um die riesigen Massen an Hennen zu produzieren, werden kontinuierlich tausende und abertausende Eier in Brutmaschinen ausgebrütet. Die Hälfte der Küken sind männlich, für die gibt es keine Verwendung (zur Hähnchenfleischgewinnung gibt es andere spezialisierte Rassen), weswegen sie direkt nach dem Schlüpfen lebend am Fließband aussortiert, geshreddert, vergast oder zermust werden. Und zwar allein in Deutschland jedes Jahr 40-50 Millionen, also rund 123.800 Küken *am Tag*. Nur in Deutschland. Das ist keine dramaturgisch aufbereitete Tierrechtspropaganda, sondern ganz normale Praxis. Und auch hier wieder: Auch auf Bio-Höfen und notwendigerweise auch bei Privathaltung müssen die überflüssigen Hähne, die bei der ‚Produktion' der Legehennen anfallen irgendwo hin. **Darum keine Eier.**

Hinzu kommt der Raubbau an den Ressourcen der Erde – Nutztierhaltung ist schlicht und ergreifend ineffektiv, unökonomisch und belastet unsere Umwelt, das Grundwasser und das Klima, besonders nachhaltig – es ist ein Verlustgeschäft. Sogenannte Nutztiere benötigen Wasser und Futterpflanzen (zudem noch Energie für Beleuchtung und Beheizung der Ställe etc.). Die werden aber nicht 1:1 in essbares Muskelfleisch bzw. Eier und Milch umgewandelt, sondern zu größeren Teilen auch in Wärme, Bewegungsenergie, nicht-essbare Körperbestandteile usw. Anstatt ein Vielfaches an pflanzlicher Nahrung und Ressourcen in ein Tier zu stecken, um am Ende eine geringere Menge an Fleisch herauszubekommen, wäre es viel logischer, sich den verschwenderischen Umweg zu sparen und die pflanzliche Nahrung direkt selber zu essen.

Ökonomisch wäre die Nutztierhaltung nur in Gebieten, in denen keine für den Menschen essbare Pflanzen angebaut werden können, wie z.B. bestimmte Gebirgs- und Steppengebiete. Aber es muss sicher nicht erwähnt werden, dass damit nie im Leben die Unmengen an Fleisch produziert werden könnten, die aktuell konsumiert werden. Mal davon abgesehen, dass es ethisch immer noch inakzeptabel wäre.

Während es in meinen Augen keinen Grund dafür gibt, nicht vegan zu werden oder es zumindest so weit wie möglich zu versuchen, gibt es jedoch Gründe, die für eine vollständig vegane Ernährung nur begrenzt Sinn machen. Neben dem weiter oben angesprochenen Punkt Gesundheit (und damit einhergehend „Schönheit" und „Fitness") ist das auch das Argument der „Natürlichkeit": Es ist sehr unwahrscheinlich, dass der Mensch™ sich irgendwann einmal komplett vegan ernährt hat – Hinweise darauf liefern z.B. die verbliebenen steinzeitlich lebenden Völker, die auch auf Nahrung tierischer Herkunft zurückgreifen oder die Fähigkeit etlicher Bevölkerungsgruppen, durch das körpereigene Enzym Laktase auch als erwachsener Mensch noch Milchprodukte verdauen zu können.

Aber dieser Umstand steht umgekehrt auch nicht dem Vorhaben der ethisch oder ökologisch motivierten veganen Ernährung im Weg: Einzig entscheidend ist doch, dass es im Hier und Jetzt möglich ist, ohne gesundheitliche Einschränkungen und ohne Verzicht auf Genuss sich auf rein pflanzlicher Basis zu ernähren.

KLEINES VEGAN-1x1

 Ernährungsgrundlagen

Es ist nicht nötig, einen Doktortitel in Ökotrophologie zu machen, wenn Du Dich vegan ernähren möchtest. Mittlerweile wird ja selbst in den Mainstream-Medien zumindest eingeräumt, dass es grundsätzlich möglich ist, sich rein pflanzlich zu ernähren ohne umgehend zu sterben. Es folgt aber immer der mahnende Nachsatz, dass eine intensive Auseinandersetzung mit dem Thema Ernährung nötig ist, um einen ausgewogenen und gut konzeptionierten Speiseplan zusammenstellen zu können, der einen mit allem Nötigen versorgt. Das ist schon ein bisschen witzig, wenn man einen Blick auf die Essgewohnheiten vieler Omnivoren wirft. Von einer ausgewogenen, vollwertigen Mischkost ist da nun nicht immer so wahnsinnig viel zu sehen – warum wird da nicht auf ein Studium der grundlegenden Ernährungslehre gepocht?

Nichtsdestotrotz ist es aber eine gute Sache zu wissen, was man isst und was da drin ist oder nicht. Wenn Du mit diesem Buch fertig bist, stehst Du aber auf der sicheren Seite.

 Informier Dich

…und zwar kritisch. Merke: Nicht jede Studie oder Aussage, die irgendwas Nachteiliges zum Thema vegane Ernährung sagt, ist von der Milchlobby geschmiert. Vegan-Organisationen und -Webseiten sind manchmal nicht unbedingt Nummer-Eins-Quellen, wenn es um sachliche Informationen zum Thema Veganismus geht. So wie die Fleischer-Innung keine verlässliche Quelle zum Thema Fleischkonsum ist.

Veganismus ist kein Allheilwundermittel. Dass man damit ein Zeichen setzt gegen die unvorstellbare Massenvernichtung und vollständige Entwertung von Leben im Namen von Profit, Luxus und Egoismus ist als Pro-Veganismus-Argument doch mehr als ausreichend. Vor allem in Verbindung mit dem Umstand, dass es ohne die Opferung von Genuss und eigener Gesundheit möglich ist. Da braucht es nicht notwendigerweise auch noch die Bestätigung, dass eine vegane Ernährung die gesündeste und natürlichste von allen Ernährungsformen ist, oder?

 Regelmäßige Bluttests

Zur eigenen Sicherheit und um ggf. besorgte Angehörige und FreundInnen zu beschwichtigen, ist es sinnvoll, ca. einmal im Jahr einen Blutcheck vornehmen zu lassen – besonders Vitamin B12, Eisen (vor allen bei Frauen und Mädchen) und evtuell noch Calcium und Vitamin D.

Bei B12 ist zu empfehlen, den Holo-TC- und Homocystein-Wert abnehmen zu lassen und nicht einfach nur den B12-Gehalt im Blut zu bestimmen, um ein verlässliches Ergebnis zu bekommen. Hier muss allerdings die Gebühr von ca. 20–30 € selber getragen werden.

B12

Das Vitamin B12 ist der einzige aller Mikro- und Makronährstoffe, der auf pflanzlichem Wege nicht zu bekommen ist. Das ist aber kein Problem, weil er ohne weiteres zu supplementieren ist. Hinzu kommt, dass der Speicher in der Leber im Schnitt etwa 3 Jahre vorhält – wer also noch ganz neu im veganen Geschäft ist, braucht sich erstmal keine Sorgen zu machen. B12 ist übrigens auch kein tierischer Stoff, sondern ein bakteriell erzeugter. Diese B12-produzierenden Bakterien finden sich auch im Dickdarm des Menschen, leider aber erst in einem Abschnitt, wo die B12-Aufnahme schon gelaufen ist, es wird also ungenutzt ausgeschieden. Oft hört man von B12-Vorkommen in bestimmten pflanzlichen bzw. fermentierten Lebensmitteln, hierbei handelt es sich aber um sog. Analoga, die vom menschlichen Organismus nicht verwertet werden können. Auch das Essen unabgewaschener Feldfrüchte reicht nicht aus. Da ein B12-Mangel in letzter Instanz zu irreparablen Nervenschäden führen kann, ist das kein Thema, bei dem man auf Risiko spielen sollte.

Vernetzen

Such Dir andere VeganerInnen, ob in Online-Communities oder in Deiner analogen Umgebung. Das kann zum einen Balsam für die geschundene Seele sein, wenn man sich ewig Spötteleien, Attacken und unqualifizierten Fragereien von Nicht-VeganerInnen ausgesetzt sieht. Zum anderen ist es besonders in der Anfangsphase eine unschätzbare Hilfe, wenn man eine vegan-erfahrene Person hat, die einen an die Hand nimmt, wenn es ums Kochen, Einkaufen und Überleben in einer omnivoren Welt geht.

Natürlich gibt es in der veganen Community schräge Vögel und unerträgliche ZeitgenossInnen, wie überall sonst auch. Aber mittlerweile ist die Szene so breit gefächert, dass für jeden was dabei sein sollte.

Übers Internet kannst Du leicht herausfinden, ob es in Deiner Nähe einen veganen Stammtisch, eine Volxküche oder Kochgruppe, eine Aktionsgruppe oder einfach kontaktfreudige Einzelpersonen gibt.

Ganz oder gar nicht? – Die Konsequenz-Falle

Wenn man sich damit befasst hat, was notwendig ist, damit man seine Bärchenwurst, sein Frühstücksei und sein Glas Milch auf dem Tisch stehen hat, kommt man vielleicht – hoffentlich – zu dem Schluss, dass es in keiner Weise gerechtfertigt ist, für die eigene Gaumenfreude atmende, fühlende Lebewesen unvorstellbaren Qualen auszusetzen. Und man entscheidet sich möglicherweise, es mit einer veganen Ernährung zu versuchen. Milchprodukte, Eier, Fleisch, Fisch – man könnte es schaffen, darauf zu verzichten. Aber kaum hat man erstmal begonnen, sich mit dem Thema auseinaderzusetzen, stürzen immer weitere Informationen auf einen ein, wo noch überall versteckt Tierprodukte involviert sind – Kleidung, Kosmetika, Putzmittel, diverse Zusätze und Produktionsmittel in vermeintlich pflanzlichen Lebensmitteln – konsequenterweise müsste man das alles künftig strikt und kategorisch ablehnen. Das kann einen wirklich entmutigen und überfordern, weil der Eindruck entsteht, dass man dann wirklich auf alles verzichten muss. Aber: Die absolut falsche Konsequenz ist, daraufhin das Handtuch ganz zu schmeißen und dem Vegan-Ziel frustriert den Rücken zu kehren – etwas nicht gleich 100% hinzukriegen und deswegen 0% zu machen, ist grundsätzlich eine ganz lahme und bequeme Ausrede. Der richtige Weg hingegen ist, es Schritt für Schritt angehen zu lassen, im eigenen Tempo und innerhalb der eigenen Möglichkeiten. Wenn Du als bisherige AllesesserIn erstmal nur einen veganen Tag in der Woche einlegst oder nur auf Fleisch verzichtest, ist das ein erster Schritt in die richtige Richtung. Ebenso, wenn Du bisher VegetarierIn warst und jetzt nur alles mit Milch- und Eierbestandteilen weglässt, aber Hygieneartikeln usw. erstmal außen vor lässt. Und wenn Du Dich soweit vegan ernährst, aber beim monatlichen Essengehen mit den FreundInnen auf vegetarisch zurückschaltest, ist das immer noch viel, viel mehr, als überhaupt nichts zu machen.

Veganismus ist keine Sache von „ganz oder gar nicht". Allein schon, weil eine wirklich komplett vegane Lebensweise überhaupt nicht möglich ist. Jeder Veganer und jede Veganerin zieht seine oder ihre eigenen Grenzen, was unter „vermeidbares Leid" fällt und was nicht. Natürlich ist diskutabel, ab welchem Punkt man noch als „vegan" gelten kann und ab wann nicht mehr. Aber: Es kann nicht unsere Hauptsorge sein, welches trendige Label wir uns auf die Stirn pappen können! Es geht darum, in unserem Leben so wenig vermeidbares Leid wie möglich an unseren Mitlebewesen zu verursachen. Ob man selber dadurch tatsächlich etwas im Großen ändert, ob „alle anderen es aber auch machen" oder ob man es schafft, immer und jederzeit genau das Richtige zu tun, spielt dabei keine Rolle. Es geht darum, Verantwortung für das eigene Handeln zu übernehmen und sein Bestes zu geben.

 ## Nicht volltexten lassen

Nicht-VeganerInnen können sehr defensiv reagieren angesichts der bloßen Anwesenheit eines Veganers oder einer Veganerin. Aber lass Dich auf keinen Fall auf irgendwelche Wortgefechte ein! Wenn Du mit einem oder mehreren verbal angriffslustigen Gegenüber konfrontiert bist, die sich durch Deinen Veganismus auf den Schlips getreten fühlen, ist eine sachliche Diskussion von vornherein aussichtslos, weil die Person überhaupt nicht an Argumenten interessiert ist (auch wenn sie so tut als ob). Wenn Du nicht zufällig ein rhetorisches Genie und superinformiert bist, kannst Du da nur verlieren. So etwas raubt Energie, laugt einen aus und macht hilflos und wütend. Das kann einen, wenn man noch nicht so gefestigt ist, ganz schön ins Straucheln bringen.

Bereite Dich daher in ruhigen Momenten mental auf solche Situationen vor, erde Dich, eigne Dir Wissen an, aber hab auch einen Spruch parat, um solche nervtötenden Diskussionsaufdrängungsversuche kurzerhand abzubügeln (und wenn es nur ist: „Tja, das sehe ich eben anders." Punkt. Und das Thema wechseln). Das ist Dein gutes Recht. Du musst immer im Kopf haben: *Du* tust nichts Falsches und Du bist niemandem eine Erläuterung oder Rechtfertigung schuldig.

ERNÄHRUNG

DIE GLAUBENSKIRCHEN

Wenn man anfängt, sich über „die richtige Ernährung" zu informieren, weil man Masse aufbauen will oder abnehmen, leistungsfähiger werden oder sich einfach was Gutes tun möchte, kann man innerhalb kürzester Zeit verzweifeln. Das Feld der Ernährungslehren ist ein Schlachtfeld, auf dem Professionelle und AmateurInnen dieses Fachs sich die erbittertsten Glaubenskriege liefern. Jeder sagt genau das Gegenteil vom anderen und alle haben irgendwelche Studien und wissenschaftliche Belege zum Untermauern ihrer Thesen parat – Low-Carb, Low-Fat, Paleo, Intermittent Fasting, 80/10/10 Diet, Anabole Diät, Metabole Diät, Trennkost, Master Cleanse, Rohkost, Vollwert, Fruganismus und was es nicht alles gibt. Was soll man da noch glauben? Am besten erst mal gar nichts.

Ein entscheidendes Manko, das fast alle diese Ernährungslehren und Diäten eint, ist dass sie alle Menschen über einen Kamm scheren und ihre spezielle Theorie universell und pauschal für die einzig richtige anpreisen. Aber das haut doch einfach nicht hin.
Sicher gibt es ein paar gemeinsame Nenner bei der menschlichen Ernährung – z.B. können sich Menschen nicht durch Photosynthese am Leben erhalten, sie können sich nicht von Gras ernähren und von Baumrinde auch nicht. Ok. Aber abgesehen von solchen grundlegenden Gemeinsamkeiten fängt es dann auch schon an, wackelig zu werden. Denn: Menschen sind keine nach DIN-Norm konstruierten Klone, sondern vielmehr in jeder Hinsicht mit sehr unterschiedlichen und individuellen Eigenschaften ausgestattet: der Stoffwechsel, der Körpertyp, die Persönlichkeitsstruktur, kulturelle und familiäre Gewohnheiten und Traditionen, die grundlegenden Bedürfnisse … Angesichts dieser Gegebenheiten zu behaupten „X ist nicht gut." und „Y ist schädlich." und „Du musst aber Z!", ist völlig absurd. Es gibt Dutzende von Menschen, die alle mit ganz unterschiedlichen und gegensätzlichen Ernährungskonzepten erfolgreich sind. Das zeigt, dass es nicht nur den einen Weg gibt.
Darum ist meine Faustregel: Wenn Dir irgendwer „die richtige Ernährungsweise" verklickern will – dreh auf dem Absatz um und geh woanders hin.

Was also dann? Es bleibt Dir nichts anderes übrig, als selber auszuprobieren, was für Dich funktioniert. Entweder Du setzt Dich mit den bestehenden Diäten und Ernährungsweisen auseinander und testest sie durch oder Du probierst es freihändig.
Es ist sinnvoll, sich Infos zu holen und von Leuten mit großem Wissens- und Erfahrungsschatz zu lernen – aber bleib dabei immer bei Dir. Was bei dem einen funktioniert, kann beim anderen das genaue Gegenteil hervorrufen. Der eine erzielt mit kohlenhydratreichem Essensplan beachtliche Muskelzuwächse, während der andere dadurch zusammenschrumpft, bis er wieder zur Proteindruckbetankung zurückwechselt; die eine läuft mit roh-veganer Ernährung Marathons, während die andere es damit vor Magenkrämpfen nicht mal zur Startlinie schafft usw.
Finde, was für Dich und Deine Anforderungen, Bedürfnisse und Ziele passt und bleib dabei.

GUT ESSEN (IN VEGAN)
Clean Eating

Als SportlerIn will man für gewöhnlich Leistung bringen – ob für sich selbst, in Competition mit den Trainings-Buddies oder in offiziellen Wettkämpfen. Das setzt voraus, dass die Maschine *läuft*.

Wenn man einen teuren Rennwagen in der Box stehen hätte, würde man nicht irgendeine gepanschte Plörre in den Tank kippen und dann erwarten, damit Top-Zeiten einzufahren. Warum sollte man sich dann minderwertigen Mist in die Futterluke schaufeln?

Ich mag den Begriff „gesund" nicht besonders, da er gemeinhin sehr inflationär und für die fragwürdigsten Konzepte verwendet wird – oder auch schlicht als Synonym steht für „nicht lecker". Was für eine fataler Trugschluss!

Ich bevorzuge den Begriff *„sauberes"* Essen bzw. aus dem englischen Sprachraum: *Clean Eating*.

Was nun aber *clean* bzw. gesund ist, darüber herrscht wie gesagt keine Einigkeit und es gibt zudem eine große Grauzone und fließende Übergänge – eben wie ziemlich überall im Leben.

Wie so oft gilt also: Sich informieren, niemandem leichtfertig glauben, kritisch hinterfragen und sehen, was für einen selbst stimmig ist.

Hier folgt also gleich meine Auffassung von dem, was „gut" ist und was es eher zu umschiffen gilt. Das heißt aber übrigens nicht, dass man sich mit zwanzig Peitschenhieben selber geißeln sollte oder umgehend fünf Jahre von seiner Lebenserwartung abziehen kann, wenn man doch mal einen der „bösen" Inhaltsstoffe zu sich genommen hat.

Meine Empfehlung ist nach wie vor, sich nicht über Gebühr mit der eigenen Ernährung zu stressen, sondern den Fokus auf Funktion und Genuss zu setzen.

Um sich optimal mit Nährstoffen zu versorgen und gleichzeitig den Genuss nicht zu kurz kommen zu lassen, ist die **Orientierung an den folgenden drei Punkten sinnvoll:**

 Frisch Bezogen auf Obst und Gemüse; direkt von der Gemüsetheke, vom Markt oder noch besser aus dem Garten oder erntefrisch schockgefrostet. Getreide, Ölsaat, Nüsse und getrocknete Hülsenfrüchte hingegen lassen sich praktischerweise auch ohne dubiose Sonderbehandlung problemlos lange lagern und dann bei Bedarf selbst zubereiten.

Primär Damit sind Lebensmittel gemeint – ob für den direkten Verzehr oder zur Weiterverarbeitung – deren hypothetische oder tatsächliche Zutatenliste aus *einem* Eintrag besteht, der zudem auch nicht bis zur Unkenntlichkeit konserviert, präpariert und extrudiert ist. Also z. B.: eine Orange = primär, ein selbstgepresster Orangensaft = immer noch primär, ein Orangendirektsaft (ausgepresst, erhitzt) = noch relativ primär, ein Orangenfruchtsaftgetränk (ausgepresst, hocherhitzt, konzentriert, wieder verdünnt, gezuckert oder mit Süßstoff versehen sowie Aromen und Antioxidationsmittel …) = nicht mehr primär. Ein Produkt, das aus mehreren primären Zutaten besteht, geht je nach Verarbeitungsgrad auch noch durch.

 Vielseitig Jedes Nahrungsmittel hat seine ganz spezifischen Vorzüge und in manchen Fällen auch Kehrseiten. Eine möglichst abwechslungsreiche Ernährung gewährleistet, möglichst viel von den Vorteilen abzugreifen und dabei möglichst viele der Nachteile zu kompensieren.

Das gilt sowohl für die verschiedenen Lebensmittel-Gruppen – Obst, Beeren, Gemüse, Pilze, Blattgemüse, Ölsaat, Hülsenfrüchte, Getreide, Nüsse – als auch innerhalb der Gruppe bezogen auf die verschiedenen Arten – also z. B. Leinsamen, Mohn, Sonnenblumenkerne, Chiasamen, Kürbiskerne usw.

Die Nahrungsmittelindustrie ist bestrebt, möglichst kostengünstig ein möglichst begehrenswertes Produkt zu erzeugen – was ja erstmal überhaupt nichts Verwerfliches ist. Wenn der Kundenwunsch aber dahingehend orientiert ist (oder in diese Richtung gelenkt wird – eine Huhn-Ei-Frage?), ein zu jeder Jahreszeit und überall verfügbares billiges Produkt zu erhalten, das auf eine ganz bestimmte Art und immer gleich aussieht und schmeckt, muss in die Trickkiste gegriffen werden. Vieles, was sich in den Lebensmittelregalen der Supermärkte findet, wurde daher nicht einfach so zubereitet, sondern von LebensmittelchemikerInnen im Labor zusammengebraut. Zur Verfügung steht ihnen dabei ein Arsenal aus mehreren tausend Helferleins: Aromen, Geschmacksverstärker, Verdickungsmittel, Farbstoffe, Stabilisatoren, Überzugsmittel, Süßstoffe, Trennmittel, Emulgatoren, Konservierungsmittel … Manche davon sind natürlicher Herkunft, manche entspringen dem Chemiebaukasten.

Die Zusatzstoffe sorgen dafür, dass das Produkt längere Zeit haltbar bleibt und weder Aussehen noch Konsistenz dabei verändert, andere haben die Aufgabe, ein minderwertiges (billiges) Nahrungsmittel aufzuhübschen, was Geschmack und Optik betrifft. Mit den passenden Hilfsmitteln kann man selbst Lebensmittelabfall in ein ansprechend anzusehenden, duftendes, wohlschmeckendes Produkt mit tollem Vitamingehalt verwandeln.

Aber das ist nun die Frage, ob man sich von etwas ernähren möchte, das es nötig hat, einen aufwändigen hübschen Anstrich zu erhalten und ein mit der Pipette zusammengestelltes Geschmacksprofil – anstatt einfach das zu essen, was von Haus aus toll aussieht, ebenso schmeckt und seine Nährstoffe selber mitbringt.

Potentiell problematisch ist hierbei auch, dass die sensorische Wahrnehmung in eine fragwürdige Richtung umtrainiert wird: Wenn man immer wieder Essen zu sich nimmt, das mit einem intensiven künstlich erzeugten Aroma versehen ist, findet ein Abstumpfungseffekt statt und über kurz oder lang wird einem „normale", naturbelassene Nahrung fad und geschmacklos vorkommen.

Hinzu kommen mögliche gesundheitliche Risiken. Etwaige Nebenwirkungen künstlicher Zusatzstoffe sind oft umstritten – im einen Land ist ein Zusatzstoff verboten, weil er als kanzerogen, also krebserregend gilt, im anderen ist er als unbedenklich zugelassen. Ich bin keine inbrünstige Freundin von Verschwörungstheorien, aber dass es in der Wirtschaft um Gewinnmaximierung geht und Lobbyarbeit betrieben wird, ist ja nun mal kein paranoides Hirngespinst. Wenn also irgendein exotischer Zusatz offiziell als unbedenklich deklariert wird, lohnt sich immer auch die Frage: Cui bono – wem nützt es? Es kann ja auch wirklich sein, dass es stimmt und tatsächlich keine Gefahr besteht, aber ich persönlich mache um folgende dubiosen Gesellen im Normalfall lieber vorsorglich einen Bogen:

 Künstliche Geschmacksverstärker Glutamat fungiert als anregender Neurotransmitter, der direkt an den Rezeptoren im Gehirn andockt und sich möglicherweise auf die Appetitregulation auswirkt.

 Künstliche oder „naturidentische" Aromen Tierische Inhaltsstoffe sind möglich, ohne dass diese notwendigerweise deklariert werden müssen – ebensowenig wie gentechnisch veränderte Mikroorganismen, die teilweise bei der Herstellung zum Einsatz kommen!

 Künstliche Konservierungsmittel Z.B. Natriumbenzoat kann Allergien auslösen und zu hyperaktivem Verhalten führen.

 Farbstoffe Einige der zugelassenen Naturfarbstoffe sind tierischer Herkunft. Produkte mit synthetischen Azofarbstoffen müssen den Hinweis tragen, dass sie die „Aktivität und Aufmerksamkeit von Kindern" beeinträchtigen können.

 Süßstoffe Gelten als sicher, aber sind nach wie vor hochkontrovers diskutiert. Werden außerdem unverändert wieder ausgeschieden und reichern sich bereits messbar in unseren Gewässern an – etwaige negative Effekte sind noch nicht abschätzbar.

 Gehärtete Fette Transfette können entstehen – nicht gut für den Cholesterinspiegel und die Herzgesundheit.

Aber: Ein binäres Schwarz-Weiß-Denken ist in Sachen „gesunder Ernährung" wenig zielführend. Zum einen, weil nicht jeder Mensch, jeder Organismus gleich ist und somit nicht für jeden dasselbe „gut" oder „schlecht" ist, und zum anderen weil ein Großteil der Nahrungsmittel nicht nur Vor-, sondern auch Nachteile hat (siehe Kapitel „Gegenspieler", S. 37). Umso wichtiger ist es, nicht einseitig zu essen und sich außerdem nicht zu sehr zu stressen – wenn die menschliche Gesundheit so fragil wäre, wären wir schon lange ausgestorben.

Auch braucht man sich nicht vorzumachen, dass man mit Ernährung und Lebensweise X verlässlich Gesundheits-Effekt Y herbeiführen kann. Egal wie gesund man sich ernährt, es ist kein Garant dafür, nicht von irgendwelchen schlimmen oder weniger schlimmen Krankheiten getroffen zu werden, nicht zu altern oder ewig zu leben.

Die Meisten kennen irgendwelche Fälle von der Tante, die wie ein Schlot geraucht hat und 95 geworden ist oder dem Kumpel, der sich nur von Junkfood und Softdrinks ernährt und die beachtlichsten sportlichen Leistungen einfährt. Manche Leute haben eben einfach Glück beim Gen-Bingo gehabt oder ein wohlgesonnenes Schicksal oder ein 1A-Karma oder was auch immer.

Klar wäre es schön, wenn es ein Patentrezept für ein langes, gesundes, sexy Leben gäbe, aber so ist es nun mal leider nicht.

Leg den Fokus also nicht darauf, so „vernünftig" und „gesund" wie überhaupt nur möglich zu leben, sondern das Leben zu genießen, das Beste aus ihm rauszuholen und gut mit dir selbst umzugehen.

Folgende Matrix empfehle ich also anzulegen, wenn es zur Gestaltung des eigenen Speiseplans kommt:

 Vertrage ich es? Wenn irgendein Nahrungsmittel – auch wenn es als „gesund" gilt! – bei Dir Blähungen, Magenschmerzen, Durchfall oder andere schöne Dinge auslöst, dürfte das ein ziemlich deutliches Signal sein, dass es für Dich nichts ist und Du etwas anderes ausprobieren solltest.

 Ist es sauber (also frisch, bio, primär)? Belastet es Deinen Körper mit Schadstoffen und künstlichen Zusätzen oder bietet es sauberen Brennstoff?

 Ist es meinem Kalorienbedarf entsprechend? Hat es eine hohe oder niedrige Energiedichte, während Du versuchst, Dein Kalorienpensum möglichst hoch, niedrig oder moderat zu halten?

 Wird es meinen Nährstoff-Anforderungen gerecht? Protein, Kohlenhydrate, Fett, worauf liegt Dein Fokus und entspricht das Nahrungsmittel dieser Anforderung?

 Versorgt es mich mit den nötigen Vitalstoffen? Sind es ‚leere' Kalorien oder bringen sie Vitamine, Mineralien und sekundäre Pflanzenstoffe mit?

 Mag ich es? Ein Aspekt, der meiner Meinung in der Gesundheitsdebatte viel zu wenig Beachtung findet. Ich persönlich bin davon überzeugt, dass eine Person, die mit Genuss all die Sachen isst, die sie mag, besser lebt als die Person, die Dinge isst, die „gesund" sind, ihr aber gar nicht schmecken.

Je mehr der sechs Punkte mit „ja" beantwortet werden können, desto häufiger sollte man die entsprechende Speise auf den Teller bringen, bzw. sie im umgekehrten Fall reduzieren oder ganz vom Speiseplan eliminieren.

Zur Verdeutlichung drei Beispiele von mir.

 Chips: Vertrag ich halbwegs gut, sind stärker verarbeitet, und je nach Sorte teils mit vielen Zusätzen, mag ich sehr gern, übersteigt meinen Kalorienbedarf weit, hat eine für mich sehr ungünstige Nährstoff-Verteilung und verfügt nicht mehr über allzu viel Vitamine und Mineralien – versuche ich, so selten wie möglich zu essen.

 Proteinpulver: Vertrage ich gut, ist relativ stark verarbeitet, mag ich nur begrenzt, Kalorien passen gerade noch so, Nährstoff-Schwerpunkt ist top, Vitalstoffe mittelmäßig – baue ich also immer wieder mal in meinen Speiseplan ein.

 Obst: Vertrage ich sehr gut, ist so primär wie nur möglich, liebe ich, Kalorien passen, Makronährstoffe nur in geringerem Umfang vorhanden, Vitamine top – go-go-go!

Bei den oben genannten Aspekten geht es allein um den gesundheitlichen Effekt. Zusätzlich können natürlich noch die Punkte relevant sein:

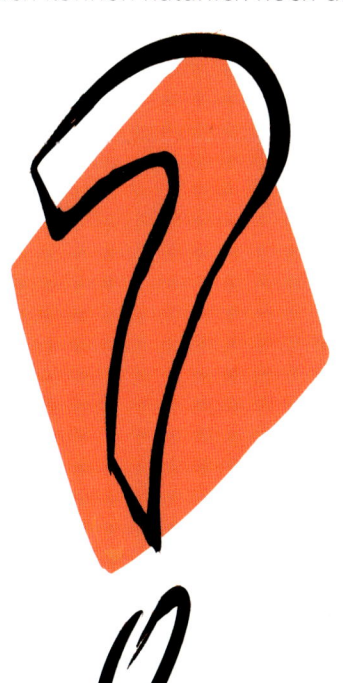

Ist es ethisch vertretbar?
Ist es ökologisch tolerabel?
Kann ich es mir leisten?

Trinken

Zum Thema Trinken gibt es viele Empfehlungen, gerade für SportlerInnen. Für gewöhnlich bewegen sie sich irgendwo zwischen 2–3l pro Tag. Mir scheinen solche Pauschalangaben allerdings nicht zielführend – es macht einen Unterschied, ob jemand sich hauptsächlich von Obst, Müsli und Joghurt ernährt oder von Knäckebrot, Nüssen und Seitan, ob man zu den Menschen gehört, die – anlage- oder aktivitätenbedingt – literweise Schweiß vergießen, ob viel Salziges oder viel Eiweißhaltiges gegessen wird usw.

Es gibt aber einen ganz praktischen Orientierungspunkt, um zu ermitteln, ob man genug trinkt: Wenigstens einmal am Tag sollte der Urin annähernd oder komplett wasserklar sein. Wenn das nicht der Fall ist – (Trink-)Wasser marsch!

Wenn ich nur nach meinem Durstgefühl gehen würde, würde ich fast nie was trinken – und damit bin ich nicht die einzige, gerade von Mädels höre ich das öfter. Tipp: Mir hilft es da, ein Glas im Bad und eins in der Küche stehen zu haben und immer wenn ich daran vorbeigehe, gilt es, mindestens ein Glas Leitungswasser wegzuexen. Und wenn ich das Gefühl habe, mich forciert rehydrieren zu müssen, stelle ich mir eine gefüllte 1.25-l-Karaffe nebst Glas auf den Wohnzimmertisch, mit der Auflage, die innert der laufenden South-Park-Folge zu leeren. Wenn man das einfach mit sportlichem Ehrgeiz angeht, haut das auch hin. Und hinterher fühlt man sich wie eine frisch gegossene Pflanze! Na, so in etwa zumindest. „Nich' lang schnacken, Kopp in' Nacken!"

Als „Getränk" sollte man nur Wasser, (zuckerfreien) Tee oder schwachkonzentrierte Schorle rechnen. Säfte und Pflanzenmilch sind eher als „Nahrung" zu sehen. Gerade Säfte, auch die nicht künstlich gesüßten, haben fast genauso viel Zucker intus wie Limonade! Zwar handelt es sich hier um den fruchteigenen Zucker, aber da das Obst seiner Ballaststoffe beraubt ist, liegt er hier bereits in einer konzentrierteren Form vor. Und auch wenn man die Kalorien nicht scheut, sollte im Hinterkopf behalten werden, dass Zucker, ganz besonders in Verbindung mit Säure, keine gute Angelegenheit für die Zähne ist. Maßhalten ist daher eine gute Idee und wenn schon Saft, dann nicht irgendeine gepanschte Konzentratplörre, sondern möglichst Direktsaft oder noch besser selbstgepresster aus Bio-Früchten. Durch die Verwendung eines Strohhalms beim Trinken kann man die Zähne übrigens zu einem gewissen Grad vor der Zucker-Säure-Attacke schützen.

Speziell auf SportlerInnen zielt die Vermarktungsstrategie isotonischer Getränke. Isotonisch (iso = „gleich", tonus = „Spannung") bedeutet, dass der Anteil fester und flüssiger Bestandteile im Getränk etwa in dem Verhältnis zueinander vorliegen, die der Verteilung im menschlichen Blut entspricht, was eine schnelle Aufnahme der Nährstoffe gewährleistet. Diese Getränke sind teuer, voll mit Zucker und anderen fragwürdigen Inhaltsstoffen. Wenn man nicht gerade im athletischen Hochleistungssegment unterwegs ist mit Einsatzzeiten, die eine Stunde deutlich überschreiten, sind diese sportlich aufgemachten Softdrinks Geldschneiderei und überflüssig.

Wenn man jedoch tatsächlich lang anhaltende Ausdauerleistung bringen muss, ist eine Alternative die selbstgemischte Schorle aus Apfel- oder Traubensaft und Wasser im Verhältnis 1:5 bis 1:3. Eine solche Schorle ist ebenfalls isotonisch, liefert schnell verwertbare Kohlenhydrate und um den Mineralstoffhaushalt auszugleichen, der durch das Schwitzen geschröpft wird, kann natriumreiches Mineralwasser gewählt oder eine Prise Salz hinzugemischt werden. Stillem Wasser ist der Vorzug zu geben, wenn noch sportlicher Einsatz bevorsteht, da sich die Blubberbläschen im Magen kontraproduktiv auswirken können.

Für den Freizeitsportler und die Freizeitsportlerin reicht aber wie gesagt einfaches Leitungswasser – das dann aber gerne auch reichlich, denn eine nicht ausreichende Hydrierung führt flott zu Leistungseinbußen.

Bio? Logisch!

Nahrungsmittel aus biologischem Anbau sind gut für Dich, gut für die Umwelt und gut für andere Menschen. Der einzige, für den sie vielleicht weniger gut sind, ist der Geldbeutel, aber da muss man gegebenenfalls abwägen, wie man die Prioritäten setzt und Kompromisse schließen.

Gut für Dich

Nahrungsmittel mit Biosiegel unterliegen schärferen Richtlinien, was die Belastung mit Schadstoffen und Pestiziden anbelangt. Zudem sind eine ganze Reihe *unsauberer* Zusätze - Geschmacksverstärker, künstliche Farb-, Süß- und Aromastoffe - generell verboten.
Ob Bio grundsätzlich auch besser schmeckt, ist hingegen nicht eindeutig zu sagen.

Gut für die Umwelt

Ökologische Landwirtschaft ist dem Grundsatz nach auf möglichst umweltverträgliche Arbeitsweisen ausgerichtet. Chemische Schädlingsbekämpfung ist untersagt, der Einsatz genmanipulierter Organismen ebenso, zudem wird auf Misch- statt Monokultur bei der Felderbewirtschaftung gesetzt. Die umliegenden Gewässer, der Boden, die Luft und das Grundwasser bleiben also frei von Chemikalien und verstärkter Schadstoffemission. Es wird nicht auf Gen-Ebene in das hochkomplex vernetzte, ökologische System eingegriffen, die Böden werden nicht ausgelaugt und Artenvielfalt bleibt gewährleistet.

Gut für andere Menschen

Die ArbeiterInnen auf Plantagen in Übersee sind bei konventionell angebautem Obst, Gemüse, Kaffee, Kakao und Baumwolle teils ganz massiv den verwendeten Pestiziden ausgesetzt, mit denen die Pflanzen dort behandelt werden - und zwar ohne Schutzkleidung und Atemmasken, die gesundheitlichen Folgen sind in diesen Fällen entsprechend dramatisch.
Durch die Reglementierung bei biologisch Angebautem fällt dieser Punkt weg. (Aber: Das heißt nicht, dass die Arbeitsbedingungen insgesamt tadellos sein müssen - Bio ist nicht gleichbedeutend mit FairTrade!)

Neben dem staatlichen Biosiegel der EU und Deutschlands gibt es eine Reihe weiterer Öko-Verbände, die noch deutlich schärfere selbst auferlegte Richtlinien befolgen (teils auch zusätzlich mit Sozialrichtlinien) und ihre eigenen Gütesiegel ergänzend verwenden, (z.B. *demeter*, *Bioland* und *Naturland*).

Allgemein gilt: Überall wo „bio" oder „öko" draufsteht, ist auch bio drin, die Begriffe sind auf EU-Ebene geschützt.
Natürlich gibt es häufig den Einwand, dass es auch im Bio-Bereich Lebensmittelskandale gibt, die KontrolleurInnen geschmiert sein können und andere Tricksereien in düsteren Hinterzimmern stattfinden, wie überall, wo Geld im Spiel ist.

Klar, das ist nicht auszuschließen und eine hundertprozentige Sicherheit gibt es nirgends und nie. Aber: Die Chance, dass man saubere Ware bekommt, ist doch ungleich höher, wenn diese Produkte Richtlinien unterliegen, die regelmäßig von unabhängigen Organen kontrolliert werden – als wenn es gleich von vornherein gar keine Richtlinien gibt und das Motto gilt „Everything goes!"?

TK vs. frisch vs. Konserve

TK

Tiefgefrorenes Obst und Gemüse hat den höchsten Vitamin-Gehalt, da es direkt erntefrisch eingefroren wird. Es erlaubt außerdem eine hohe Flexibilität bei der Kochentscheidung, da es über Monate ohne Qualitätsverlust gelagert werden kann. Die Gefahr, etwas wegschmeißen zu müssen, weil es nicht rechtzeitig verarbeitet werden konnte, entfällt. Zusätzlich stellen TK-Produkte in vielen Fällen eine Zeitersparnis dar, da Gemüse fertig geputzt, geschält und zerteilt und Obst entsteint ist.

Der Nachteil ist auf ökologischer Ebene zu sehen, da das Einfrieren und Lagern natürlich mehr Energie kostet. Auch können Platzprobleme auftreten, wenn man nicht gerade im Besitz einer riesigen Tiefkühltruhe ist. Mittlerweile gibt es auch an Tiefkühl-Fertiggerichten einiges für den veganen Gaumen. Hier gilt es dann natürlich wieder die Inhaltsstoffe auf etwaigen Junk-Faktor zu überprüfen.

Frisch

Was den Nährstoffgehalt angeht, steht frisches Grünzeug tendenziell an zweiter Stelle – allerdings vor allem dann, wenn es aus der Region kommt. Obst und Gemüse wird oft unreif geerntet, damit es auf dem langen Transportweg um die halbe Welt nachreift, um dann endlich im vorgesehenen Zustand im Supermarktregal zu landen.

Es muss in der Regel zügig verbraucht werden, da nicht nur Mikronährstoffe zu zerfallen beginnen, sondern früher oder später auch Geschmack, Konsistenz und Ansehnlichkeit dahin sind. Preistechnisch steht frische Ware – vor allem regional/saisonal gekauft – zumeist sehr gut da.

Konserve

Konserven sind grundsätzlich eine praktische Angelegenheit. Sie sind über Jahre hinweg haltbar und platzsparend aufzubewahren, ohne dafür zusätzlich Energie zu benötigen. Aber nicht alle Konservensorten sind sinnvoll, wenn man auf gehaltvolle Nahrung aus ist.

Hülsenfrüchte, Pilze, Obst und Gemüse werden für die Dose stark erhitzt, um alle Keime abzutöten. Das geht natürlich auch auf Kosten etlicher Vitamine, während hingegen der Mineralstoffgehalt unbeeindruckt davon bleibt. Lebensmittel, die vor dem Verzehr ohnehin ausgiebig erhitzt werden – Hülsenfrüchte und teilweise Gemüse und Pilze also – können daher auch in der Dose gekauft werden. Für Obst empfiehlt sich das aus geschmacklichen, optischen und ernährungsphysiologischen Aspekten nicht. Ein Vorteil bei Konservengemüse guter Qualität ist, dass es nicht erst lang unter dem kontraproduktiven Einfluss von Luft und Licht durch die Gegend transportiert wird, um dann noch tagelang im Gemüseregal im Supermarkt herumzuliegen, sondern direkt erntefrisch eingekocht wird. Ein Nachteil ist, dass oft größere Mengen an Salz,

Zucker oder anderen Zusätzen beigefügt sind, die man evtl. nicht dabei haben will. Auch die Innenbeschichtung von Dosen ist umstritten, weswegen selber einkochen eine Option ist. Das ist zwar weniger energieeffizient als im industriellen großen Stil, aber trotzdem ist es deutlich günstiger, als Kichererbsen und Verwandtschaft in der Dose zu kaufen – einen großen Aufwand stellt es auch nicht dar!

NÄHRWERT & GEHALT
Makronährstoffe

Makros sind die Nährstoffe von Lebensmitteln, die dem Körper als Energielieferant und Bausubstanz dienen. Manche sind essentiell, das heißt, der Körper benötigt sie, kann sie aber nicht selber herstellen, andere wiederum sind optional.

Die Makronährstoffe finden sich bei abgepackten Produkten für gewöhnlich in einer kleinen Tabelle auf der Verpackung und dürfen nicht verwechselt werden mit der Zutatenliste.

Folgende Makros gibt es:

Kohlenhydrate

Der Kraftstoff. Einfache und zweifache, also kurzkettige Kohlenhydrate (Zucker) stellen den Treibstoff zum sofortigen Verfeuern bereit. Bei komplexen, also langkettigen Kohlenhydraten (Stärke) erfolgt eine langsame und kontinuierliche Abgabe der Energie in den Blutkreislauf, da sie im Darm erst zu einfachen Kohlenhydraten aufgespalten werden müssen.

Wird die Energie nicht verbraucht, wird sie in Form von Körperfett als Reserve eingelagert.

1 g Kohlenhydrate = 4 kcal

Protein

Der Baustoff. Protein, missverständlich auch als Eiweiß bekannt, wird im Körper in Aminosäuren aufgespalten und daraus werden dann Muskeln gebaut. Es gibt acht essentielle Aminosäuren, die der Körper nicht selber herstellen kann und die daher zugeführt werden müssen. Alle acht dieser Aminosäuren finden sich auch in pflanzlicher Nahrung. Protein kann vom Organismus nur richtig verwertet werden, wenn alle acht Aminosäuren in einem ausgeglichenen Verhältnis vorhanden sind, das nennt man auch ein „vollständiges Protein".

Unter bestimmten Bedingungen (Kalorienüberschuss, Fehlen von Kohlenhydraten) kann Protein in Glucose, also Einfachzucker, und von da aus weiter in Fett umgewandelt werden.

1 g Protein = 4 kcal

Fett

Die Notreserve. Nahrungsfette sowie überschüssige Kohlenhydrate und über Umwege ebenfalls ein Zuviel an Proteinen wird in Körperfett umgewandelt, wo es als Energiereserve für Muskelarbeit und magere Zeiten auf seinen Einsatz wartet. Nahrungsfett ist außerdem nötig, um fettlösliche Vitamine resorbieren zu können.

Essentielle Fettsäuren, die zugeführt werden müssen, sind Linolsäure (Omega6) und Linolensäure (Omega3).

1 g Fett = 9 kcal

Ballaststoffe

Gehören eigentlich zu den Kohlenhydraten, sind aber überwiegend unverdaulich und haben daher eine andere Funktion. Es handelt sich hierbei vornehmlich um pflanzliche Faserstoffe, die in Magen und Darm stark aufquellen und durch ihr Volumen für ein Sättigungsgefühl sorgen. Außerdem halten sie die unteren Verdauungsregionen auf Trab, wirken regulierend auf den Blutzuckerspiegel und stehen in Verdacht, vorbeugend gegen Darmkrebs und Herzerkrankungen wirken zu können. Die Kehrseite ist, dass sie die Aufnahme bestimmter Mikronährstoffe vermindern und manch einer sie zumindest in größeren Mengen nicht gut verträgt.

1 g Ballaststoffe = 0 kcal (unlösliche) – 4 kcal (lösliche Ballaststoffe)

Mikronährstoffe

Die Mikronährstoffe sind die Sammelbezeichnung für Vitamine, Mineralstoffe und sekundäre Pflanzenstoffe. Sie liefern keine Energie für den Körper, sind aber unerlässlich für die verschiedensten Stoffwechselvorgänge. Ihr Einsatzgebiet reicht von Haut, Haaren, Nägeln, Knochen und Zähnen über die Immunabwehr, den Hormonhaushalt, die Verstoffwechselung der Makronährstoffe bis hin zu Konzentrationsfähigkeit und den Nerven.

Mängel können entsprechend fatale Folgen nach sich ziehen.

Vitamine

Es gibt die fettlöslichen Vitamine (A, D, E und K) und die wasserlöslichen (B1, B2, B3, B5, B6, B7, B11, B12 und C).

Eine besondere Bedeutung kommt für VeganerInnen Vitamin B12 zu, das einzige aller Mikro- und Makronährstoffe, das supplementiert werden muss, weil es der Körper nicht selber herstellen kann und es nicht in pflanzlicher Nahrung vorkommt (siehe „Vegan-1 x 1", S. 20).

Ob synthetische Vitamine allgemein natürlich vorkommenden Vitaminen das Wasser reichen können, ist umstritten. Es gilt aber auf jeden Fall zu beachten, dass fettlösliche Vitamine nicht überdosiert werden, da ein Zuviel von ihnen im Gegensatz zu den wasserlöslichen nicht einfach über den Urin ausgeschieden werden kann.

Vitamine sind ziemliche Sensibelchen – die meisten mögen keine Hitze, kein Licht, keinen Sauerstoff und/oder keine längeren Lagerzeiten, frische und rohe Anteile im täglichen Speiseplan sind also wichtig. Praktischerweise kommen viele Lebensmittel in ihrer eigenen Schutzverpackung in Form einer licht- und luftundurchlässigen Schale.

Mineralstoffe

Bei Mineralstoffen, die in Mengen- und Spurenelemente unterteilt werden, handelt es sich um anorganische Verbindungen, daher sind sie im Gegensatz zu Vitaminen deutlich robuster – Hitze, Sauerstoff und Licht machen ihnen nichts aus.

Eisen wird gern als besonders kritisch für Veganerinnen hingestellt, aber ob das haltbar ist, ist nicht abschließend geklärt. Eine vegane Ernährung könnte sogar im Vorteil gegenüber einer vegetarischen sein, da Milch und Eier absorptionshemmende Stoffe enthalten – viele Veganerinnen (z. B. ich) berichten auch davon, dass sich ihr Eisenhaushalt nach dem Umstieg von vegetarisch auf vegan verbessert hat.

Ebenso wie für Eisen gilt auch für Calcium aus pflanzlicher Quelle, dass es weniger gut verstoffwechselt werden kann als das Äquivalent tierischer Herkunft. Das ist also auch ein Mikronährstoff, auf den besonderes Augenmerk gelegt werden sollte – und zwar nicht nur auf die Aufnahme, sondern auch auf die Ausscheidung. Die wird nämlich durch verschiedene Faktoren begünstigt (z. B. vermehrte Aufnahme von Protein, Alkohol, Koffein, Phosphat und Salz), was dann natürlich kontraproduktiv ist.

Sekundäre Pflanzenstoffe

Diese Stoffe werden von Pflanzen produziert, um Fressfeinde abzuwehren, sich gegen Umwelteinflüsse, Pilze und Bakterien zu schützen, sie dienen als Duft-, Aroma- und Farbstoff.

Für den Menschen können sie sowohl positive als auch negative Auswirkungen haben. Welche, bzw. in welchem Ausmaß, ist noch nicht abschließend erforscht und wird teils kontrovers diskutiert – z. B. die Senkung des Risikos für bestimmte Krebs- und Herzkreislauferkrankungen, Verursachung von Impotenz und Unfruchtbarkeit bei Männern, Hemmung der Mikronährstoffaufnahme, verbesserte Immunabwehr, Zellschutz und Cholesterinsenkung.

Enzyme, wie sie sich in frischem, unerhitztem Obst und Gemüse finden, sind in dieser Form aufgenommen für den menschlichen Organismus übrigens nutzlos, da sie das Mangensäurebad nicht überstehen.

Gegenspieler

Auch wenn man sich möglichst naturbelassen und gesund und bio ernährt, gibt es Inhaltsstoffe in vielen Nahrungsmitteln, die nicht gesundheitsfördernd sind.

Das liegt vor allem daran, dass eine Pflanze in einem evolutiven Sinn kein Interesse daran hat, verspeist zu werden. Während Früchte sowie die entsprechenden Gemüsesorten von der Pflanze zum Verzehr vorgesehen sind, damit deren Samen verteilt werden, haben Getreide, Nüsse, Ölsaat, Wurzeln und Knollen verschiedene Maßnahmen gegen Fressfeinde entwickelt. Zudem nehmen einige Pflanzen verschiedene Stoffe aus ihrer Umwelt auf, die der menschlichen Gesundheit nicht unbedingt förderlich sind.

Zu nennen wären da beispielsweise Phytinsäure (Vollkorn), Oxalsäure (Spinat, Rhabarber), radioaktive Isotope (Waldpilze), Nitrat (Salat), Lektine (Grüne Bohnen), Schwermetalle (Leinsamen, Reiswaffeln) – sowohl bei Bio- als auch konventionellem Anbau. Manche von denen hemmen die Aufnahme wichtiger Mineralstoffe wie Eisen und Calcium, andere wirken in höheren Mengen sogar toxisch.

Aber – wieder mal – **kein Grund, in Panik zu geraten**.

Es gibt zum einen verschiedene Maßnahmen, die diese ungewollten Stoffe unschädlich machen oder sie zumindest reduzieren. Lektine in Hülsenfrüchten werden durch Erhitzen zerstört (Kochwasser danach wegkippen!). Phytinsäure geht es durch das mechanische Verfahren des gründlichen Ausmahlens von Mehl an den Kragen oder durch Fermentation, wie sie z.B. bei der Sauerteigführung geschieht; ebenso hilft mehrstündiges Einweichen und anschließendes Abspülen von Nüssen, Ölsaat und Hülsenfrüchten. Oxalsäure kommt man durch Blanchieren bei. Zum anderen ist in vielen Fällen der ernährungsphysiologische Nutzen bestimmter Nahrungsmittel trotz besagter Gegenspieler unterm Strich immer noch im positiven Bereich.

Und bei einigen der Abwehrstoffe ist noch nicht ganz geklärt, ob sie nicht auch einen positiven Effekt haben können.

Es ist also nicht immer alles so eindeutig schwarz und weiß im Land der gesunden Ernährung, wie man sich das bequemerweise wünschen würde. Erhitzte Speisen haben einen geringeren Vitamingehalt, aber auch weniger besagte Abwehrstoffe. Helles Mehl hat weniger Ballaststoffe und Mineralien als Vollkornmehl, aber eben auch weniger Enzyminhibitoren. In Rohkost sind förderliche sekundäre Pflanzenstoffe noch aktiv, die festen Pflanzenzellwände können aber nicht ohne weiteres aufgebrochen werden, um an deren Inhalt zu kommen.

Hier zeigt sich also wieder, wie wichtig ein vielseitiger Speiseplan ist, nicht nur, was die Variation der Lebensmittel selber angeht, sondern auch deren Verarbeitung, denn (fast) alles birgt seine Vor- und Nachteile.

Davon abgesehen: Wenn der Mensch so empfindlich auf alles Kritische in der Nahrung reagieren würde, hätte unsere Spezies kaum so lange überlebt, also sollte man bei der Thematik nicht zu paranoid werden. Stress ist nämlich auch nicht gesund.

ESSEN ALS KRAFTSTOFF: WAS WOFÜR?

Was?

Unter *Nährwert & Gehalt* wurde erklärt, was die Makronährstoffe sind. Hier geht es noch einmal gesondert darum, welche für wen von besonderer Bedeutung sind.

Kalorien

Kalorien sind die Einheit für Energie, die wir über die Nahrung zu uns nehmen. Es scheint Populärkonsens zu sein, dass Kalorien etwas Schlechtes und Ungesundes wären. Das ist natürlich Blödsinn, ohne Kalorien stirbt man, so böse können sie wohl also schonmal nicht sein.
Ungesund kann es natürlich tatsächlich werden, wenn die Kalorienaufnahme deutlich vom individuellen Bedarf abweicht, also über einen größeren Zeitraum hinweg in zu geringem oder zu hohem Umfang zugeführt wird.

Relevant ist auch noch, in welcher Form die Kalorien, abhängig von den eigenen Zielen und Vorhaben verspeist werden, sprich Protein, Kohlenhydrate und Fett, aber dazu später mehr.
Im Netz finden sich zahlreiche Online-Rechner, mit denen man den eigenen ungefähren Kalorienbedarf errechnen kann. Dabei gilt, je mehr individuelle Faktoren mit in die Rechnung einbezogen werden, desto näher ist das Ergebnis am tatsächlichen Bedarf. Alter, Geschlecht, Größe, körperliche Konstitution, Stoffwechseltyp, Aktivitätslevel, Lebenswandel – alles hat einen Einfluss auf die Menge der täglich benötigten Energie.

Dieser **Gesamtbedarf** setzt sich zusammen aus dem Grundumsatz und dem Leistungsumsatz. Der Grundumsatz beschreibt die Energie, die wir zur Aufrechterhaltung der grundlegenden Organfunktionen und der angemessenen Körpertemperatur benötigen, die Kalorien, die wir verbrauchen würden, wenn wir den ganzen Tag komplett regungslos daliegen würden. Der Leistungsumsatz beschreibt den Bedarf für alles, was über besagtes regungsloses Daliegen hinausgeht, also unsere tatsächlichen, körperlichen Aktivitäten. Diese Energie wird jeweils aus den zugeführten Kalorien aus der Nahrung genommen oder aus den körpereigenen Depots, solange vorhanden.

Eine Formel, die zur Ermittlung des Grundumsatzes herangezogen wird, ist die **Mifflin-St. Jeor-Formel**.

Für Männer lautet sie: Gewicht in kg x 10 + Größe in cm x 6,25 – Alter x 5 + 5
Für Frauen: Gewicht in kg x 10 + Größe in cm x 6,25 – Alter x 5 – 161
(Wer das von Hand ausrechnet – wir erinnern uns: Punkt- vor Strichrechnung)

Der geschlechtsbezogene Unterschied rührt daher, dass Männer *im Schnitt* größer sind und einen höheren Muskelanteil in ihrer Gesamtkörpermasse haben als Frauen.

Je nach dem persönlichen Tagesgeschäft wird dann noch der Aktivitätszuschlag dazugerechnet. Dafür wird das Endergebnis multipliziert mit 1,2 für überwiegend sitzende Tätigkeiten, 1,3 für stehende, 1,5 für gehende und 0,8 bis 2 für schweren körperlichen Einsatz. Das Ergebnis ist dann der ungefähre Gesamtbedarf – wie gesagt gibt es zu viele beeinflussende Faktoren, um mit *einer* Formel eine in Stein gemeißelte exakte Angabe zu bekommen.

Je höher der Anteil von Wasser, unverdaulichen Ballaststoffen oder Luft in einem Lebensmittel ist, desto geringer wird seine Kaloriendichte. Je kompakter Protein, Kohlenhydrate und vor allem Fett vorhanden sind, desto hochkalorischer wird ein Lebensmittel.

Kohlenhydrate

Während bis in die 90er Jahre Fett der Bösewicht war, sind mittlerweile die Kohlenhydrate die Geächteten in der Diät- und Fitness-Szene. Low-carb ist jetzt das Stichwort.

Hiervon gibt es verschiedene Ausprägungen. Bei den Hardlinern wird komplett auf Kohlenhydrate verzichtet, bei den moderateren Strömungen geht es lediglich um eine reduzierte Aufnahme, teils wird auch gemäß dem Glykämischen Index (GI oder Glyx) bzw. der Glykämischen Last (GL) differenziert.

Der **Glykämische Index** beschreibt den Einfluss der Kohlenhydrate eines Nahrungsmittels auf den Blutzucker: Je höher der Wert, desto stärker bzw. länger steigt der Blutzuckerspiegel an, was zu einer erhöhten Insulinausschüttung führt, die wiederum Heißhunger und Fetteinlagerung nach sich zieht. Die **Glykämische Last** ist eine Art praktische Adaption des GI, sie berücksichtigt nämlich den relativen Kohlenhydratgehalt eines Nahrungsmittels. So hat z. B. eine gekochte Karotte den gleich hohen GI wie eine Brezel, da man jedoch vierzehnmal so viele Karotten essen müsste, um auf die gleiche absolute Menge an Kohlenhydraten zu kommen wie bei der Brezel, verringert sich die Glykämische Last der Karotte ganz beträchtlich und ist somit im grünen Bereich. Da der Anstieg des Blutzuckers jedoch von mehreren Faktoren abhängt (z. B. auch Ballaststoffgehalt einer Speise, Zubereitungsart, individuelle Stoffwechsel-Unterschiede) und die Methoden zur Festlegung des GIs nicht zweifelsfrei eindeutig sind, muss nicht unbedingt ein übertriebener Fokus auf diese Werte gelegt werden.

Während es sowohl Fettsäuren als auch Aminosäuren gibt, die essentiell sind (= der menschliche Körper benötigt sie, kann sie aber nicht selber herstellen) müssen Kohlenhydrate nicht zwingend von außen zugeführt werden. Das Gehirn und die Muskeln brauchen zwar Zucker, genaugenommen das Monosaccharid Glucose (Traubenzucker), um zu funktionieren – aber das kann der Körper nötigenfalls mit ein bisschen Zusatzaufwand auch aus Proteinen oder Fett herstellen (Ketose).

Kohlenhydrate sind aber auf jeden Fall die schnellsten Energielieferanten.

Das hartnäckige Dogma, dass abends keine Kohlenhydrate mehr eingenommen werden soll-ten, kann man getrost ignorieren. Unterm Strich zählt die Gesamtkalorienaufnahme über den Tag. Und falls man abends trainiert, sollte man unbedingt anschließend noch seine Kohlenhyd-rate (und Proteine) zu sich nehmen! Nach einem intensiven Training sind die Glycogenspeicher in den Muskeln nämlich alle. Und wenn die nicht wieder zügig aufgefüllt werden, sabotiert man damit die Muskelregeneration – was dazu führt, dass man beim nächsten Workout nicht richtig Gas geben kann. Und ohne anständige Intensität keine anständigen Ergebnisse.

Kohlenhydratreiche Lebensmittel

Stärke:
- Getreideprodukte
- Pseudogetreide
- Kartoffeln
- Hülsenfrüchte

Zucker:
- Zucker, Sirup, Dicksaft (logisch)
- Trockenfrüchte
- Obst (je reifer, desto mehr)

Kohlenhydratarme Lebensmittel
- Öle & Fette
- Proteinpulver
- Gluten
- Lupinen- & Sojaprodukte
- Gemüse & Pilze
- Kokosprodukte

Protein

Protein ist nicht gleich Protein, da die verschiedenen Eiweißarten unterschiedlich gut vom menschlichen Körper verwertet werden können. Man spricht hierbei von der Biologogischen Wertigkeit, die Skala geht von 0 bis >100.
Ein genaueres Instrument zur Ermittlung des Wertes eines Proteins ist der sog. PDCAAS: *Protein Digestibility Corrected Amino Acid Score*, also der korrigierte Aminosäuren-Wert in Hinblick auf die Verdaubarkeit. Die Skala geht, in Kommazahlen, von 0 bis 1.

Wir erinnern uns: Damit das Protein vom Körper eingebaut werden kann, müssen alle acht essentiellen Aminosäuren in ausgeglichenem Verhältnis vereint sein.

Protein tierischer Herkunft ähnelt der Struktur des menschlichen, körpereigenen Eiweißes. Mit Ausnahme von Gelatine verfügt es immer über alle acht benötigten Aminosäuren und ist ent-sprechend gut verwertbar. Aber alle besagten acht essentiellen Aminosäuren sind ebenfalls in pflanzlichem Protein enthalten – nur nicht immer in vollständiger, ausreichender Menge, es handelt sich dann um „unvollständige Proteine". Das ist aber nicht tragisch, denn durch die Kombination verschiedener pflanzlicher Eiweißträger bekommt man trotzdem sein vollständi-ges, verwertbares Protein zusammen. Diese Kombination muss auch nicht notwendigerweise innerhalb einer Mahlzeit stattfinden, es reicht, sie über den Tag verteilt einzunehmen.

Je geringer die Gesamtmenge des täglich aufgenommenen Eiweißes ist, desto wichtiger ist die Vollständigkeit der Aminosäuren.

Eine weitere Besonderheit von Protein ist der erhöhte thermische Effekt, den es bewirkt *(TEF = Thermic Effect of Food)* – d.h. im Gegensatz zu Kohlenhydraten und Fett benötigen Proteine auf ihrem Weg durch den Körper 20-35% ihrer mitgelieferten Energie für ihre Aufschließung und Verarbeitung selbst. Diese Energie wird in Form von Wärme über die Haut abgestrahlt (Thermogenese). Bei Kohlenhydraten und Fetten schwanken die Angaben, sie liegen im Vergleich mit nur ca. 2-10% aber deutlich darunter. Hinzu kommt ein erhöhtes Sättigungsgefühl durch Eiweißaufnahme.

Das bedeutet natürlich nicht, dass eine proteinreiche Ernährung ein Wundermittel für den Fettabbau wäre (Merke: Ein Wundermittel gibt es nicht), aber es ist ein ergänzender Faktor, der zu beachten ist.

In unserem Kulturkreis sind in der Küche und auf dem Teller maßgeblich tierische Produkte für die Proteinversorgung zuständig – Fleisch, Fisch, Milchprodukte, Eier. Daher ist es wichtig, bei Gerichten und der Snackauswahl nicht einfach nur alles Unvegane wegzulassen und zu essen, was übrig bleibt, sondern entsprechend zu kompensieren und für pflanzliche Eiweißträger zu sorgen, damit man auf seine Kosten kommt. Passiert das nicht, endet man bei einer sehr kohlenhydratlastigen Ernährung – einer der Gründe, warum viele Menschen nach ihrer Umstellung auf vegan zu ihrer Überraschung erstmal zunehmen und über unablässigen Hunger klagen.

Proteinreiche Lebensmittel

- Proteinpulver (logisch)
- Glutenmehl
- Nussmehle (besonders entölte)
- Kokosmehl
- Sojaprodukte
- (besonders Sojamehl und Tofu)
- Lupinenprodukte
- Erdmandelmehl
- Seitan-Produkte
- (Bratstücke und Jerky-Bars)
- Nüsse
- Ölsaat
- Haferflocken
- Hülsenfrüchte
- Vollkorngetreide

Vollständiges Protein

- Sojabohnen
- Buchweizen
- Quinoa
- Amaranth
- Hanfsamen
- Chiasamen
- Spirulina-Algen

Fett

Nahrungsfett, bzw. die Fettsäuren, aus denen es besteht, sind eine Wissenschaft für sich – gesättigt, ungesättigt, mehrfach ungesättigt, gehärtet, ungehärtet, teilgehärtet, kurz-, mittel-, langkettig, trans … Im Folgenden werden die wichtigsten Aspekte kurz herausgegriffen und erläutert.

Für VeganerInnen sind beim Thema Fett vor allem die **essentiellen Fettsäuren** relevant, das sind Linolsäure (Omega6-Fettsäure) und Linolensäure (Omega3-Fettsäure). Von Omega6 bekommen wir für gewöhnlich genug, aber Omega3 neigt dazu, zu kurz zu kommen. Da beide Fettsäuren um die gleichen Enzyme konkurrieren, die zur weiteren Verarbeitung benötigt werden, ist bei der Aufnahme das Mengenverhältnis der beiden zueinander entscheidend. Eine optimale Verteilung wäre 1:5 oder darunter – sprich der Omega6-Gehalt entspricht maximal der fünffachen Menge des Omega3-Gehalts oder sogar weniger. Diese Werte werden bei der üblichen veganen Ernährung für gewöhnlich nicht erreicht, also heißt es gegensteuern. Ein passendes Fettsäureverhältnis und somit gute Quellen für Omega3 bieten Walnüsse, Chiasamen, Leinsamen und Hanfsamen oder die daraus gewonnenen Öle, zusätzlich außerdem noch Rapsöl und in etwas geringerem Maße Sojaöl. Mindestens eine der Quellen sollte in den täglichen Speiseplan eingebaut werden, während Omega6-reiche Öle wie Sonnenblumen-, Maiskeim- und Weizenkeimöl eher sparsam verwendet werden sollten. Aber: mehrfach ungesättigte Omega-Fettsäuren sind sehr sensibel. Die Öle müssen vor Licht und Hitze geschützt werden. Das gilt in besonderem Maße für Leinöl, dessen Gehalt besonders hoch ist – das muss eigentlich durchgehend gekühlt und dunkel gelagert werden, um nicht ranzig zu werden und dadurch seinen Nutzen zu verlieren.

Auch erhitzte Speisen eigenen sich entsprechend nicht zur Omega3-Versorgung – im Gegenteil, mehrfach ungesättigte Fettsäuren verwandeln sich unter Hitzeeinfluss in Transfette (siehe unten).

Ein weiteres Problem bei der Omega3-Versorgung könnte sein, dass die genannten pflanzlichen Quellen nur die Omega-Fettsäure ALA enthalten, die erst in die verwertbaren Fettsäuren EPA und DHA umgewandelt werden muss – anders als in Fischöl aus Seefischen, wo EPA und DHA bereits direkt vorliegen. Es ist allerdings wissenschaftlich noch nicht abschließend geklärt, ob diese Umwandlung aus ALA in ausreichendem Umfang stattfindet oder nicht. Wer auf Nummer sicher gehen will, z. B. im Rahmen einer Schwangerschaft, kann zusätzlich auf ein entsprechendes Präparat auf Algenbasis zurückgreifen – Algen sind nämlich auch die Quelle, aus der das EPA und DHA in den Fisch kommen.

Bei einer veganen Ernährung zumeist eher vernachlässigbar sind die gesundheitlich kritischen, gesättigten Fettsäuren. Die kommen nämlich hauptsächlich in tierischen Fetten vor. Im pflanzlichen Bereich findet man sie nur in den wenigen festen Fetten, also Kokos- und Palmfett sowie Kakaobutter.

In jedem Fall vermieden werden sollten Transfette, da sie einen negativen Einfluss auf den Cholesterinspiegel haben, was die Arterien zukleistert und das Schlaganfall- und Herzinfarktrisiko erhöht. In pflanzlicher Nahrung kommen auf natürlichem Wege keine Transfette vor (in Milchprodukten und Fleisch von Wiederkäuern hingegen schon), sie können aber bei der weiteren Verarbeitung entstehen. Zum einen, wenn man Öl erhitzt, das einen hohen Anteil mehrfach ungesättigter Fettsäuren hat (siehe oben), zum anderen in Fertigprodukten, auf deren Zutatenliste „teilweise gehärtete" bzw. „teilgehärtete Fette" auftauchen bzw. je nach Verarbeitung auch vollständig gehärtete Fette. Besonders hohe Werte hat Junkfood wie Frittiertes, Gebäck (industrieller Herstellung) und Tütensuppen – denn teilgehärtetes Fett ist billig, besonders haltbar und lagerstabil. Während es in anderen Ländern strenge Grenzwerte gibt, gilt das für die EU abgesehen von Säuglingsnahrung bisher nicht. Hier gibt es nicht mal eine Deklarationspflicht.

Ein besonderer Vertreter unter den Fettsäuren ist die mittelkettige, kurz auch MCT genannt (=*Medium-Chained Triglyceride*), die vor allem in der Kokosnuss vorkommt. Sie ist leichter verdaulich als die üblichen, langkettigen Fettsäuren, da sie ohne Gallensäure und Enzyme aus der Bauchspeicheldrüse verarbeitet werden kann. So stehen sie dem Körper schnell zur weiteren Nutzung zur Verfügung – fast so schnell wie Glucose! Daher werden MCTs vornehmlich zur Energiebereitstellung eingesetzt und nur nachrangig als Speicherfett abgelegt. Hinzu kommt, dass MCTs pro Gramm etwa 1 kcal weniger haben als langkettige Fettsäuren und vor allem zu einer erhöhten Thermogenese führen, sprich die Umsetzung von Kalorien in abgestrahlte Körperwärme. Also nicht uninteressant für Abnehmwillige.

Fette Lebensmittel
- Öl & Fett (logisch)
- Nüsse & Nussmus
- Ölsaat
- Avocados
- Kokoserzeugnisse
- Kakaoerzeugnisse

Fettarme & fettfreie Lebensmittel
- Obst
- Gemüse
- Beerenfrüchte (außer Avocados)
- Seidentofu
- Getreide (außer Hafer)
- Hülsenfrüchte
- Pflanzenmilch
- Sojajoghurt

Ballaststoffe

Durch ihr hohes unverdauliches Volumen sind Ballaststoffe besonders bei einer Kalorienreduktion ohne Hungern relevant. Sie machen voll und somit satt, ohne viele Kalorien zu liefern, das notwendige ausgiebigere Kauen stimuliert außerdem den Speichelfluss und tut damit den Zähnen Gutes.

Strebt man eine hohe Kalorienaufnahme an, sind sie entsprechend eher kontraproduktiv und sollten nicht im Übermaß genossen werden. Auch bei einer empfindlichen Verdauung sollte in diesem Bereich eher reduziert werden, da unlösliche Ballaststoffe von Bakterien im Darm abgebaut werden müssen, wodurch Blähungen entstehen können. Wer sich bisher ballaststoffarm ernährt hat, sollte eine stufenweise Steigerung vornehmen, um dem Verdauungssystem genügend Zeit zu geben, sich an die neue Belastung zu gewöhnen.

Ballaststoffe besitzen sehr gute Quelleigenschaften, viel trinken ist wichtig, da es sonst zu Verstopfung kommen kann.

Ballaststoffreiche Lebensmittel

- Flohsamenschalen
- Kleie
- Weizenkeime
- Ölsaat (vor allem Lein-, Chia-, Floh-
- und Hanfsamen)
- Nussmehl (entölt)
- Lupinen- & Sojamehl
- Dörrobst
- Hülsenfrüchte
- Nüsse
- Knäckebrot
- Vollkornprodukte
- Hefeflocken
- Kakao

Wofür?

Abnehmen

Wenn man abnehmen will – sei es, um die hart erarbeiteten Muskeln besser zur Geltung zu bringen, sei es, weil man eine bestimmte Wettkampfgewichtsklasse erreichen will oder einfach nur für's Aussehen – sieht man sich für gewöhnlich mit zwei Lagern konfrontiert: Auf der einen Seite die „Es ist egal, wie viel man isst, entscheidend ist was man isst"-Fraktion, auf der anderen Seite die „Was man isst, ist egal, es kommt nur auf die Menge an"-VertreterInnen. So gesehen haben beide Recht – man muss eben zusehen, dass weniger Kalorien reingehen als raus.

Zu dem Zweck kann man sich nun natürlich wochen- und monatelang von Salat mit fettfreiem Dressing und ungesüßtem Tee ernähren – aber wer will das schon. Stattdessen macht es viel mehr Sinn – für den Genuss und die Gesundheit – sich leckere Gerichte mit hohem Volumen bei geringer Energiedichte zu suchen, die zudem auch ausreichend mit Makro- und Mikronährstoffen ausgestattet sind. Besonders Protein sollte nicht vernachlässigt werden, da es länger satt macht und den Erhalt der Muskulatur während der reduzierten Kalorienaufnahme unterstützt.

Wenn man auf Kalorienreduktion aus ist, heißt das übrigens nicht notwendigerweise, dass man nur niedrigkalorische Nahrungsmittel zu sich nehmen darf. Es kommt auf die Gesamtbilanz an – des Tages oder sogar der Woche.

Wenn Du diesen dekadenten Riesenpott Cashew-Eis haben *musst*, dann iss ihn halt – z.B. als Deine Hauptmahlzeit für den Tag. Genieß ihn!

Sport ist zwar ein wichtiger Aspekt beim Abnehmen, aber die primäre Schraube, an der man drehen muss, ist die Ernährung. Es ist normalerweise schwer möglich, nur über die Sport-Schiene nennenswert Fett loszuwerden – es sei denn, man hat bisher einen sehr bewegungsarmen Lebensstil verfolgt (oder aber man backt die richtig großen Brötchen und läuft dauerhaft Langstrecke oder betreibt intensives Gewichtheben). Bei dem Sport, den man als Normalsterblicher nämlich so treibt, werden deutlich weniger Kalorien verbrannt, als man denken würde (die Kalorienanzeigen auf den Displays von Cardiogeräten sind übrigens oft ungenau und stehen im Verdacht, sehr aufgerundete Werte zu bescheinigen).

Als grober Richtwert für ein **sinnvolles Kaloriendefizit gilt ein tägliches Minus von 200–500 kcal**.

Natürlich passiert es schnell, dass man auf den Trichter kommt, *jetzt sofort* innerhalb von zwei Wochen bis zum Strandurlaub 10 kg abnehmen zu wollen. Aber so läuft das nicht – die Kilos haben sich über Monate und Jahre angesammelt und entsprechend kriegt man sie nicht dazu, über Nacht wieder zu verschwinden. Wenn man aus dem übermotivierten Impuls heraus die Kalorienaufnahme zu drastisch reduziert, schießt man sich ins eigene Knie. Die Wahrscheinlichkeit für kompensierende Heißhungerattacken erhöht sich deutlich, bald fehlt die Energie, um eine anständige Intensität beim Training hinzubekommen, die Muskelregeneration wird sabotiert, der Stoffwechsel fährt runter – die Rache des JoJos wird einen früher oder später mit aller Macht treffen. Zudem wird nicht nur Fett abgebaut, der Körper bedient sich auch am eigenen Muskelgewebe, um an Energie zu kommen – der Grundumsatz verringert sich weiter. **Also: Moderates Tempo – langfristige Erfolge.**

Zunehmen

Ich finde es recht fragwürdig, warum allseits immer so getan wird, als ob alle Welt auf jeden Fall abnehmen müsste, wollte und sollte oder zumindest darauf achten muss, nur nicht zu viele Kalorien zu sich zu nehmen.

Mag ja sein oder auch nicht, dass in unserem Kulturkreis unter'm Strich mehr Leute Probleme durch ein Zuviel an Kalorien haben, als an einem Zuwenig. Aber was nützt das denen, die aus gesundheitlichen oder optischen Gründen zuzunehmen versuchen oder durch ausdauerlastigen Sport oder intensives Muskeltraining einen gesteigerten Kalorienbedarf haben? Gerade bezogen auf eine vegane Ernährung bestehen oft Zweifel, ob eine adäquate Versorgung gewährleistet werden kann. Spoiler: Es kann.

Aus diesem Grund gibt es in diesem Buch ausgewiesene **hochkalorische Rezepte** und zusätzlich noch Tipps, wie man die Energiedichte von Gerichten weiter erhöhen kann. Wenn man wirklich darum kämpfen muss, die angestrebte Menge an Kalorien pro Tag reingeschaufelt zu kriegen, sollte man sich von stark ballaststoff- und wasserhaltigen Nahrungsmitteln eher fernhalten, sie nehmen nur Platz im Magen weg, ohne wirklich viel Energie zu liefern. Stattdessen muss man sich auf die komprimierten Kalorienbündel fokussieren.

Ermittle Deinen Tagesgesamtbedarf an Kalorien – auch unter Berücksichtigung sportlicher Einsätze! – und sieh zu, jeden Tag mit Deiner Aufnahme mindestens im dreistelligen Bereich darüber zu liegen. Wenn Dir das schwerfällt, lohnt es sich, genauer hinzuschauen, an welchen inneren und äußeren Faktoren es liegt, wenn es Dir den Appetit verschlägt und umgekehrt, was es Dir leicht macht, auf Deinen Satz zu kommen. Bestimmte Nahrungsmittel, soziale oder emotionale Situationen, Tagesstruktur und -rhythmus, sportliche Aktivitäten, Umfeld …? Analysieren, erkennen, zunutze machen.

Aufbauen

Wer Muskeln aufbauen will – ob nun um einen BodybuilderInnen-artigen Körper zu erlangen, oder um einfach ein bisschen Kontur in die Sache zu bekommen – muss zum einen ordentlich trainieren, um Wachstumsreize zu setzen und zum anderen ausreichend essen, denn ohne Baustoff kann der Körper auch nichts bauen.

Klassischerweise wird zu diesem Zweck Protein in rauhen Menge eingefahren, denn daraus bestehen Muskeln.

Die gängigsten Empfehlungen belaufen sich auf 1–2 g Eiweiß pro Kilogramm Körpergewicht täglich (also bei einer Person von 70 kg wären das entsprechend 70–140 g Eiweiß am Tag), es gibt aber auch extreme Ernährungskonzepte, die 3–4 g/kg vorsehen.

Es haben sich allerdings mittlerweile im Kraftsport und Bodybuilding – den Hochburgen der Proteinverehrung – auch high-carb Strömungen etabliert – denn Kohlenhydrate liefern nun mal die am schnellste verfügbare Energie für hohe Intensität beim Training. Viele dieser VertreterInnen haben beachtliche Ergebnisse vorzuweisen, die Methode kann also offenbar gut funktionieren.

Lift big, eat big – für optimalen Muskelzuwachs muss man im Kalorienüberschuss essen. Da dies im Widerspruch steht zur oft gewünschten Verringerung des Körperfettanteils, um einen definierten, harten Look zu erlangen, ist es im Bodybuilding eine verbreitete Methode, abwechselnd **Masse- und Definitionsphasen** durchzuführen (im Englischen: *Bulk* und *Cut*). In der Massephase wird für einige Monate wie ein Berserker das Eisen geschwungen und obszöne Mengen an Kalorien vertilgt, um maximalen Muskelmassezuwachs zu bewirken. In der darauf folgenden Definitionsphase (zärtlich auch „Defi" genannt) wird dann strenge Diät gehalten, immer noch Krafttraining gemacht, um den Muskelverlust möglichst gering zu halten, aber meistens auch vermehrt Cardio-Training eingebaut, um so viel Fett so schnell wie möglich loszuwerden.

Diese Herangehensweise ist aber nicht für jeden geeignet und stellt zudem – in beiden Phasen – eine ziemliche Belastung für den Körper dar. Längerfristig nur einen geringen Kalorienüberschuss anzupeilen, mit *sauberer* Nahrung und möglichst viel magerem Protein, kann daher sinnvoller sein. So erhält man Muskelzuwachs ohne größere Mengen Fettzunahme und kann bei Bedarf dann immer nochmals einen kurzfristigen Cut für die Definition einschieben.

Auch beim Aufbauen gilt: Mit der Einstellung „Wie bekomme ich möglichst schnell und einfach einen 44er Bizeps?" kommt man nicht weit. Wenn man nicht zufällig mit Super-Genen ausgestattet ist, bedeutet es langfristiges, diszipliniertes und kontinuierliches Engagement, um die gesteckten Ziele zu erreichen.

Leistung bringen

Wie man Essen zur sportlichen Leistungsoptimierung einsetzt, ist auch davon abhängig, was genau man vorhat – ob es um sehr lang andauernde Belastung geht, kurze, extrem hohe Belastung oder irgendwas dazwischen.

Im Wesentlichen kann man zusammenfassen: Es muss vor und ggf. während einer intensiven körperlichen Anstrengung genug Energie bereitgestellt werden, um volle Leistung bringen zu können und hinterher müssen die notwendigen Nährstoffe geliefert werden, um durch eine optimale Regeneration bis zur nächsten Aktion wieder in vollem Umfang einsatzbereit zu sein. Einzelne Diät-Lager wie Keto oder Intermittent Fasting handhaben es anders, aber in der Praxis heißt das üblicherweise: Bis zu 2 Stunden vor dem Training oder dem Wettkampf werden komplexe Kohlenhydrate (Stärke) zugeführt, damit alle **Glykogenspeicher** vollständig befüllt sind. Die Mahlzeit wird möglichst leichtverdaulich gehalten – wenig oder keine Ballaststoffe und Fette – damit die Nahrungsenergie zügig dort ankommt, wo sie hin soll und der Körper während dem Einsatz nicht durch schwerwiegende Verdauungsarbeit belastet wird.

Da nach ca. 1–1,5 Stunden die Glykogenspeicher in den Muskelzellen leer sind und Energie aus

Fettzellen nicht genauso schnell und effizient bereitgestellt werden kann, ist es nötig, bei sehr langen Belastungszeiten – z.B. (Halb-)Marathon oder Triathlon – auch währenddessen neue Energie zuzuführen. Bananen sind zu diesem Zweck recht verbreitet, allerdings bedeutet ihr Ballaststoff- und Stärkegehalt Verdauungsaufwand und es dauert entsprechend eine gewisse Zeit, bis die Energie freigesetzt und nutzbar ist. Für wen sie also nicht optimal funktionieren, gibt es Alternativen wie Kohlenhydrat-Riegel und -Gels, die es auch in veganer Ausführung gibt. Wichtig ist auch die Kompensation des Verlusts von Flüssigkeit und damit einhergehend von Mineralien!

Nach einem intensiven Training sind die Glykogenspeicher in den Muskeln auf Tiefstand. Der Körper befindet sich in einem **katabolen** Zustand, das heißt, er baut ab – zum Zweck der Energiegewinnung – und zwar unter anderem Muskeleiweiß, was für gewöhnlich nicht im Sinne des Erfinders ist. Jetzt sind schnelle, also kurzkettige Kohlenhydrate (Zucker) gefragt, bzw. Kohlenhydrate mit einem hohen **Glykämischen Index**, um die Speicher wieder aufzufüllen und die Regeneration zu unterstützen. Da auch hier Fett und Ballaststoffe die Aufnahme verzögern, sollten diese für den ersten Kohlenhydrat-Schub nach dem Training vermieden werden. Nach den Kohlenhydraten kommt auch dem Protein post-workout Bedeutung zu, da die malträtierten Muskelfasern repariert und wieder aufgebaut werden müssen.

Weitere Faktoren, die neben den richtigen Makronährstoffen für die Leistungsfähigkeit eine Rolle spielen, sind die Mikronährstoffe, die für die verschiedenen Stoffwechselvorgänge benötigt werden, **ausreichend Schlaf und gute Hydrierung**.

ERNÄHRUNGSTAGEBUCH & KALORIEN ZÄHLEN

Wenn man etwas an der eigenen Statur zu ändern wünscht – Fett reduzieren, Muskeln aufbauen oder allgemein zunehmen – und das nicht so von sich aus einfach klappt oder wenn man allgemein überblicken will, wie es um die Ausgewogenheit der eigenen Ernährung bestellt ist, ist es sinnvoll, ein Ernährungstagebuch zu führen und ggf. Kalorien und Makros zu tracken.
Da gibt es zwei mögliche Herangehensweisen:

 Nur das Essen und die ungefähre Menge protokollieren („1 großer Teller Spaghetti mit Tofubolognese & 3 EL Hefeflocken") – für einen groben Überblick geeignet, ohne allzu großen Aufwand durchführbar.

 Genaue Mengenangaben und Kalorienberechnung, zusätzlich ggf. die Makronährstoffe („300 g Spaghetti mit 150 g Bolognese & 15 g Hefeflocken = 705 kcal | 26.8 g Prot | 132.8 g Carbs | 10.3 g Fett") – sorgt für eine genaue Kontrolle und hohe Effizienz, ist allerdings mit ziemlich hohem Aufwand verbunden und gewisse Kenntnisse im EDV- und Mathebereich sind auch von Vorteil.

Es gibt mittlerweile aber natürlich auch eine riesige Anzahl an Handy-Apps und kostenlose Online-Services für diesen Zweck – allerdings gerät man da als VeganerIn, oder wenn man viel selber kocht, teils ins Schwimmen.
Ansonsten reicht selbstverständlich auch ein Spreadsheet in einem Tabellenkalkulationsprogramm, ein nicht-öffentlicher Blog, ein Notiz-Widget auf dem Smartphone, eine Text-Datei oder einfach ein kleines Notizbuch.

Das Ernährungstagebuch kann für einen begrenzten Zeitraum geführt werden, um einen Einblick in die eigenen Essgewohnheiten zu bekommen und ein Gefühl für Mengen und Nährwertgehalte, um danach ‚freihändig' weiterzumachen. Oder es kann bis auf weiteres als Dauerroutine etabliert werden, um für eine beständige Kontrolle zu sorgen.

Wenn man erst mal den Kaloriengehalt seiner Hauptnahrungsmittel eruiert hat, kann einem ganz schnell auffallen, wo der Hase im Pfeffer liegt – bei einigen Lebensmitteln verschätzt man sich nämlich ziemlich.

Wofür man sich auch entscheidet: Ein Ernährungstagebuch macht nur Sinn, wenn man es absolut ehrlich und akkurat führt – sprich alles, was Kalorien hat, dort auch festhält – inkl. Getränke, ‚gesunder' Sachen oder irgendwelche Kleinigkeiten, die man sich im Vorbeigehen in den Mund steckt. Ein wohlbekanntes Phänomen aus der Ernährungswissenschaft ist nämlich das sogenannte *Underreporting*: Viele Menschen unterschlagen – wenn auch nicht notwendigerweise bewusst – einen nicht unbeträchtlichen Teil der tatsächlich aufgenommenen Kalorien, wenn sie angeben sollen, was sie den Tag über alles gegessen haben – und zwar umso mehr, je negativer das eigene Selbstbild ist – und Frauen noch mehr als Männer. Der verzweifelte Satz „Ich esse doch ganz normal und nehme trotzdem zu/nicht ab!" ist also in vielen Fällen ein Trugschluss.

Deshalb: *Alles* zeitnah aufschreiben – am besten erst mal ganz wertfrei und ohne sich selber zu geißeln für etwaige Abweichungen vom Plan – Emotionalität und Überdramatisierung in dem Bereich wirken sich meistens kontraproduktiv aus. Auf der anderen Seite bewirkt allein das gewissenhafte Notieren der täglich vertilgten Speisen und der damit verbundene bewusstere Umgang mit dem Essen sehr häufig schon ganz von selbst eine Verbesserung der Ernährungsgewohnheiten.

Für ein umfassendes Bild macht es Sinn, die Angaben auch mit Notizen zu ergänzen, z.B. ob es irgendwelche besonderen Verdauungsphänomene gab, ob man sich übergessen hat oder noch hungrig war oder ob es einen bestimmten Auslöser für einen Fressanfall oder für das Auslassen notwendiger Mahlzeiten gab.

Das Gewicht kann parallel notiert werden, noch besser wird es, wenn man sich das Ganze in Diagrammen, Graphen und Kurven ausgeben lassen kann.

Es gibt kompetente Communities im Netz mit erfahrenen Usern aus den Bereichen Sport und/ oder Veganismus, die einem gerne mit ihrem Rat zur Seite stehen, wenn man sein Ernährungs-Log dort vorzeigt. So können mögliche Lücken in der Nährstoffaufnahme behoben und die optimale Bedarfsdeckung für den ausgeübten Sport ermittelt werden.

Man sollte bei alldem allerdings kritisch im Auge behalten, nicht zu obsessiv zu werden und womöglich in destruktive Gefilde abzugleiten.

KLEINES ERNÄHRUNGS-1x1

 Mit „Diät" ist hier nicht ausschließlich ein Ernährungsplan zur Gewichtsreduktion gemeint, sondern allgemein spezifische Ernährungsrichtungen und -programme, die einen bestimmten Zweck verfolgen oder einem speziellen Bedürfnis angepasst sind.

Es gibt Menschen, die keine Probleme haben, den von ihnen gewählten Ernährungsplan einzuhalten, weil sie entweder ein hohes Maß an Disziplin besitzen oder ihre persönliche Gelüste-Ausrichtung zufällig mit ihren Zielen harmonisiert.

Für alle anderen kann das Thema ein sehr belastendes und emotionsbeladenes Thema sein. Für die gibt es im folgenden ein paar Tipps und Hinweise. Wie immer gilt: Es gibt keine One-Size-Fits-It-All-Lösung. Es ist notwendig, die eigene passende Strategie zu finden.

 Wenn die angepeilte Kalorien-Aufnahme für den Tag, die Woche oder den Monat überschritten wurde und man gegenzusteuern wünscht, ist ein relativ sicherer Weg zum Misserfolg, sich zu sagen **„heute esse ich nichts mehr"** oder „morgen esse ich nur ganz wenig und vor allem keine Süßigkeiten!" und sich dann mit verschränkten Armen hinzusetzen, die Wand anzugucken und sich mit aller Kraft genau auf dieses Vorhaben zu konzentrieren (ich übertreibe dramaturgisch). Das ist die vielzitierte Sache mit „Denk jetzt die nächsten 5 min auf gar keinen Fall an ein rosanes Känguru!". Negative Affirmationen versteht das Gehirn nicht, genau das Gegenteil trifft ein und man kann an nichts anderes mehr denken und dann ist es für gewöhnlich nur eine Frage der Zeit, bis der Widerstand bröckelt.

Stattdessen sollte man sich irgendwas anderes suchen, in das man sich vertiefen kann, wenn der Appetit kommt – je mehr man sich darin verliert, desto besser. Ein Bild malen, eine Programm coden, einen Pullover stricken, einen Blogartikel schreiben, Sport machen, etwas Aufwändiges kochen, einen ausgedehnten Spaziergang machen, ein Musikstück komponieren, ein Modellflugzeug basteln …

Mit Appetit und Hunger ist es in vielen Fällen so, dass, wenn man sie aussitzt, ihr Gipfel alsbald überschritten ist und sie erstmal wieder verschwinden.

 Auch wenn das gerne so vermittelt wird: Essen, bzw. bestimmte Nahrungsmittel, sind kein potentielles **Allheilmittel**. Klar wäre es toll, einfach genug von diesem zu essen und dadurch verschont zu bleiben von jenem – aber auch jemand, der sich top ernährt und Sport macht und alles drum und dran, kann an Krebs sterben. Traurig, ist aber so. Ernährung kann zwar für viele gesundheitliche Probleme ein Einflussfaktor sein. Aber oft genug ist sie nur eine von vielen Aspekten und die wissenschaftliche Datenlage ist in den meisten Fällen entweder dünn oder umstritten, auch wenn die Mainstream-Medien mit Aussagen um sich werfen, dass Nahrungsmittel X Krebs vorbeugt, Y den Alterungsprozess aufhält und Z volles Haar macht. So einfach und monokausal ist es in der Realität leider nicht, auch wenn es ein verständlicher Wunsch ist, Kontrolle über sein Schicksal zu haben.

Daraus folgt: Kritisch mit Informationen umgehen, sich nicht in der eigenen Ernährungsideologie als über allen Dingen stehend sehen und das Leben genießen.

Es klingt vielleicht erstmal widersinnig, aber wenn man Zucker durch **Stevia** ersetzt, erhöht das die relative Kalorienanzahl (also wie viel Kalorien auf 100 g enthalten sind) bei sehr fetthaltigen Speisen, bzw. bei allen Nahrungsmitteln, die mehr als 400 kcal/100 g haben. Das liegt daran, dass Stevia zwar keine Kalorien hat, aber eben auch keine Masse.

Zur Veranschaulichung: Wenn man eine 100 g-Tafel Weiße Schokolade herstellt, besteht die normalerweise zur einen Hälfte aus Fett (880 kcal/100 g) und zur anderen Hälfte aus Zucker (405 kcal/100 g), verkürzt gesagt. Verwendet man zum Süßen nun statt Zucker Stevia, hat man eine 100 g-Tafel die annähernd komplett aus Fett besteht.

Anders verhält es sich da mit **Erythrit**, das ebenfalls (fast) keine Kalorien, aber dafür reichlich Masse hat. Das passt aber wiederum durch seinen ‚Frische-Effekt' im Mund nicht in alle Rezepte. Manchmal muss man also mit Kombinationen und Kompromissen herumexperimentieren.

 Nachweislich isst man von einem **großen Teller** automatisch mehr und von einem kleinen Teller weniger, weil die Portionen optisch größer bzw. kleiner aussehen. Probiert es aus!

 Es ist grundsätzlich gut, darauf zu hören, **was der Körper will** – also wenn sich Hunger oder Appetit einstellt, genau nachzuspüren, worauf der gerichtet ist: süß, salzig, würzig, cremig, knackig, trocken, flüssig, scharf … Was man dann mit dieser Info anfängt, muss man selbst entscheiden. Man kann natürlich trotzdem unabhängig davon den eigenen festgelegten Ernährungsplan durchziehen, man kann ggf. Kompromisse eingehen zwischen Gelüsten und angepeilter Nährstoffaufnahme und sich irgendwo auf halbem Weg zwischen den beiden treffen oder man kann dem Bedürfnis – sofern vegan – einfach nachgeben. Jetzt höre ich viele empört ausrufen „Aber dann würde ich ja nur noch Schokolade essen!" Ok, ausgeschlossen ist das nicht. Aber: Gelüste auf bestimmte „gefährliche" Leckerlis haben ihren Ursprung oft in deren Status als verbotene Frucht. Weil man weiß, man „darf" sie nicht, steigt das Verlangen genau danach ins Unermessliche – der gute alte Reiz des Verbotenen. Es kann daher gut passieren, dass, wenn man sich traut und dieses Verbot aufhebt, es nach einer Phase des schwelgenden Nachholbedarfs das übermäßige Verlangen einfach abebbt und der Körper von sich aus wieder nach dem guten, frischen Zeug verlangt. Es ist einen Versuch wert.

Es lauern allerdings potentielle Fallstricke: Wenn man es gewohnt ist, große Mengen an Geschmacksverstärkern, künstlichen Aromen und Zucker zu sich zu nehmen, kann das eigene „Bauchgefühl" bereits dahingehend gestört sein, dass alles ohne diese Zusätze einfach überhaupt nicht mehr schmeckt. Auch Gewohnheit oder emotionale Besetzung bestimmter Speisen können ein Problem sein. Da hilft nur, den Fokus vermehrt auf *saubere* Nahrung legen, neue Lebensmittel auszuprobieren und dabei den folgenden Punkt im Hinterkopf zu behalten.

 Geschmack ist lernbar – und zwar extrem. Und ein Gewohnheitstier ist er obendrein. Für mich gab es da zwei Aha-Erlebnisse, die mir das eindrucksvoll illustriert haben: Am Anfang mochte ich Sojamilch überhaupt nicht, ich fand sie annähernd untrinkbar – was ein ziemlicher Rückschlag war, weil ich damals immer sehr viele Milchprodukte konsumiert habe. Weil ich ja aber nun mal vegan werden wollte, habe ich mich davon nicht abschrecken lassen und vorerst einfach Kuhmilch mit Sojamilch gemischt und das Mischverhältnis nach und nach immer weiter zugunsten der pflanzlichen Alternative geändert. Nachdem ich irgendwann schon eine Weile erfolgreich ganz auf die Soja-Variante umgestiegen war, wollte ich eines Tages unbedingt mein Müsli essen. Es war aber nur noch Kuhmilch im Haus, sodass ich ausnahmsweise nochmals die verwendete. Und ich konnte sie kaum runterbekommen. Sie kam mir übertrieben fett und süß und dickflüssig und irgendwie gelb vor – das war mein letzter Kuhmilchkontakt.

Die andere Anekdote ist, dass ich früher Käse geliebt habe – auf Brot, aber vor allem auch als dicke überbackene Kruste auf Pizza, Lasagne und Aufläufen. Ich habe mir überall noch Extrakäse draufgelegt. Dann wurde ich vegan und das war in den 90ern kein Spaß, außer Sojamilch und überteuertem Tofu gab es nicht wirklich Ersatzprodukte. Viele trostlose Jahre ohne jeglichen Käsegenuss folgten. Dann betrat aber endlich veganer Käse das Parkett und den finde ich einfach großartig, ich verputze ihn in großen Mengen – allerdings nur als Brotbelag. Mittlerweile kommt es mir nämlich – rein subjektiv – völlig abwegig vor, das köstliche Gemüse auf Auflauf oder Pizza unter dieser fettigen Masse zu begraben.

Was ich damit sagen will: Es lohnt sich, einem Nahrungsmittel oder einem Gericht, das einen beim ersten Versuch nicht gleich vom Hocker haut, die Chance auf Bewährung zu lassen.

 Bei **Fressattacken** oder Missachtung der Diätvorgaben nicht in Panik oder Verzweiflung verfallen, sondern ganz sachlich analysieren, wann und wie es zu solchen Situationen kommt – was genau waren die Trigger und wie könnten die in Zukunft umgangen werden?
Emotionale Reaktionen – Selbsthass, Wut , Resignation – sind hier das Letzte, was irgendeinen Nutzen bringt, sie machen nur alles noch schlimmer. Also: Ruhe bewahren. Daraus lernen. Weitermachen.

 Wenn Du wiederholt mit Deinem Ernährungsplan scheiterst – dass Du es nicht schaffst, ihn durchzuhalten oder er nicht die gewünschten Effekte bringt – liegt das möglicherweise nicht daran, dass Du ein undisziplinierter Versager oder eine Versagerin bist, sondern dass die gewählte Diät schlicht nicht gut für Dich ist oder nicht zu Dir passt. Es könnte einfach eine **Kurskorrektur** anliegen.

 Es gibt **verschiedene Körpertypen** – manche Ziele lassen sich daher nicht oder nur mit Gewalt erreichen, mit dem Gedanken sollte man sich anfreunden. Es muss natürlich jeder für sich entscheiden, ob es eine gute Sache ist, gewaltsam mit sich selber umzugehen.
Meiner bescheidenen Meinung nach ist es wichtig, sich auch mit der inneren Haltung zu sich selbst zu befassen. Bekanntlich haben selbst Topmodels mit 50 kg immer noch irgendwelche vermeintlichen Fettpolster an sich, die sie abgrundtief hassen. Da liegt der Hund wohl eher an einer ganz anderen Stelle begraben.
Nicht immer nur mit überkritischem Blick von außen auf sich gucken, sondern ein Gefühl von innen heraus entwickeln! Trotzdem ist es natürlich legitim, danach zu streben, das Beste aus sich zu machen, was möglich ist.

 Es kann passieren, dass ein **Durstsignal** des Körpers vom Gehirn als Hunger fehlinterpretiert wird. Wenn man sich nicht sicher ist, kann man in so einem Fall ein großes Glas Wasser wegexen und dann ein paar Minuten warten. Gut möglich, dass sich der Appetit dann schon von selbst erledigt hat.

SPORT

DEN RICHTIGEN SPORT FINDEN

Viele von uns tragen in Sachen Sport immer noch ein unaufgearbeitetes Trauma aus Kinder- und Jugendtagen mit sich herum. Der Sportunterricht in der Schule ist leider in vielen Fällen allein dazu geeignet, einem jegliche Freude an der Bewegung gründlich und restlos auszutreiben. Immer zu den Letzten zu gehören, die beim Mannschaftenwählen auf der Bank sitzen bleiben, sich mit knallrotem Gesicht unter Schweiß, Schmerzen und manchmal Tränen erfolglos abzuquälen, um irgendwelchen unerreichbaren Forderungen nachzukommen, die öffentliche Erniedrigung und Blamage bei den Bundesjugendspielen – ein Traum! Ich bin sicher nicht die Einzige, die solche zärtlichen Erinnerungen an die körperliche Zwangsertüchtigung von damals hat. Natürlich gab es auch immer die Natural Born Einser-KandidatInnen, geliebt und verehrt von den SportlehrerInnen, gehasst und beneidet vom niederen (unsportlichen) Volk. Aber die brauchen diesen Buchabschnitt ohnehin nicht zu lesen, weil sie sicher sowieso ihr festes Wochenprogramm mit fünf verschiedenen Sportarten und ausgefeiltem Ernährungskonzept fest installiert haben. Ihr könnt schon mal zu den Rezepten vorlaufen, wir sehen uns da!

Aber für die gepeinigten Kinder von damals: Nehmt die Chance war, diese traumatische Erfahrung hinter Euch zu lassen. Denn Sport und Bewegung sind in Wirklichkeit etwas so, *so* Tolles! Und zwar in jeder Hinsicht. Körper, Psyche, Persönlichkeit – Dein ganzes Leben kann davon profitieren!

Ich klinge vielleicht bei dem Thema oft missionarisch. Aber das kommt einfach nur daher, dass ich so unglaublich dankbar bin, dass ich diese alten, destruktiven Erfahrungen überschreiben konnte und ich von dem zerstörten Häuflein Elend aus der Turnhalle jetzt zu einem glühenden Sport-Fan geworden bin und mich – mit fast Mitte 30 – so stark und leistungsfähig und wohl in und mit meinem Körper fühle, wie noch nie in meinem Leben. Und das macht mich so euphorisch, dass ich dieses Gefühl am liebsten auch allen anderen Betroffenen zuteil werden lassen möchte.

Mit „Sport" meine ich übrigens nicht diese nervige Pflicht, die man erledigen muss oder eigentlich sollte („Sie sollten ein paar Kilo abnehmen und mehr Sport treiben"), sondern die Zelebrierung des eigenen Körpers, der eigenen Kraft, der Freude an der Bewegung. Ganz egal, in welcher Form das für Dich passend ist.

Erinnere Dich – gab es, vielleicht als Kind oder zu einer anderen Zeit, eine Sportart oder eine Form der Bewegung, die Dir Spaß gemacht hat? Gab es Momente während oder nach einer körperlichen Belastung – gar nicht notwendigerweise einer sportlichen Betätigung im üblichen Sinn, sondern vielleicht den Umzug in Deine erste eigene Wohnung, einen Nachmittag mit Deinem Kind auf dem Spielplatz, einen langer Spaziergang mit einer nahestehenden Person durch den verschneiten Wald – wo Du Dich schwitzend und schnaufend einfach *gut* gefühlt hast? Mit pumpendem Herzen, dem Blut, das mit Kraft durch Deine Adern rauschte, dem Sauerstoff, der in Deine Lungen strömte, den Kopf frei, vielleicht mit dem befriedigenden und starken Gefühl, etwas vollbracht zu haben? Wenn ja: Versuche, Dir dieses Gefühl intensiv präsent zu machen – *da* willst Du wieder hin (und nicht in die stinkige Sporthalle der Schande). Wenn nicht: Höchste Zeit, das zu ändern!

Motive & Ziele

Wenn Du vor der Entscheidung stehst, welchen Sport Du machen willst, überleg Dir erstmal, was Deine Motive und Deine Ziele sind. Willst Du Deine Gesamt-Fitness verbessern? Muskelmasse aufbauen? Abnehmen? Wettkämpfe bestreiten? Stärker werden? Stress abbauen und Dich abreagieren? Bestimmte gesundheitliche Probleme bekämpfen?

Dann werde Dir darüber klar, was Du bereit bist zu investieren – Erfolg gibt es nämlich nicht geschenkt und eine Abkürzung existiert nicht.
Z.B.: Die meisten von uns sehen nicht aus wie ein Fitnessmodel (ich auch nicht). Wenn wir jetzt aber auch gerne so einen Körper hätten, hätte das einen Preis. Extrem diszipliniertes, hartes und regelmäßiges Training, äußerst restriktive Diät, möglicherweise Abstriche im Bereich Quality Time mit Familie und Freundeskreis, ganz sicher Abstriche im Bereich genüsslichen Gammelns vor dem Fernseher auf der Couch, ggf. zusätzlich chirurgische Eingriffe – es ist völlig in Ordnung, wenn das ein Preis ist, den man nicht zu zahlen bereit ist (und es ist natürlich auch in Ordnung, wenn man dazu bereit ist). Jeder muss die Ziele und Prioritäten in den verschiedenen Bereichen des eigenen Lebens definieren – Freizeitgestaltung, Gesundheit, Arbeit, soziale Kontakte, Kunst, Aussehen, Bildung usw. usf. – und dann entsprechend Kompromisse schließen, um die größtmögliche Schnittmenge zu finden und ein Maximum an Entfaltung und Lebensqualität rauszuholen.

Wie Du Deine Prioritäten-Gewichtung setzt, ist eine Entscheidung, die nur Dich was angeht – lass Dich nicht von anderen bequatschen, was du eigentlich „müsstest".

Wenn Du also weißt, was Du willst und weißt, was Du bereit bist zu geben, kannst Du – unter Einbezug der Möglichkeiten vor Ort und der finanziellen Ressourcen – schon ziemlich eingrenzen, in welche Richtung es gehen soll.
Also lasst mal sehen, was es da für Möglichkeiten gibt.

Sportarten

Laufen

Laufen hat den großen Vorteil, dass es erstmal ohne irgendwelche Ausrüstung, Kosten, Vereine oder sonst was ausgeführt werden kann und zwar sowohl auf ganz niederschwelligem Anfänger-Level als auch im Hardcore-Beastmode.

Wenn man eine ausgedehnte Trainingseinheit will, läuft man mit moderater Geschwindigkeit, will man ein kurzes, knackiges Workout, gibt man eben mehr Speed oder macht Intervall-Sprints – die Intensität ist stufenlos variierbar.

Wem es unangenehm ist, sich so öffentlich sportlich zu betätigen, kann erwägen, früh morgens oder nach Einbruch der Dunkelheit loszugehen (da herrscht auch eine ganz besondere Energie). Der MP3-Player übertönt nicht nur etwaiges ungraziles Schnaufen und Stampfen, er kann einem auch helfen, in Stimmung zu kommen und im Rhythmus zu bleiben – im Netz finden sich Listen, mit Musikstücken nach BPM sortiert (= Beats per Minute), da kann man sich was Passendes zusammenstellen. Wenn man sich entschlossen hat, das Ganze intensiver zu verfolgen, ist die Anschaffung guter Laufschuhe und einer GPS-Pulsuhr sinnig, grundsätzlich tun es aber auch eine einfache Stoppuhr-Funktion in MP3-Player oder Handy und Google Maps.

Wenn man ein hohes Körpergewicht mit sich herumträgt und/oder Probleme mit den Gelenken hat, ist Laufen hingegen möglicherweise nicht die beste Wahl, da der Aufprall bei jedem Schritt nicht zu unterschätzen ist. Will man es trotzdem wagen, empfiehlt es sich, ganz moderat und mit sehr kurzen Lauf-Intervallen zu beginnen, ein ärztlicher Check im Vorfeld ist ebenfalls anzuraten.

Gewichtstraining

Das Training mit Gewichten ist besonders populär, weil es schnelle und sichtbare Erfolge bringt, wenn man es richtig anstellt.

Es gibt hier vor allem zwei Ziele: Maximalkraft und Hypertrophie. Im ersten Fall geht es um das Bewegen möglichst großer Gewichte, im zweiten Fall geht es vor allem um die Optik.

Man kann im Fitness-Studio trainieren, aber auch zu Hause, wenn man in ein bisschen Equipment investiert – das Mindeste sind zwei ausreichend schwere Kurzhanteln, damit bekommt man schon ein komplettes Ganzkörperworkout hin. Und wenn der Platz reicht, holt man sich noch eine Langhantel und eine (ggf. zusammenklappbare) Drückerbank dazu. Im Fitness-Studio hat man natürlich noch etliche Möglichkeiten mehr – Beinpresse, Kabelzüge usw. – ist dafür aber auch zeitlich weniger flexibel und zahlt mehr. Es hat beides seine Vor- und Nachteile.

Besonders wenn man schwere Gewichte bewegt, sind eine tadellose Technik und vernünftiges Aufwärmen absolut unerlässlich, da sonst ein großes Risiko für Bandscheiben und Gelenke besteht!

Schweres Gewichtstraining ist übrigens gerade für Frauen besonders gut geeignet. Sowohl was den formenden Charakter angeht – Kreuzheben, Kniebeugen und Ausfallschritte mit hohen Gewichten bringen hundertmal mehr für den Hintern als stundenlange Stepper-Sessions, Muskeln erhöhen außerdem den Grundumsatz, sprich: verbrennen Kalorien – als auch unter dem gesundheitlichen Aspekt, da auf diesem Weg die Knochendichte erhöht wird und so Osteoporose vorbeugt. Und nein, ihr werdet nicht eines morgens aufwachen und wie der She-Hulk aussehen.

BWEs

Eigengewichtsübungen oder Body Weight Exercises sind hilfreich, wenn man Krafttraining machen will, aber kein Geld für Fitness-Studio oder Home-Equipmemt hat. Auch für unterwegs – im Urlaub, im Hotel, bei der Nachtwache – sind sie ein praktischer Ersatz für das reguläre Training.

Anfangen kann man mit den einfachen Übungen – Kniebeugen, Liegestütze an der Wand oder auf den Knien, Let-Me-Ins, Planks, Schulterbrücke, Ausfallschritte, Crunches, Wadenheben, Tibia Raises, Sit-Ups – und sich vorarbeiten zu den echten Herausforderungen – einarmige Liegestütze und Liegestütze im Handstand, Klimmzüge, Dragonflags, Pistol-Squats … Für mehr cardio-orientiertes Workout greift man zu Jumping-Jacks, Mountain-Climbs, Burpees und Box-Jumps. Zu jeder Übung gibt es zudem immer noch einen Haufen Variationen, von denen man noch nie gehört hat. Anleitungen, Anregungen und Trainingsprogramme finden sich im Netz und in den entsprechenden Büchern.

So schnelle und voluminöse Erfolge wie beim Krafttraining mit Gewichten sind allein mit BWEs eher schwierig zu erreichen, aber dennoch ist ein effektives Ganzkörpertraining auf diesem Wege möglich, das Kraft, Koordindation und das Herz-Kreislaufsystem verbessert. Als Ergänzung zu anderem Training ist es ebenfalls bestens geeignet.

Tanzen

Sexy, cool, elegant, vulgär, sinnlich, wild – beim Tanzen kann man jede versteckte oder nicht so versteckte Seite an sich voll ausleben, man muss sich einfach nur den richtigen Tanzstil rauspicken. Standard und Latein, Line Dance, Bauchtanz, Jazz, Ballett, Pole Dance, Hip Hop, Breakdance – die Möglichkeiten sind annähernd unbegrenzt. Zur weiteren Auswahl stehen Optionen solo, Paartanz, Gruppe, Formation oder Kurs, wettkampforientiert oder just for fun.
Den meisten Tanzrichtungen ist gemein, dass sie in hohem Maß die Körperbeherrschung und Koordination schulen und in den meisten Fällen auch Kraft, Ausdauer und Beweglichkeit. Mal davon abgesehen, wie viel totalen *Spaß* es einfach macht.

Schwimmen

Schwimmen ist nicht nur ein Ganzkörper-Training, es hat auch den Vorteil äußerst gelenkschonend und geeignet für jede Gewichtsklasse zu sein, ein sehr geringes Verletzungsrisiko zu bergen und abhängig von Kurszeiten ist man ebenfalls nicht. Wenn man sich wegs knapper Badetextilien schämt, könnte man die früheren Morgenstunden zu nutzen versuchen. Wer Glück hat, hat evtl. sogar einen passenden See in der Nähe, dann kostet es nicht einmal was.

Skaten

Inlineskaten ist intensiver als Walken und gelenkschonender als Laufen – vorausgesetzt man legt sich nicht ohne entsprechende Safeties auf die Klappe. Es macht Spaß, die Intensität ist stufenlos variabel, man ist an der frischen Luft und falls einem Geradeausfahren zu langweilig ist, kann man sich ein paar Stufen, Parkbänke und Treppengeländer suchen, weitere Varianten wären Skate-, Wave- und Snakeboards.

Fahrradfahren

Fahrradfahren ist besonders geeignet für Leute, die Gelenkprobleme haben und deswegen nicht Joggen gehen können. Ähnlich wie beim Laufen kann man wahlweise die Langstrecken-Ausdauer trainieren oder durch Intervall-Sprints mehr auf Kraft abzielen. Mountainbiking, Crossbiking oder BMX bieten sich für die abenteuerlustigeren ZeitgenossInnen an.

Da Fahrradfahren hauptsächlich auf den Unterkörper abzielt, sollte man ergänzend den Oberkörper trainieren, sei es durch Eigengewichtsübungen wie Liegestütze und Klimmzüge oder mit Hanteln. Für den Anfang reicht der alte Drahtesel, ein richtiges Rennrad ist nicht nötig – auch wenn es damit natürlich mehr Spaß macht.

Wetterfestigkeit ist fürs Biken vorausgesetzt, außer man hat ergänzend ein Ergometer vor dem Fernseher stehen für zu widrige Klimaverhältnisse. Für FreundInnen des Indoor-Sports gibt es außerdem die Alternative Spinning-Kurs im Fitness-Studio.

Kampfsport

Kampfsport ist allein deshalb schon so genial, weil dabei so ziemlich alles trainiert wird, was möglich ist: Kraft, Ausdauer, Schnellkraft, Gleichgewicht, Koordination, Flexibilität, Reaktionszeit ... Je nach Sparte und Schule lernt man zudem sich effektiv zu verteidigen (z.B. Krav Maga, Jeet Kune Do), härter zu werden und einzustecken ohne zu weinen (z.B. Muay Thai, Boxen) oder mit traditionellen Waffen zu hantieren (z.B. Kendo, Kali).

Es lässt sich grob differenzieren zwischen drei Sparten: Kampfkünste, wo es vor allem um spezielle Bewegungsabfolgen, die sog. Formen, geht und teils auch um spirituelle oder persönlichkeitsbildende Ansätze (z.B. Shotokan Karate). Kampfsportarten, wo es sich um „Auf's Maul!" dreht, im Rahmen eines sportlichen und fairen Wettkampfs, wahlweise im Semi-, Leicht- oder Vollkontakt (z.B. Kickboxen, Sanda). Und Selbstverteidungs- und Nahkampfsysteme (z.B. Sambo). Aber auch hier gibt es von Verein zu Verein wieder starke Unterschiede und die Übergänge sind oft fließend.

Einige Vereine bieten übrigens zusätzlich ihre Kampfsportarten auch ohne Sparring-Pflicht, also als Fitness-Workout an, wenn man nicht so sehr auf Klopperei steht.

Video-Workouts

Video-Workouts für zu Hause sind eine gute Sache, wenn man (noch) Hemmungen hat, unter den Augen anderer Leute in Wallung zu kommen oder wenn man nicht von zu Hause weg kann oder will. Neben den klassischen Aerobic-Videos, die in den 80ern aufkamen, gibt es mittlerweile eine riesengroße Bandbreite, darunter auch heftiges Hardcore-Material, das einen geradewegs über die eigenen Grenzen peitscht, aber auch verschiedene Tanz-Workouts oder an Kampfsport angelehnte.

Das beste ist, man muss nicht mal notwendigerweise Geld dafür ausgeben, es gibt Youtube-Kanäle, die einen gratis mit dem notwendigen Stoff versorgen.

Mannschaftssportarten

Mannschaftssportarten von Fußball über Rugby, über Beachvolleyball bis Rollerderby haben nicht nur den Vorteil, dass sie für gewöhnlich den kompletten Körper fordern – Schnellkraft, Ausdauer, Kraft, Koordination – sie sorgen auch für Team Spirit und Spaß in der Umkleide und der Hunger auf Wettstreit wird ebenfalls bedient. Einige Mannschaftssportarten sind ziemlich vollkontaktig, falls man darauf steht.

Viele Vereine bieten auch Einsteigerkurse für Erwachsene – zum Anfangen ist es nie zu spät!

Kettlebells

Kettlebells sind eine coole Sache, sie bringen wortwörtlich Schwung ins Krafttraining – ich liebe sie! Die meisten Übungen beziehen dynamisch den ganzen Körper mit ein und man kann sehr schön zwischen Kraft und Kondition wechseln oder beides kombinieren.

Dass viele der Bewegungen mit Schwung oder ruckartig ausgeführt werden, macht eine saubere Technik wirklich absolut unerlässlich.

Da man außer einer oder mehrerer Kettlebells kein Equipment benötigt, eignet es sich bestens als Homeworkout. Sofern man den gläsernen Couchtisch, den Fernseher und die Katze immer im Auge behält.

Gehen, Walken, Wandern

Wenn man bisher sehr unfit ist und evtl. gehandicapt, sei es durch erhöhtes Körpergewicht, Verletzungen oder sonstige Einschränkungen, ist flottes Gehen eine großartige Einstiegs-Bewegungsform. Gehen kann man ja eigentlich überall, am schönsten ist es natürlich in der Natur, da ist die Luft auch am besten. Immer zügig voran, tief durchatmen und die Arme dynamisch mitnehmen. Eine mittlerweile sehr populäre Variante ist das Nordic Walking, bei dem man durch die Stöcke den Oberkörper noch mehr miteinbeziehen kann und mehr Schub bekommt. In netter Begleitung macht's am meisten Spaß, da der Kreislauf in Gang kommt, aber man immer noch genug Luft für eine Unterhaltung hat.

Wandern ist ebenfalls eine Option, wenn man die nötige Landschaft vor Ort hat.

Aerobic

Das klassische Aerobic hat im Laufe der Jahrzehnte dutzende Variationen und Subgenres entwickelt – Step Aerobic, Aerobic im Wasser, Aerobic, das an Hip-Hop, Latin Dance, Yoga oder Kickboxen angelehnt ist, Aerobic mit Therabändern oder (leichten) Langhanteln.

Es wird unterschieden zwischen Low-Impact und High-Impact, bei ersterem bleibt immer ein Fuß auf dem Boden, auf Sprünge wird also verzichtet, was die Anstrengung geringer hält und die Gelenke schont.

Laute Musik und ein für gewöhnlich euphorischer Instructor bringen Schwung in die Sache, sodass man einen teils nicht zu unterschätzenden Intensitäts-Level erreicht.

Mehr auf Kräftigung verschiedener Muskelgruppen zielt BBP (Bauch-Beine-Po) und Pilates.

Es gibt übrigens keinen Grund, nicht auch als Mann an diesen Kursen teilzunehmen.

Sling-Training

Bei dieser Variation von Body Weight Exercises hängt man mit den Händen oder Füßen frei schwebend in einem Bänder- und Schlingenkonstrukt und führt unter diesen instabilen Bedingungen die Bewegungsabläufe durch, z. B. verschiedene Variationen von Liegestützen, Ausfallschritten und Planks. Der ganze Körper steht hierbei unter Spannung, sämtliche Stabilisatoren müssen arbeiten, um den Körper in Position zu halten, durch den erweiterten Bewegungsspielraum wird die Koordination geschult.

Mit ein bisschen Bastelgeschick lässt sich die Ausrüstung hierfür auch selber zusammenschustern, Anleitungen finden sich im Netz.

Beim Sling-Training herrscht allerdings ein erhöhtes Verletzungsrisiko für Wirbelsäule und Gelenke, wenn man noch nicht über eine gewisse Grundstabilität und -kraft verfügt und ohne kompetente Anleitung zu Werke geht.

TRAININGSTYPEN

Für das Trainingspensum lassen sich vereinfacht vier Optionen benennen:

 Geringe/mittlere Häufigkeit, geringe/moderate Intensität:
Dieser Modus ist gut als Einstieg geeignet, wenn Sport für Dich eine hohe Hemmschwelle darstellt, Du körperlich gehandicapt bist oder Du Dich von einer Verletzung oder Krankheit erholst. Für wirkliche mess- oder sichtbare Erfolge ist 1–2x leichtes Training in der Woche längerfristig allerdings zu wenig.

 Häufig/täglich, geringe/moderate Intensität:
Das ist die richtige Gangart für Dich, wenn Dein Ziel ist, auf lange Sicht einfach ein bisschen fit und in Form zu bleiben. Da Du hier nicht ständig an Deine Grenzen gepeitscht wirst, lässt sich der Trainingsplan dauerhaft gut durchhalten, auch wenn Du keine Sportmaschine mit Monsterehrgeiz bist. Die Verletzungs- und Verschleißgefahr ist hier ebenfalls gering.
Auch als Instandhaltungs-Modus passt diese Form, wenn Du bereits ein gutes körperliches Level erreicht hast, aber vorübergehend keine Zeit, Lust oder Möglichkeit hast, intensiv zu trainieren.

 Geringe/mittlere Häufigkeit, gesteigerte/hohe Intensität:
Wenn Du nur begrenzt Zeit ins Training investieren kannst oder willst, es aber trotzdem auf Erfolge abgesehen hast, heißt es: *Gas* geben. Der Wachstumsreiz muss bis zur nächsten Trainingseinheit vorhalten, nutze die Rest Days dazwischen optimal aus mit richtigem Essen, ausreichend Schlaf und ordentlicher Flüssigkeitszufuhr. Bei 3 oder weniger Tagen Einsatz pro Woche bietet es sich an, zwischendurch immer mal die ein oder andere Übung einzuschieben, seien es ein paar Sätze Liegestützen hier oder ein ausgedehnter strammer Marsch da. Nur damit die Muskeln nicht vergessen, wofür sie da sind.

 Häufig/täglich, gesteigerte/hohe Intensität:
Das haut längerfristig nur hin, wenn man echt Schub hat. Das Risiko für Übertraining, Verletzungen und vorzeitigen Verschleiß ist allerdings inklusive, besonders mit fortschreitendem Alter. Wenn jeden oder fast jeden Tag trainiert wird, solltest Du wenigsten auf Abwechslung achten – also nicht jeden Tag die gleichen Muskelgruppen attackieren oder ein und dieselbe Cardio-Sparte beackern. Außerdem regenerative Maßnahmen miteinbeziehen – Massagen, Stretching, Entspannungsbäder, Sauna, Foam-Rolling.

Es ließe sich natürlich noch die dritte Achse der Trainings*dauer* ergänzen. Pauschal ein guter Richtwert für das Amateurlager sind 1–2 Stunden pro Einheit – je niedriger die Intensität gehalten wird, desto länger sollte das Workout ausfallen und umgekehrt kann bei hoher Intensität das Training verkürzt werden.

Intensität ist hierbei völlig relativ und individuell: Es geht allein darum, wie sehr *Du* bei einer Aktivität in Wallung gerätst. Ob das nun 5 Minuten laufen bei 7 km/h ist oder 10 km bei 11 km/h – wenn Du aus dem letzten Loch pfeifst, der Schweiß fließt und die Birne glüht, war die Intensität hoch, wenn Dir lediglich ein bisschen warm dabei geworden ist und Du nur geringfügig schneller atmest, war die Intensität niedrig.

Bei Cardio-Aktivitäten unterscheidet man zwischen **LISS und HIIT: Low Intensity Steady State und High Intensity Interval Training**, also anhaltende Leistung bei geringer Intensität auf der einen Seite und wechselnde Intervalle zwischen (sehr) hoher und moderater Intensität auf der anderen. Das lässt sich auch auf andere Trainingsformen übertragen.

Finde heraus, welcher Modus für Dich der passende ist, Du kannst natürlich auch frei kombinieren und z.B. eine Woche im Beastmode durchziehen und es die nächste Woche ruhiger angehen lassen.

Merke:
Wenig zu machen ist besser als gar nichts, viel bringt viel, *zu* viel kann nach hinten losgehen.

DURCHSTARTEN & DRANBLEIBEN

Es gibt Menschen, für die ist es eine Strafe, wenn sie keinen Sport machen können, die einfach Feuer unterm Hintern haben und sich bewegen *müssen*. Und es gibt Menschen, die große Probleme haben, sich zu überhaupt einer körperlichen Aktivität aufzuraffen – sei es, weil sie sich schämen, weil sie Angst haben, dass sie es nicht schaffen oder weil sie schlicht nicht genug Initialenergie aufbringen können. Vor allem für diese Gruppe im Folgenden ein paar Tipps und Strategien.

Nicht reden: Machen.

Ich bin immer etwas peinlich berührt, wenn mir jemand erzählt, sie werde jetzt auch wieder anfangen abzunehmen, er würde jetzt auch bald wieder ins Fitness-Studio gehen oder sie würde aufhören zu rauchen. Natürlich wünsche ich der Person dann viel Glück und dass sie es schafft. Aber in sehr, sehr vielen Fällen trifft man sie kurze Zeit danach wieder – und es hat sich überhaupt nichts getan. Also anstatt alle Welt über die ganz bald stattfindenden großen Veränderungen in Kenntnis zu setzen:…

Fang an!

Wenn Du sehr lange oder möglicherweise sogar noch nie Sport gemacht hast und Dein Entschluss gefasst ist, das zu ändern: Fang *jetzt* an. Du hast diesen Schritt vielleicht viele Jahre lang vor Dir hergeschoben – zögere es nicht weiter hinaus. Vertröste Dich nicht darauf, wenn Du Dir Laufschuhe bestellt hast oder Du Dich im Fitnessstudio angemeldet hast, wenn das Wetter besser wird oder Du fünf Kilo abgenommen hast. Du willst es? Dann mach es. Du kannst jetzt in diesem Moment das Buch zur Seite legen und einen Satz Kniebeugen machen oder drei Sätze Wadenheben oder fünf Liegestütze auf den Knien. Und hast damit den ersten kleinen Schritt in den Beginn eines neuen – möglicherweise lebensverändernden – Abschnitts gesetzt. Küss Deine Muskeln aus ihrem Dornröschenschlaf wach und sie werden bald mehr wollen. Warte nicht noch länger.

Runterschrauben

Wenn Du allgemein sehr große Probleme hast, Dich aufzuraffen und etwas zu tun: Anforderung runterschrauben. Du wolltest heute eigentlich eine Stunde Ganzkörpertraining machen, musstest jetzt aber Überstunden machen und bist völlig platt – was glaubst Du, ist effektiver? Das ganze Workout auf nächste Woche zu verschieben oder aber den Schwierigkeitsgrad herunterzuschrauben und stattdessen nur drei Sätze Sit-Ups zu machen? Immer noch zu viel? Dann eben 10 Hampelmänner.

Natürlich wäre es besser, die Disziplin aufzubringen und sich an den eigenen gesetzten Plan zu halten. Aber dieser Anspruch geht eben manchmal einfach an der Realität vorbei und bevor Du als Konsequenz überhaupt nichts machst – mach ein bisschen! Davon wirst Du natürlich nicht den ultimativen Beach Body erhalten. Aber dieser niederschwellige Ansatz kann helfen, in einen gewissen Fluss zu kommen – versuch mal als Test, einen Monat lang konsequent *jeden* Tag *irgendwas* zu machen. Egal wie müde, im Terminstress oder lustlos man ist, wenigstens einen verdammten Satz irgendeiner Übung kann man einfach immer machen (und wenn es dann spontan doch mehr werden, ist das natürlich nicht verboten). Mach Dir ein Häkchen in Deinen Kalender an jedem Tag, wo Du es getan hast und versuch, die Kette nicht zu unterbrechen. Außerdem ist es sehr oft so, dass diese Trägheit und der innere Widerstand eine Reaktion auf zu viel Druck sind, verbunden mit der Angst, zu versagen und es nicht zu schaffen. Wenn man diesen Druck also selber von sich nimmt und ganz unten auf dem niedrigsten Schwierigkeitsgrad anfängt, kann es gut passieren, dass dadurch innere Blockaden gelöst und die nötige Energie freigesetzt wird, so dass die Lust auf mehr von selber kommt.

Das Runterschraub-Konzept ist auch wichtig, wenn man früher mal sportlich unterwegs war, jetzt aber durch Verletzung, Müßiggang oder sonstige Umstände raus und außer Form ist. Natürlich ist es bitter und fühlt sich vielleicht erniedrigend an, wenn man wieder anfängt, aber nur noch einen Schatten der früheren Leistungen zu bringen in der Lage ist. Und auch wenn Ehrgeiz grundsätzlich eine gute Sache ist: Es ist überhaupt niemandem geholfen, wenn man mit purer Willenskraft völlig seine Ressourcen überreißt und Verletzungen und Kreislaufkoller riskiert, sodass die nächsten geplanten Trainingseinheiten gleich erstmal wieder passé sind. Oder man so entmutigt von der vergleichsweise schwachen Leistung ist, dass man gleich alles wieder hinschmeißt. Stattdessen, auch wenn es hart und frustrierend ist: Runterschrauben. Einmal 100% bringen und danach nichts mehr oder 10% bringen, dann 20%, dann 30%, dann längere Zeit 50% und irgendwann vielleicht wieder 100% oder sogar 120% – es liegt auf der Hand, was mehr bringt.

Nicht entmutigen lassen – festbeißen!

Wenn Du gerade erst dabei bist, den passenden Sport für Dich zu finden: Bleib dran und lass Dich von anfänglichen Rückschlägen und Ernüchterungen nicht entmutigen! Jeder fängt mal klein an und wie ich zu sagen pflege: Wenn man schon alles könnte, bräuchte man nicht zum Training kommen.

Bei manchen Sachen weiß man von Minute 1 an: Das ist es. So war es bei mir z. B. beim Hip Hop/ Video Dancing. Andere Dinge brauchen aber mehr Zeit, wie in meinem Fall beispielsweise das Kickboxen. Nach meiner ersten Stunde war ich mehr als skeptisch, ob das nun das Richtige für mich sein sollte – ich habe das WarmUp nicht durchgehalten, ein Gefühl für die Schlag- und Tritt-Techniken wollten sich nicht so recht einstellen und bei meinem ersten leichten Sparring bin ich in Panik verfallen, weil ich mich noch nie in meinem Leben gekloppt hatte, außerdem waren die meisten TeilnehmerInnen jünger als ich.

Also habe ich dem ganzen einen Monat gegeben, um zu sehen, ob das vielleicht noch was wird. Das war 2007, mittlerweile bin ich Trainerin und durch diese Entscheidung, mir vier Wochen Zeit zu lassen, anstatt direkt wieder aufzugeben, hat sich mein Leben, habe *ich* mich ganz nachhaltig geändert und ich bin jeden Tag dankbar dafür.

Was ich damit verdeutlichen will ist – es lohnt sich, sich festzubeißen. Es kann helfen, dass Du Dir direkt bewusst machst und akzeptierst: Du wirst Dich blamieren, Du wirst schlechter als die anderen sein, Du wirst leiden und schwitzen und vielleicht heulen (heimlich in der Umkleide). Aber bald wirst Du über diesen Punkt hinaus sein und irgendwann guckst Du auf diese Anfangszeit zurück und kannst stolz sein, und zwar *richtig* stolz, wie weit Du gekommen bist.

Und falls das für Dich jetzt grade alles etwas zu dramatisch und abschreckend klang: Keine Sorge, es gibt natürlich auch ganz niederschwellige Bewegungsmöglichkeiten ohne Blamier-, Heul- und Leid-Risiko.

Lass Dich übrigens nicht beeindrucken von den lieben ZeitgenossInnen, die Dir kommen mit „Waaas, so wenig drückst Du nur? Krass!", „Mehr Kilometer schaffst Du nicht? Wow …" und „Wie jetzt, Du gehst nur zweimal in der Woche zum Sport?". Die wird es immer geben, aber lass Dich nicht belabern. Sofern das nicht rein zufällig alles WeltrekordhalterInnen und Olympiasieger-Innen sind, sollen die sich mal lieber bedeckt halten, schließlich könnten sie offenbar auch mal ein bisschen mehr leisten.

Hör auf zu jammern

Mit Rumgejammer gehst Du allen auf die Nerven und vor allem: Es bringt nichts.
Es gibt genau zwei Kategorien von bejammernswerten Umständen:
1. Dinge, die man nicht ändern kann und
2. Dinge, die man ändern kann.

Im ersten Fall – „Ich hätte gern längere Beine" – führt Jammern genau zu: nichts. Ob Du jammerst oder nicht, macht keinen Unterschied – außer, dass Du das Thema immer wieder hochholst und Dir vor Augen führst, wie schlecht Du doch dran bist. Schlauer ist es da, sich einfach damit zu arrangieren. Es ist ungerecht, dass das Schicksal/die Gene/Der Liebe Gott Dich in dem Punkt nicht wunschgemäß bestückt haben, aber Dir bleibt so oder so nichts übrig, als es zu schlucken. Mach halt das Beste draus und sei froh über das, was Du hast. Im zweiteren Fall – „Ich hätte gerne mehr Muskeln" – liegt die Sache schon anders, hier bist Du den Gegebenheiten nicht hilflos ausgeliefert, was toll ist! Aber: Durch Jammern wird sich auch hier nichts ändern. Durch Taten jedoch schon! Wie wäre es also, wenn Du keinen weiteren Funken Energie darauf verschwendest, zu lamentieren, was Du gerne hättest, sondern stattdessen Deinen Hintern in Bewegung setzt und es Dir holst? Klar hat man einen Preis dafür zu zahlen und leicht ist es meistens auch nicht. Aber das ist einfach die Frage, was Du selber willst: Willst Du Muskeln, musst Du im Fitnessstudio oder wo auch immer schwitzen. Willst Du jeden Abend lieber Playstation zocken, ist das auch in Ordnung – Deine Entscheidung – aber dann gibt's eben keine Muskeln. Man will etwas und entweder man ist bereit den Preis dafür zu bezahlen und kommt seinem Ziel schrittweise immer näher – oder der Preis ist einem zu hoch und man akzeptiert dann eben das. Jammern ändert an der Sachlage jedenfalls nichts.

Es gibt aber doch *eine* Art des zulässigen Jammerns. Und zwar das, das als Ventil für einen selbst dient, wobei man über etwas jammert – es dann aber trotzdem macht: „Ich hab wirklich gar keinen Bock, heute Abend nach den Überstunden und bei dem Regen noch zum Training zu gehen!" – und man geht hin. „Es ist niemals menschenmöglich, noch einen weiteren Zirkeldurchgang zu schaffen, wie der Trainer es verlangt, oh mein Gott, ist er verrückt geworden?!" – und man macht ihn.
Für alles andere gilt: Entscheidung treffen, dazu stehen, entsprechend handeln.

Motivationstypen

Es gibt im Wesentlichen zwei Motivationsrichtungen. Welche für wen effizient ist, ist typbedingt. Für die eine kultiviert man seinen inneren Drill-Sergeant, um das eigene Couch-Potato-Ich auf Trab zu bekommen.
„Heute ist Dienstag, also Cardio-Tag. Wir laufen jetzt die 10-km-Runde. Auf geht's!"
„Äh – aber 10 km haben wir noch nie geschafft, letztes Mal war bei 7 schon absolut Ende …?"
„SCHNAUZE. 30 Strafliegestütze und dann bewegt sich Dein Arsch auf die Straße aber ZACK-ZACK!!"
„SIR, ZU BEFEHL, SIR!"

Bei diesem Ansatz geht es darum, keine Kompromisse einzugehen, irgendwelche Diskussionen, ob man nun Lust hat oder nicht, gar nicht erst aufkommen zu lassen und die Ziele immer gefühlt ein bisschen zu hoch anzusetzen, um alles aus sich rauszuholen und sich nicht mit weniger zufrieden zu geben, als man in Wirklichkeit schaffen könnte.

Das kann aber auch den kontraproduktiven Effekt haben, dass man sich so überfordert und unter Druck fühlt, dass man aus dem Gefühl der Überforderung und der Angst zu versagen, dann gar nicht erst antritt.

Bei der anderen Variante bringt man den inneren Pädagogen in Stellung, ganz nachsichtig, verständnisvoll und ein bisschen manipulativ mit umgekehrter Psychologie.

„Du, eigentlich wär ja mal wieder 'ne Runde Laufen angesagt, ne? Aber wenn Du Dich so schlapp fühlst, musst Du natürlich nicht unbedingt."

„Ja – ich hab heute auch echt keinen Nerv drauf!"

„Das ist schon in Ordnung, Du hast dafür letzte Woche ja auch schon einiges gemacht, man muss es nicht übertreiben."

„Eben!"

„Genau. Aber zieh doch einfach vorsorglich – ganz unverbindlich! – den Sport-BH an – nur für den Fall, dass Du nachher vielleicht doch plötzlich Lust bekommst, noch die kleine Runde um den Block zu laufen. Du weißt ja, wie gut Du Dich danach immer fühlst."

…

„So, sehr schön machst Du das! Da vorne ist das Ende vom Block, gleich hast Du's geschafft! Allerdings … Wenn Du noch die eine kurze Straße weiterläufst, dann hast Du nicht so eine krumme Kilometerzahl auf deiner GPS-Uhr stehen – macht sich irgendwie besser, meinst Du nicht?"

…

„Ok, jetzt bist Du schon fünf Häuserblöcke weiter gelaufen als ursprünglich geplant und ich weiß, Du spürst Deine Beine nicht mehr, aber willst Du wirklich den Linkin-Park-Track vergeuden, der grade angefangen hat?"

…to be continued.

Bei dieser Herangehensweise nimmt man allen Leistungsdruck weg, setzt auf Freiwilligkeit und von innen heraus entstehenden Antrieb mittels Fokussierung auf die fühlbaren positiven Resultate.

Wenn man hierfür aber nicht der Typ ist, kann die Methode jedoch auch nach hinten losgehen und ganz ohne Druck und Disziplin passiert gar nichts, sodass man stattdessen mit der Tüte Chips auf dem Sofa landet und sich spätestens am nächsten Tag ärgert, sich schon wieder gedrückt zu haben.

Du kennst Dich selber am besten – entscheide, was Dein Weg ist.

Motivationspusher

Für viele ist es hilfreich, sich einen Trainingspartner oder eine -partnerin zu suchen, während das für andere nur ablenkend wirkt. Sportbezogene Online-Communities (die gibt es auch extra für VeganerInnen!) und soziale Netzwerke können ebenfalls Gold wert sein für die Motivation, wenn einem sowas liegt. Leg Dir ein obercooles Workout-Outfit zu. Guck Deinen präferierten Kampfsport-Anime (*Naruto*!). Liefere Dir einen Wettstreit mit Deiner besten Freundin. Sorg für eine epische Playlist auf Deinem MP3-Player, die ausschließlich für Trainingszwecke reserviert ist. Klick Dich durch die Sport-Motivations-Videos auf Youtube. Schließ eine Wette mit Deinem Kumpel ab. Kauf Dir die endschicken, neuen Sneakers, wenn Du einen neuen persönlichen Streckenrekord aufgestellt hast. Gönn Dir die nächste *Spartacus*-Staffel, wenn Du einen Monat keinen Kurs geschwänzt hast. Usw. usf. **Finde heraus, was bei Dir greift und nutze es.**

Bei der Stange bleiben

Sieh zu, dass Deine Anfangsmotivation kein Strohfeuer bleibt. Ich erlebe es wirklich dauernd, dass jemand zum ersten Mal in den Kickboxkurs kommt und total euphorisch und hochmotiviert ist und sich am liebsten gleich für den nächsten Wettkampf einschreiben will – und dann einmal beim Sparring eins auf die Klappe kriegt oder feststellt, dass er oder sie nach dem zweiten Mal immer noch keinen gesprungenen Spinkick hinkriegt – und sie waren nie wieder gesehen. Es ist kein Zufall, dass die Kleinanzeigen stets randvoll mit günstig abzugebenden, so gut wie neuwertigen Home-Trainern befüllt sind. Sowas ist schon immer ein kleines bisschen peinlich. Back lieber erstmal kleinere Brötchen und bleib dafür dauerhaft am Ball.

Bahn frei!

Halte Hemmschwellen und technische Hindernisse von vornherein immer so niedrig wie möglich. Richte Dich so ein, dass alles so komfortabel und angenehm wie möglich ist – keine schlecht sitzenden Kopfhörer, keine zwickende Sporthose, keine zu kleinen Turnschuhe, kein labberiges Haargummi. Sowas kann einem nämlich wirklich das Workout verhageln.
Sieh auch zu, dass Deine benötigte Ausrüstung immer einsatzbereit ist und Dich nicht in Deinem Workout-Vorhaben sabotiert oder für lahme Ausreden herhalten muss – dass Du leider nicht zum Training kannst, weil Deine Schienbeinschoner in der Wäsche sind, Dein Sport-BH noch nicht trocken ist, die Pulsuhr nicht aufgeladen, der MP3-Player verlegt … *Allzeit bereit* ist das Motto!

Werde Dein bestes Ich

Es muss beim Sport nicht allein um den relativ oberflächlichen Grund gehen, besser auszusehen. Das auch, aber eben nicht nur. Für mich spielen auch die innere Haltung zu sich selbst und die Persönlichkeitsentwicklung eine zentrale Rolle und haben somit auch eine spirituelle und möglicherweise therapeutische Komponente. Die meisten Menschen wären eigentlich zu sehr viel mehr in der Lage, als sie sich im Moment vorstellen können. Aber weil das – für einen selbst, aber auch für das Umfeld – eine beängstigende Vorstellung sein kann, gibt es oft eine Reihe von Schutzmechanismen, die dafür sorgen, dass der Fuß immer auf der Bremse bleibt. Wenn man sich entscheidet, die eigene Comfort Zone zu verlassen, beginnt Wachstum. Selbst in Wettkampfsportarten, aber auch in allen anderen geht es nicht primär darum, sich am Können und den Leistungen anderer zu messen. Es geht darum, *selbst* besser zu werden – besser, schneller, stärker, ausdauernder, zielgenauer, akkurater, ausdrucksstärker, präziser als man vorher war. Ich finde die Vorstellung, gegen sich selbst zu kämpfen, destruktiv. Hingegen ist es ein äußerst kraftvolles und positives Bild, in jeder Trainingseinheit alles das niederzuringen, was einen schwach macht, was einen ausbremst und kleinhält – die inneren Dämonen und Schatten aus der Vergangenheit, tieferverwurzelte Ängste, die internalisierten Stimmen tatsächlicher Personen … Mit jedem weiteren Kilometer, jedem neuen Anlauf, jedem zusätzlichen Kilo, jeder weiteren Wiederholung, die Du Dir erkämpfst, mit Disziplin, Schweiß und Willen, wächst Du – und kommst dem, was Du sein *kannst*, einen Schritt näher. Und diese Entwicklung, dieses Kämpferherz muss nicht auf sportliche Leistungen begrenzt bleiben. Erlaube ihr, sich auf Dein ganzes Leben auszuwirken.

KLEINES WORKOUT-1x1

 Korrekte **Technik** – das A und O. Vor allem, wenn man noch im Wachstum oder wiederum schon ein paar Tage älter ist, ist eine saubere Form essentiell! Das gilt umso mehr, je intensiver und belastender eine Sportart ist. Lass Dir von einem kompetenten Menschen alles genau zeigen, informier Dich, lass Dich überprüfen und achte genau darauf, was Du tust und wie Dein Körper – speziell Rücken und Gelenke – Feedback gibt. Die richtige Atemtechnik gehört auch dazu!
Zusätzlich zum gesundheitlichen Aspekt kann eine korrigierte Technik auch gleich zu viel besseren Leistungen führen – Motivationsschub!

 TrainerInnen in Fitness-Studios taugen leider oft nichts. Was dort für Empfehlungen und Anleitungen gegeben werden ist nicht selten ineffizient bis grob fahrlässig. Es ist also wichtig, sich selber zu informieren.

 Lass es **langsam angehen** – unüberlegtes Drauflosberserkern rächt sich. Besonders Bänder und Sehnen müssen sich erst an die ungewohnte Belastung gewöhnen.

 Führe ein **Trainingslog** – ob mit einer App, in einer Office-Datei oder ganz altmodisch mit Stift und Zettel. So kannst Du die Effektivität Deines Trainingsplans kontrollieren, siehst, was Du gemacht hast (oder nicht gemacht hast) und hast den Ansporn, jedesmal ein kleines bisschen besser zu werden – eine Wiederholung mehr, ein Kilo, ein Kilometer, eine Minute – so entsteht Fortschritt!
Außerdem kann es ein tolles Gefühl sein, ein oder zwei Jahre später die alten Aufzeichnungen durchzugehen und damit zu vergleichen, wo man jetzt steht.

 Nimm Dir **Ruhetage** – Muskeln wachsen nicht während dem Training sondern in der Zeit dazwischen. Und je älter man wird, desto wichtiger ist es, dass man sich Zeit zum Regenerieren einräumt. Auch ausreichend Schlaf, Flüssigkeitszufuhr und das richtige Essen sind hierfür wichtig.

 Workout-Buddies – sie sind ein zweischneidiges Schwert. Wenn sie gut sind, spornen sie Dich zu mehr Leistung an und ziehen Dich mit, wenn Du grade mal eigentlich keinen Bock hast. Kontraproduktiv sind sie, wenn sie unzuverlässig und von nachlässiger Trainingsmoral oder noch auf einem deutlich niedrigeren Level sind als Du selbst. So oder so darf man sich nicht abhängig von anderen Leuten machen.

 Iss und trink Deinem Bedarf entsprechend! Lass dabei aber nicht den Genuss zu kurz kommen – zugunsten der Lebensqualität und zugunsten der Wahrscheinlichkeit, dass Du dabei bleibst. Aber dafür hast du ja jetzt dieses Buch.

Geräte und Multipresse haben zwar tendenziell ein vermindertes Verletzungsrisiko, da die Bewegung fest vorgegeben ist, **freie Gewichte** sind aber dennoch im Vorteil, da sie dynamische Bewegungsabläufe ermöglichen und somit günstiger für die Gelenke sind. Außerdem trainieren sie die Synergisten, also die zusätzlichen unterstützenden Muskeln zum Hauptmuskel, mit und verbessern so funktionell das muskuläre Zusammenspiel.

Besonders für AnfängerInnen sollte der Fokus auf Verbundübungen liegen – also Übungen, bei denen mehrere Gelenke und somit mehrere Muskelgruppen gleichzeitig im Einsatz sind. Sprich: Kreuzheben, Kniebeugen, Bankdrücken, Klimmzüge usw., im Gegensatz zu Isolationsübungen wie Bizeps-Curls, Beinstrecken, Flys etc. Auf die Art kann erstmal eine Kraft-Grundlage geschaffen werden. Zudem ist der Effekt aufs Herz-Kreislaufsystem höher, je mehr Muskeln, bzw. Muskelmasse gleichzeitig im Einsatz sind, sodass man sich ggf. das klassische Cardio-Training – Laufband, Stepper, Ergometer – schenken kann.

 Feier Deine **Erfolge**! Guck nicht immer nur nach oben zu den Leuten, die besser sind als Du – es wird immer welche geben, die schneller, stärker oder talentierter sind. Nimm sie nicht als Vorwand zu jammern und aufzugeben, sondern als Ansporn, besser zu werden, zusätzlich zu dem, was Du schon erreicht hast. Wenn Du Dich mit den letzten Reserven keuchend und schwitzend zum ersten Mal durch Deinen ersten Kilometer gerannt hast, hast Du mehr Kampfgeist bewiesen, als jemand, der ohne Probleme 10 km gelaufen ist.

 Keine Ausreden! Du bist niemandem eine Rechtfertigung schuldig, also komm nicht mit irgendwelchen fadenscheinigen Ausflüchten. Wenn Du keine Lust hast zu trainieren, trainier nicht – das ist Dein gutes Recht und allein Deine Angelegenheit. Aber schieb nicht vor, dass Du keine Zeit oder kein Geld oder sonst irgendwas nicht hast. Was machen kann man glücklicherweise immer. Wenn man will.

 An die **Damen**: Es gilt nicht als Körperbehinderung, eine Frau oder ein Mädchen zu sein. Lass Dir nichts erzählen und mach es Dir vor allem auch nicht selber auf dieser Pseudo-Ausrede bequem. Vollkontakt-Kampfsport, Liegestütze, Klimmzüge, schweres Eisen – wer da keine Freude daran hat, soll es – geschlechtsübergreifend – natürlich auch nicht machen, aber um Xenas Willen nicht weil Mädels „das nicht können" oder es „unweiblich ist"! Brems Dich nicht selber aus, indem Du es gar nicht erst versuchst.

 Der **Waage** sollte nur sekundäre Beachtung geschenkt werden, besonders wenn man Muskeltraining betreibt – effizienter ist der Blick in den Spiegel. Muskeln haben eine viel geringere Dichte als Fett und so kann es sein, dass sich auf der Waage nicht viel tut, aber der Körper bereits deutlich Kontur (und Kraft) gewonnen hat („Body Recomposition").

Auch der BMI ist wenig aussagekräftig, da er nur Geschlecht, Alter, Größe und Gewicht berücksichtigt, nicht aber Fettverteilung, Statur und Muskelanteile.

Waagen mit Körperfettanzeige und die entsprechenden Gerätschaften in Fitness-Studios sind wenig akkurat. Stattdessen kann man eher in einen Caliper investieren, mit dem an verschiedenen Stellen des Körpers die Dicke der Fettfalten gemessen werden. Eine Foto-Dokumentation des körperlichen Werdegangs ist ebenfalls hilfreich.

Einer **Rundum-Fitness** ist immer der Vorzug zu geben. Sowohl was die verschiedenen Muskelgruppen angeht, als auch die unterschiedlichen Belastungsarten. Nicht nur, dass es bescheuert aussieht, wenn man einen Oberkörper wie Wolverine und Beine wie Steve Urkel hat, es sorgt auch für muskuläre Dysbalancen und dadurch bedingte Haltungsschäden und einseitigen Verschleiß. Also: Nicht nur Brust und Bizeps trainieren (wie es bei den Herren beliebt ist) bzw. Bauch und Beine (die Damen), sondern alles. Wenn auch nicht notwendigerweise in einem Aufwasch. Ebenso ist es nur von Vorteil, wenn man sich nicht auf ein einzelnes der Fitness-Ziele beschränkt – Maximalkraft, Hypertrophie, Flexibilität, Koordination, Schnelligkeit, Langstrecken-Ausdauer, Sprints – sondern sich zwar seinen Schwerpunkt setzt, aber die restlichen Ziele nicht vollständig außen vor lässt.

 Es gibt keinen Grund, **geschlechtsspezifisch** unterschiedlich zu trainieren. Warum auch? Die Muskelgruppen sind die gleichen, ebenso die sonstigen Organe, vom Reproduktionsapparat mal abgesehen. Es gibt verschiedene Trainingsziele und -motive und es gibt dafür passende Trainingsformen, alles andere spielt keine Rolle.

 Frauen und Mädchen brauchen sich nicht zu sorgen, dass wenn sie Krafttraining machen, sie eines Morgens feststellen müssen, dass sie aussehen wie Arnold Schwarzenegger. Diese (gerade etwas überspitzt ausgedrückten) Bedenken sind leider immer noch äußerst verbreitet, dabei sind sie in so vieler Hinsicht bescheuert. Kein Mensch, egal welchen Geschlechts, kriegt aus Versehen Muskelberge. BodybuilderInnen trainieren extrem hart, sie verfolgen zudem einen strengen Diät-Plan und eine ausgeklügelte Präparat-Einnahme mit legalen oder illegalen Substanzen. Eine Frau mit durchschnittlicher Hormonausstattung baut für gewöhnlich mangels Testosteron kein riesiges Muskelvolumen auf und schon gar nicht durch normales Amateurtraining. Und selbst falls man genetisch oder hormonell aus dem ein oder anderen Grund Masse begünstigend ausgestattet ist, passiert Hypertrophie, also Dickenwachstum der Muskeln, nicht über Nacht. Wenn man feststellt, dass es einem langsam zu viel wird an Volumen, kann man ganz einfach das Trainingspensum zurückfahren. Viel wahrscheinlicher ist aber, dass man durch Krafttraining einfach nur mehr Kontur, Fitness und Haltung erlangt.
Ähnliches gilt für Jungs, von denen manche ebenfalls besorgt sind, durch Hanteltraining „zu muskulös" zu werden und lieber den drahtigen Surferboy-Look vorziehen.

 Gezieltes Abbauen von Fett an bestimmten Stellen („**Spot Reduction**") ist – leider – unmöglich. Es ist genetisch festgelegt, an welchen Stellen es hauptsächlich sitzt, an welchen Stellen man es schnell verliert und wo es sich am längsten hält.
Jedenfalls bringen z. B. Adduktoren-Übungen rein gar nichts, wenn man die Innenseiten seiner Oberschenkel zu wabbelig findet. Da würde theoretisch nur helfen, so lange Reduktions-Diät zu fahren, bis der Körperfettanteil sich so weit reduziert hat, bis es auch an die hartnäckigen Reserven geht. Bis dahin hat man dann nur möglicherweise an anderen Stellen schon so viel Fett verloren, dass das auch nicht mehr wunschgemäß aussieht – es ist kein Zufall, dass so viele Fitness-Models und Bodybuilderinnen Silikon drin haben.

Auch das mit der vielzitierten „**Straffung**" durch bestimmte Übungen und Wiederholungs-bereiche, die besonders von Frauen angestrebt wird, ist so eine Sache. „Straff" ist, wenn die Haut stramm am Körper sitzt. Das wird vor allem bedingt durch gutes Bindegewebe, wenig Unterhautfettgewebe und voluminöse Muskeln. Die Bindegewebe-Komponente ist genetisch bedingt, Fettanteil läuft primär über Ernährung und Muskeln kriegt man geformt durch: schwe-res Gewichtstraining. Und nicht durch hunderte Wiederholungen mit irgendwelchen (rosanen) Federgewichten.

Und auch Brustmuskeltraining wird am Busen nicht wirklich was vergrößern oder höherlegen (der besteht nämlich nur aus Fett und Drüsengewebe und der Brustmuskel liegt relativ flach darunter). Allerdings kann der Bereich durch eine ordentliche (aufrechte) Haltung profitieren und die wird durch ein anständiges Muskelkostüm natürlich begünstigt.

 Ähnliches gilt für **Definition**. Ein definierter Muskel ist ein entwickelter Muskel mit wenig Fettgewebe darüber. Wenig Fettgewebe erreicht man vor allem via limitierter Kalorienauf-nahme und erhöhtem Kalorienverbrauch. Das heißt Diät und Training mit hoher Intensität (und nicht hoher Wiederholungszahl) und ggf. Cardio. Und auch das Sixpack „wird in der Küche gemacht", wie es so schön heißt. Man kann so viel Bauchmuskeln haben wie man will, mit einer Fettschicht darüber sieht man davon nichts.

 Der vielzitierte „**Fettverbrennungspuls**" ist ein Mythos. Cardio-Training in leichter bis mittlerer Intensität, also im sog. aeroben Bereich, bringt bei einem Abnehm-Unterfangen nicht mehr, als ein Training in hoher Intensität (ist ja irgendwie an sich auch schon logisch). Es stimmt, dass der prozentuale Anteil der aufgebrachten Energie aus Fett bei niedriger Intensität höher ist, im Vergleich zu Glykogen, aber die absolute Menge des verbrannten Fetts ist bei hoher Intensität trotzdem höher – da dort ja nicht nur allgemein viel mehr Kalorien verfeuert werden, sondern auch der sog. Nachbrenn-Effekt viel höher ist, also viel länger nach der sportlichen Belastung noch ein erhöhter Kalorienverbrauch zu verzeichnen ist. Zudem fördert *HIIT (High Intensity Interval Training)*, also ein Intervalltraining mit hoher Intensität den Muskelaufbau, was bekanntlich wiederum den Grundumsatz erhöht und auch im Ruhezustand mehr Kalorien benötigt.

LISS (Low Intensity Steady State), also anhaltendes Cardio-Training in niedriger Intensität ist aber ein probates Mittel zum Aufbau der Grundlagenausdauer.

 Fett kann nicht in Muskeln umgewandelt werden, das ist biochemisch unmöglich. Es ist also nicht nötig, als hageres Hemd erstmal ordentlich Fett zuzunehmen, bevor man mit Muskeltrai-ning anfängt. Umgekehrt ist es ebenso unsinnig, wenn man übergewichtig ist erst abzunehmen, um dann in den Sport einzusteigen.

Durchschnittliche sportliche Aktivitäten verbrennen für gewöhnlich nicht so viele **Kalorien**, wie man denken würde. Wenn man abnehmen möchte, muss das Hauptaugenmerk daher auf der Ernährung liegen. Allerdings: Je höher der Muskelanteil im Körper ist, desto mehr erhöht sich der Grundumsatz – vereinfacht gesagt, Muskeln verbrennen auch im Ruhezustand Kalorien.

 Es gibt effektive und weniger effektive Trainingsarten und -programme – aber letztlich ist nur das Training **effektiv**, das Du auch beibehältst. Wenn Du auf einen knackigen Hintern hinarbeitest, wäre das Effizienteste schweres Gewichtstraining mit Kreuzheben und Kniebeugen. Wenn Du Dich aber einfach nicht wohl im Weight Room Deines Fitness-Studios fühlst und zu Hause keinen Platz für eine Langhantel hast, ist es für Deinen Hintern natürlich immer noch besser, Kilometer auf dem Crosstrainer zu reißen, als gar nichts zu tun. Finde also das, was sich für Dich gut anfühlt und zieh es durch (und gib den freien Gewichten irgendwann vielleicht doch nochmals eine Chance).

KOCHEN

DO IT YOURSELF

Selbermachen hat eine Reihe von Vorteilen:

 Geldersparnis – vieles lässt sich deutlich günstiger selbst herstellen

 Kontrolle über **Inhaltsstoffe** – es kommt nichts rein, was man da nicht haben will

 Frische – direkt zubereitet müssen keine Abstriche bei Geschmack, Nährstoffgehalt und Optik zugunsten der Haltbarkeit gemacht werden

 weniger **Verpackungsmüll** – bei primären Rohstoffen sind meistens weniger oder gar keine Plastikverpackungen involviert

 kreative Entfaltungsmöglichkeiten – mit wachsender Erfahrung sind der Fantasie immer weniger Grenzen gesetzt

 Freude – die eigene Nahrung mit den eigenen Händen zuzubereiten, sie vielleicht sogar selber zu ziehen, kann einen mit Befriedigung und – wenn alles klappt – mit Stolz erfüllen. Gemeinsam mit anderen Menschen ist es zudem eine äußerst spaßige und gesellige Angelegenheit!

Die möglichen Nachteile sind:

 Zeitaufwand – es braucht natürlich länger, sich in die Küche zu stellen, anstatt nur die Packung aufzureißen

 Kalorien-/Nährstoff-Kontrolle (falls man über diese exakt Buch führt) – nicht bei allen Rezepten lässt sich der Nährstoffgehalt des Endprodukts genau ermitteln (z. B. wenn eingelegt, abgeseiht oder passiert wird)

 Ökologischer Aspekt/ Ressourceneffizienz – in der industriellen Herstellung werden benötigte Energie und Rohstoffe ökonomischer ausgenutzt, allein schon durch die riesigen Mengen, die in einem Aufwasch auf einmal verarbeitet werden

 geringere **Haltbarkeit** – aufgrund der besonderen hygienischen Herstellungs-Bedingungen im industriellen Bereich sind abgepackte Produkte in vielen Fällen länger haltbar

KOSTENPUNKT

Wenn man nicht gerade BodybuilderIn in der Massephase ist, kann man sich entgegen aller Vorurteile durchaus günstig vegan ernähren.
Mehr Spaß macht es allerdings, wenn man ein gewisses Budget zur Verfügung hat.

Sparmöglichkeiten

 D.I.Y. – Falls man die Zeit hat, kann man – wie oben dargelegt – einiges Geld sparen, wenn man selber Hand anlegt

 Regional/Saisonal – Ein Kohlkopf z.B. kostet unter 1€ und man kann mehrere Tage davon essen. Unter ökologischem Gesichtspunkt ist es ebenfalls eine gute Sache, die Saisontabelle zur Hand zu nehmen

 Bio-Produkte im Supermarkt unterliegen teils weniger strengen Richtlinien als Lebensmittel aus dem Bioladen, aber sie sind auf jeden Fall ein kostengünstiger Kompromiss

 In Asia-Shops kann man immer gute Schnäppchen in Sachen Seitan- und Sojaprodukte schießen, wenn auch zumeist nicht in Bio-Qualität

 Containern ist in der Regel leider illegal, aber in manchen Geschäften gibt es die Möglichkeit, kurz vor Ladenschluss liegengebliebenes Obst und Gemüse günstiger zu bekommen.

 Selber anbauen – Nicht jeder hat einen großen Garten und die Zeit, diesen zu bewirtschaften. Aber auch auf der Fensterbank oder im Kübel auf dem Balkon lassen sich von Kräutern bis Melonen einige schöne Sachen für die Küche ziehen.

KÜCHENBEGEHUNG

Eine luxuriöse Küchenbewaffnung ist natürlich eine nette Sache und erweitert die Möglichkeiten, aber es geht auch ohne.

Im Folgenden also meine Empfehlungen, was aber nicht heißt, dass man sich das alles auf der Stelle kaufen muss. Ohne eine gewisse Grundausstattung geht es allerdings nicht. Ein Blick in die Kleinanzeigen bzw. das entsprechende Online-Äquivalent kann hier einiges an Geld sparen.

Basics

Ofen

Ohne Ofen ist man leider deutlich eingeschränkt, was die Rezeptauswahl anbelangt. Manches lässt sich zur Not auch mit der Mikrowelle bewerkstelligen.

Pfannen & Töpfe

Meine Empfehlung für die Grundausstattung ist: Eine große beschichtete Pfanne zum Braten, ein ausreichend großer Topf für Kartoffeln, Eintöpfe, Nudeln und dergleichen und evtl. noch eine kleine Pfanne zum Anrösten von Ölsaat und Nüssen.

Auflaufform

Aus Glas, Porzellan oder Metall. Zur Not kann man sie auch mal als Backform verwenden. Gläserne Auflaufformen haben den Vorteil, dass man schön sieht, was gerade passiert, außerdem haben sie oft noch einen Deckel dabei, wenn das Gericht vor dem Austrocknen bewahrt werden soll. Ohne Deckel muss man sich da mit Alufolie behelfen, was unter ökologischem Gesichtspunkt weniger schön ist.

Messer

…und zwar scharfe. Und in verschiedenen Größen, am besten. Ein vernünftiges Messer kann den Unterschied machen zwischen nervigem Krampf und genüsslicher Freude beim Kochen und Backen. Besonders bei Wintergemüse – Kohl, Kürbis, Sellerie usw. – geht es nicht ohne angemessene Bewaffnung. Zu dem Zweck benötigt man ein schön großes Messer, auch zum Hacken von Nüssen ist das angenehm. Ein kleines handliches ist für Obst und andere geringere Einsätze angesagt.

Am besten holt man sich dazu gleich noch einen Schleifstab (und lässt sich von jemand Kompetentem zeigen, wie's geht), ein Messerblock ist auch was Schönes – beides gewährleistet, dass man immer mit scharfem Gerät hantiert. Andernfalls sollte man zumindest die großen Messer in ein Geschirrtuch einschlagen, um so den direkten Kontakt zu anderem metallenen Besteck zu vermeiden.

Gläschen & Pötte

Wenn man selber einkochen möchte oder Aufstriche und andere Basics herstellen will, sollte man sich angewöhnen, Joghurtbecher mit Plastikdeckel, Margarinepötte und Schraubgläser aufzubewahren, so ist man immer gut gerüstet und betreibt obendrein noch aktiv Recycling. Auch wenn andere einen dann vielleicht für einen Messie halten.

Backpapier

Ich liebe Backpapier, weil es einem in vielen Fällen nervigen Abwasch ersparen kann. Oft kann man es auch mehrmals benutzen.

Backformen

Kastenform für Brot und Kuchen, runde Springform für Kuchen und Quiches, Muffinform. Silikonformen sind eine Option, auch wenn es einem möglicherweise irgendwie falsch vorkommt, Gummi mit Nahrung befüllt der Hitze des Ofens auszusetzen. Der Vorteil ist auf jeden Fall die leichte Reinigung und das Sparen von Fett zum Einpinseln.

Küchen- & Nudelsieb

Metall- oder Plastikvariante. Zum Abtropfen und vor allem zum gründlichen Abspülen eingeweichter Lebensmittel und Pseudogetreide.

Kochlöffel, Pfannenwender, Rührbesen & Schöpfkelle

Holz, Metall oder Kunststoffe. Wobei bei beschichteten Pfannen auf keinen Fall metallenes Gerät verwendet werden darf, um die Beschichtung nicht zu beschädigen.

Küchenwaage & Messbecher

Wenn man seine konsumierten Kalorien und Nährstoffe protokolliert, ist eine Digitalwaage eigentlich unumgänglich. Wegs der Umweltproblematik sollte man aber wenigstens nach einem Modell mit Akkus oder Netzteil Ausschau halten.
Geht es nur um das Nachkochen von Rezepten, tut es auch eine mechanische und in vielen Fällen reicht auch ein Messbecher mit unterschiedlichen Einheiten.

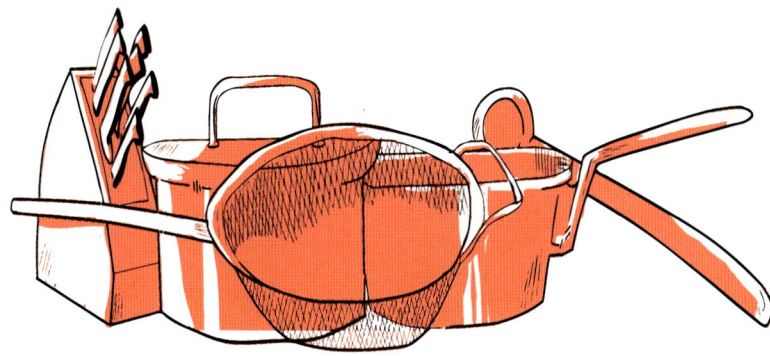

Specials

Küchenmaschine

Klingenaufsatz für größere Mengen an Cremes, Dips und Aufstrichen, Rühraufsatz wenn man sich beim Backen nicht die Hände schmutzig machen will und Raspelscheiben fürs Rohkost-Geshredder. Ein echter Allrounder.

Universalzerkleinerer

Zum Häckseln kleiner Mengen von Ölsaat, Dörrfrüchten, Kräutern und Nüssen. Es geht auch eine elektrische Kaffeemühle.

Standmixer

Es muss kein Hochleistungsteil für mehrere hundert Euro sein, aber ein bisschen Wumms sollte schon dahinter stecken, wenn man Shakes und Nussmilch und all die schönen Sachen machen will.

Reibe

Wer keine Küchenmaschine hat, muss selber Hand anlegen. Vorsicht: Fingerraspeln sind nicht vegan!

Pürierstab

Das Bindeglied zwischen Universalzerkleinerer und Küchenmaschine bzw. Mixer. Punktet vor allem auch dadurch, dass er ohne große Mühe sauber zu kriegen ist.

Gefrierfach

…je größer desto besser! Nicht nur zur Aufbewahrung verderblicher Nahrungsmittel, sondern auch zum Herstellen der Grundlagen für leckeres Eis und Shakes. Ein Wermutstropfen ist dabei allerdings der erhöhte Energieverbrauch. Der kann im Zaum gehalten werden durch einen günstigen Aufstellungsort (nicht neben Herd, Spül- oder Waschmaschine), regelmäßiges Abtauen (spätestens bei Eisschichten ab 1cm), Vollpacken (je weniger Luft im Fach ist, desto besser – die entweicht nämlich bei jedem Öffnen der Klappe), keinem langen Herumüberlegen und Suchen bei geöffneter Tür und die Wahl einer energieeffizienten Marke.

Stevia-Dosierlöffel

Wenn man vorhat, vermehrt mit Stevia zu arbeiten, ist eine solche Dosierhilfe unerlässlich. Gibt es bei eBay für 'nen Euro. Die Dosierung mit der Messerspitze ist eine riskante Angelegenheit.

Gewürzmühle

Ich dachte immer, Pfeffer schmeckt eben einfach scharf und sonst nichts – seit ich im Besitz einer Pfeffermühle bin und die Pfefferkörner frisch mahle, weiß ich es besser. Piment gibt es ebenso nur auf diese Weise.

Es gibt auch Pfefferkörner im Gläschen zu kaufen, die direkt einen Mahlaufsatz als Deckel haben. Erzeugt halt mehr Plastikmüll.

Handrührgerät

Zum Aufschlagen von Sahne oder Durchrühren von Teig. Ersteres lässt sich zur Not auch mit einem Schneebesen und gut durchtrainierten Unterarmmuskeln erledigen, letzteres funktioniert natürlich auch mit den Händen.

Kartoffelstampfer

Nicht nur zum schnellen und unkomplizierten Zermusen von Kartoffeln, sondern vor allem auch von Tofu für Bolognese oder veganes Rührei. Ein einfaches Modell aus Holz reicht völlig aus.

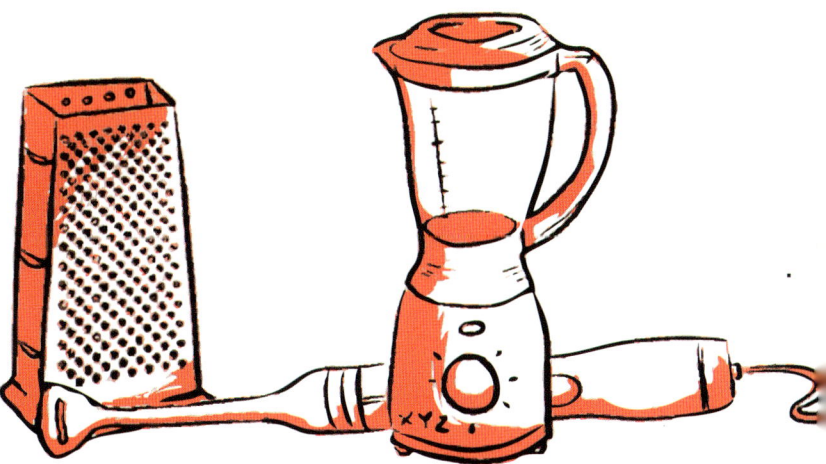

Wasserkocher

Spart Energie, Zeit und Aufwand, sofern man nicht im Besitz eines Gasherds ist, weil man nicht erst die verschwenderische Herdplatte hochfahren muss für z.B. das Schmelzen von Fett oder Schokolade im Wasserbad. Ein Trick, wenn man kochendes Wasser für Nudeln oder ähnliches benötigt: Nur wenig Wasser in den Topf auf dem Herd geben, für das Gros den Wasserkocher anschmeißen. Der bringt das Wasser aufgrund effizienter Energienutzung schneller zum Kochen und auf dem Herd geht es mangels Masse so ebenfalls schnell. Dann einfach das kochende Wasserkocherwasser mit in den Topf gießen und wie gewohnt weiter im Text.

VORRATSSCHRANKSICHTUNG

Es funktioniert nicht, für eine anständige, vegane Ernährung einfach alle tierischen Produkte aus den Küchenschränken zu schmeißen und fortan von dem, was übrig bleibt zu leben. Vor allem nicht, wenn Sport involviert und eine besonders gute Nährstoffversorgung gefragt ist. Es heißt also, sich auf Entdeckungsreise zu begeben.

Basics

Pflanzenmilch
Vegane Milch, aus rechtlichen Gründen im Verkauf „Drink" genannt, gibt es mittlerweile in jedem Dorf-Supermarkt in allerlei Geschmacksrichtungen.
Am verbreitetsten ist Soja- und Soja-Reismilch, aber auch Hafer-Milch ist auf dem Vormarsch, Mandel-, Haselnuss-, Dinkel- und Hanf-Drinks sind ebenfalls im Kommen, haben jedoch ihren Preis.
Die Makronährstoffe bewegen sich in etwa auf dem Level von fettreduzierter Kuhmilch, Sojamilch hat von allen Sorten den höchsten Proteingehalt.
Es ist zu beachten, dass auch in Pflanzendrinks, die als Geschmacksrichtung „Natur" ausgezeichnet sind, oft Zucker beigesetzt ist. Einige Sorten – z.B. Soja-Reis- und Haferdrinks – haben dank des Fermentationsprozesses ohne zusätzlichen Zucker einen süßlichen Geschmack.
Mit einigen wenigen Ausnahmen, die den höheren Proteingehalt oder das Lezithin der Sojamilch benötigen – z.B. Mayonnaise und Joghurt – sind zum Kochen und Backen alle Pflanzendrinks gleichermaßen geeignet.

Cuisine
Cuisine ist das pflanzliche Sahne-Äquivalent, es gibt sie auf der Basis von Soja, Reis, Hafer und anderem Getreide.
Auch Soja-Sahne, die gehaltvollste unter den Cuisines, enthält weniger Fett und Kalorien als herkömmliche Sahne.
Es gibt einzelne wenige Marken, die aufschlagbar sind, ansonsten ist Cuisine flüssig.

Soja
An Soja scheiden sich die Geister. Für die einen ist es Giftmüll aus Teufelshand, für die anderen der vegane Heilige Gral.
Soja ist eine der wenigen, pflanzlichen Eiweißquellen, die hochwertige vollständige Proteine liefert, die alle 8 essentiellen Aminosäuren in der notwendigen Konstellation vereint. Es ist extrem vielseitig einsetzbar – Tofu, Drinks, Joghurt, Sahne, Eis und noch etliches mehr – was VeganerInnen (und auch Laktose-Intolerante) mit einer breiten Palette an Alternativen zu

Milchprodukten und Fleisch versorgt, die mittlerweile auch in herkömmlichen Supermärkten Einzug gehalten haben. Auf der anderen Seite hat die Sojabohne einen erhöhten Gehalt an den Kohlenhydraten Raffinose und Stachyose, die nicht verdaut werden können und somit erst im Dickdarm durch Bakterien abgebaut werden, was zu Blähungen führen kann. Zudem gehört Soja zu den Allergenen.

Darüber hinaus gibt es eine ganze Reihe von positiven und negativen Effekten, die Sojaprodukte auf die Gesundheit haben sollen – Schutz vor oder Begünstigung von verschiedenen Krebsarten, Linderung von Menstruations- und Wechseljahrbeschwerden bei Frauen, Senkung von Testosteron- und Spermienproduktion bei Männern – aber da scheint sich die Wissenschaft noch nicht richtig einig zu sein.

Um das Schreckgespenst von Gen-Soja muss man sich hingegen keine größeren Sorgen machen: In der EU herrscht Deklarationspflicht für genmanipulierte Lebensmittel (während bei Tierprodukten jedoch nicht angegeben werden muss, ob das Tier mit gentechnisch veränderten Futtermitteln ernährt wurde). In Bio-Produkten sind genmanipulierte Inhaltsstoffe bei einer Toleranzgrenze von <1% generell tabu.

Übrigens sind es nicht Tofu & Co., für die der südamerikanische Regenwald zugunsten von Sojafeldern gerodet wird, sondern vornehmlich die gigantischen Mengen benötigter Futtermittel für die Nutztiermassenzucht.

Joghurt

Joghurt ist eine feine Sache, weil man ihn vielseitig einsetzen kann, er wenig Kalorien hat und deswegen trotz seines eher moderaten Proteingehalts von 3–5% gut zur Eiweißversorgung taugt, wenn man die Kalorienzufuhr begrenzen will.

Er lässt sich außerdem fast unendlich variieren und einsetzen.

Ein Wermutstropfen ist, dass man – vor allem in Deutschland – bisher auf Soja als Grundlage angewiesen ist. Es gibt aber Hoffnung auf eine Lupinen-, Kokos- oder Mandelalternative in weiterer Zukunft.

Für straighte VeganerInnen ist zu beachten, dass die Starterkulturen teilweise auf unveganen Nährmedien gezüchtet werden.

Sojajoghurt kann man ausgezeichnet selber machen, auch ohne irgendwelche speziellen Maschinen.

Tofu

Kein Nahrungsmittel gilt so als Sinnbild von Vegetarismus und Veganismus wie der Tofu.

Tofu, der durch Gerinnung und Auspressung von Sojamilch hergestellt wird, ist vielseitig einsetzbar, er steckt voll mit hochwertigem Protein (an die 15%) und steht mittlerweile in jedem Supermarkt im Regal. Tofu selber ist weitgehend geschmacklos, deswegen kann man ihn sowohl für herzhafte als auch süße Speisen verwenden, zudem ist er neben der Natur-Version in allerlei Variationen zu haben – Räuchertofu, Kräutertofu, Erdnusstofu, Mangotofu ... Eine besondere Rolle kommt hierbei dem Seidentofu zu, dessen Konsistenz ein bisschen an Eierstich erinnert und der püriert besonders gut für Cremes und Shakes geeignet ist.

Leuten, die behaupten, Tofu schmecke ihnen nicht, unterstelle ich, dass sie in den allermeisten Fällen einfach keinen vernünftig zubereiteten Tofu gegessen haben.

Man kann ihn anbraten, sodass er eine schöne Kruste bekommt, grillen, backen, pürieren, marinieren, zerdrücken … aber der entscheidende Punkt ist eben die Würzung.

Weizeneiweiß: Seitan & Gluten

Man kann das Klebereiweiß selber aus herkömmlichem Weizenmehl auswaschen, es in Pulverform oder als fertiges Seitan kaufen. Seitan ist nach Tofu die gängigste Fleischalternative, die Konsistenz ist jedoch deutlich authentischer als beim Mitbewerber aus Soja. Allerdings ist das Protein von relativ geringer Wertigkeit und sollte daher nicht als alleiniger Hauptpfeiler der eigenen Eiweißversorgung dienen.

Für Menschen mit einer Glutenunverträglichkeit oder Zöliakie ist Seitan natürlich nichts.

Pflanzenöl & -fett

Es gibt eine große Bandbreite an Pflanzenölen – mehrere Faktoren gilt es bei der Wahl zu beachten. Nicht alle Öle sind zum Erhitzen geeignet, da sich gesundheitsschädliche Transfettsäuren bilden können, wenn ein hoher Gehalt an mehrfach ungesättigten Fettsäuren vorliegt, wie es z. B. bei Leinöl und Hanföl der Fall ist. Für gesteigerte Hitzeeinwirkung sollte daher nur Öl mit einem hohen Rauchpunkt gewählt werden, das auch bei höheren Temperaturen stabil bleibt, z. B. Kokosfett, Rapsöl, Erdnussöl, Olivenöl sowie high oleic Öle, die speziell für große Hitze gezüchtet wurden. Oft findet man Auskunft über die Erhitzbarkeit auf dem Flaschenetikett. Auch zu berücksichtigen ist, dass manche Öle (z. B. Leinöl, Olivenöl) über einen intensiveren Eigengeschmack verfügen, der besonders bei Süßspeisen oft nicht passt.

Vegane Margarine eignet sich zwar zum Kochen und Backen, jedoch ist sie ein stark verarbeitetes Produkt. Es benötigt etliche Zusätze und Arbeitsschritte, um von einem flüssigen Öl zu einem streichfähigen Fett mit der nötigen Stabilität und Haltbarkeit zu werden, mit dem gewünschten Aussehen und Geschmack – Aromen, Säuerungsmittel, Emulgatoren, je nach Herstellungsverfahren auch Transfette (mittlerweile allerdings fast nicht mehr zu finden), hinzu kommt noch das ökologisch und gesundheitlich bedenkliche Palmfett. Margarinen enthalten häufig auch unvegane Bestandteile, sowohl die sichtbaren auf der Zutatenliste (Molke, Joghurt), als auch die unsichtbaren im Produktionsprozess (Vitamin D aus Wollfett). Bei Rezepten, die festes Fett benötigen, bietet sich als Alternative Kokosfett an, ansonsten tut es in der Regel einfach Öl.

Gemüse

An Gemüse sollte man sich halten, wenn man auf eine reduzierte Kalorienaufnahme aus ist und trotzdem satt werden möchten – es besteht überwiegend aus Wasser und hat so eine sehr geringe Energiedichte bei einem hohes Volumen. Ein paar Ballaststoffe und Makronährstoffe sowie einiges an sekundären Pflanzenstoffen, Vitaminen und Mineralien bringt es je nach Art auch mit und besonders wenn man auf saisonal/regional achtet, kann man hierbei auch richtig günstig wegkommen.

Manches Gemüse ist schwer verdaulich – wenn man keine ausreichend robuste Verdauung hat, sollte man es gründlich durchkochen oder -braten. Einige Gewürze können die Verdaulichkeit ebenfalls verbessern.

Obst & Früchte

Die köstlichen, wunderbaren Süßigkeiten von Mutter Natur!

Sie enthalten zwar einiges an Fruchtzucker, der ist aber verpackt in viel Wasser, Vitamine, sekundäre Pflanzenstoffe und ein paar Ballaststoffe, man kann also zuschlagen.

Der Kaloriengehalt bewegt sich im mittleren bis oberen zweistelligen Bereich, wobei die Banane die Spitzenreiterin ist.

Bei Dörrfrüchten verhält es sich etwas anders, ihnen wurde ein Großteil des Wassers entzogen, so dass alles in konzentrierter Form vorliegt – Kalorien, Zucker, Ballaststoffe, Mineralien, einige Vitamine. Sie sind also eine gute Ergänzung, wenn man eine hohe Kalorienbilanz anstrebt und schnell verfügbare Energie benötigt.

Ein Blick auf die Zutatenliste verrät, ob dem Obst noch zusätzlich Zucker beigesetzt wurde und ob sie geschwefelt wurden, was den Vitaminen zusetzt und bei einigen Leuten Unverträglichkeitsreaktionen auslöst.

Eine tolle Sache ist auch gefriergetrocknetes Obst – als Snack, im Müsli oder im Joghurt. Hier sind die Kalorien, Nährstoffe und Vitamine auf 100 g ähnlich konzentriert wie bei Dörrfrüchten, aber da sie so leicht sind, kommt da in der Praxis nicht viel zusammen.

Pilze

Pilze, die bekanntlich nicht zu den Pflanzen gehören, aber trotzdem vegan sind, haben einen sehr geringen Kaloriengehalt, je nach Sorte einen Protein-Anteil von 1–5%, ordentlich Ballaststoffe, B-Vitamine und einige Mineralien vorzuweisen.

Durch ihr Chitin-Gerüst sind sie potentiell schwerer verdaulich, außerdem reichern sie, wenn sie in der Natur wachsen, in starkem Maße Schwermetalle, Schadstoffe und sogar radioaktive Isotope vergangener Reaktorunfälle an. Zuchtpilze sind davon nicht betroffen.

Bei entsprechender Zubereitung können manche Pilzsorten durch Geschmack und Konsistenz als Fleischalternative genutzt werden.

Hülsenfrüchte

Kichererbsen, Linsen, Erbsen und Bohnen sind ein wichtiger Bestandteil der veganen Ernährung. Sie gehören zu den wenigen, proteinreichen, pflanzlichen Nahrungsmitteln, die gleichzeitig eine moderate Energiedichte haben, was dem Umstand geschuldet ist, dass sie beim Kochen eine große Menge Wasser aufsaugen. Durch den hohen Anteil an Ballaststoffen machen sie gut satt. Die Verträglichkeit kann verbessert werden durch lange Einweich- und Kochzeit, gründliches Kauen und bestimmte Gewürze, z. B. Bohnenkraut.

Ihr Fettgehalt liegt beim gekochten Endprodukt bei unter 1%, Kohlenhydrate bei 10–20 %, Protein bewegt sich zwischen 5 und 10 % und der Kalorienwert um die 100 kcal auf 100 g. Diverse

Mineralstoffe, besonders Eisen, Mangan und Kalium bringen sie ebenfalls in größerem Umfang mit.

Am praktischsten ist die Verwendung von Konserven, *sauberer* und billiger ist jedoch, selber zu kochen. Mehl aus Sojabohnen, Lupinen und Kichererbsen kann zum Backen und für Shakes verwendet werden, um den Eiweißgehalt zu erhöhen.

Ölsaat

Ähnlich wie Nüsse sind Ölsaaten vollgeladen mit allem an Nährstoffen, die die Pflanze zum Keimen und Wachsen braucht, bis sie genug Blätter hat, um Photosynthese zu betreiben. Und davon können auch wir profitieren.

Leinsamen, Sonnenblumenkerne, Hanfsamen, Mohn, Chiasamen, Sesam … Sie warten vor allem auf mit B-Vitaminen und Folsäure, auf dem Mineralstoffgebiet sind sie überdurchschnittlich ausgestattet (gerade auch Kalzium und Eisen), allerdings kann es zwecks optimaler Ausnutzung auch hier Sinn machen, die Samen für mehrere Stunden einzuweichen und dann abzuspülen, da die Phytinsäure sonst die Aufnahme der Mineralstoffe behindert. Der allgemeinen Aufschließbarkeit trotz harter Samenschale kommt dies ebenfalls zugute.

Der Kaloriengehalt bewegt sich zwischen 350 und 600 auf 100 g, bei einem Proteinanteil von durchschnittlich gut 20 % und einem Fettgehalt von 20–60 %.

Zu beachten ist jedoch, dass Mohn, Sonnenblumenkerne und Leinsamen in besonderem Maße das Schwermetall Cadmium anreichern. Jeden Tag Mohnkuchen essen ist also nicht unbedingt eine gute Idee, besonders bei RaucherInnen, die ohnehin schon einer erhöhten Belastung ausgesetzt sind. Reduziert werden kann die Cadmium-Aufnahme in einem gewissen Rahmen durch Bevorzugung von Bio-Produkten, da hier auf Mineralstoffdünger und Klärschlamm verzichtet wird, der zur Belastung beiträgt.

Zu den eindeutigen Vorteilen von Lein-, Hanf- und Chiasamen gehört ihr hoher Omega3-Fettsäurengehalt, im optimalen Verhältnis zum Gegenspieler Omega6.

Ungeschälte Ölsaat muss wirklich gründlich gekaut oder vorher geschrotet werden, besonders, wenn sie nicht eingeweicht wurde. Andernfalls geht sie nämlich, wie sie gekommen ist und nimmt alle ihre Inhaltsstoffe wieder mit.

Getreide & Mehl

Die Frage „Vollkorn oder nicht" ist für viele Menschen offenbar ein hochemotionales Thema. Wie so oft im Leben hat beides seine Vor- und Nachteile.

Vollkorn enthält im Gegensatz zu Weißmehl, wie der Name schon sagt, alle Bestandteile des ganzen Korns, nämlich Vitamine, Mineralstoffe, Ballaststoffe, aber eben auch die Abwehrstoffe der Pflanze in Form von Enzyminhibitoren und Phytinsäure. Der Kalorien- und Kohlenhydratgehalt ist für gewöhnlich etwas niedriger, der Fettgehalt etwas höher, dadurch macht es deutlich besser und länger satt. Zudem lässt es den Blutzuckerspiegel langsamer und regelmäßiger ansteigen. Allerdings kann Vollkorn bei manchen Menschen zu Verdauungsproblemen führen. Der Ausmahlungsgrad von hellem Mehl wird durch die Kennzahl hinter dem Namen ausgewiesen, je niedriger die Zahl, desto feiner ausgemahlen ist es, angefangen mit 405 für Weißmehl.

Gerade für süßes Gebäck bietet es sich an, Vollkorn- und Weißmehl miteinander zu kombinieren, um die Vorteile von beiden zu nutzen.

Für Leute, die kein Gluten essen können oder wollen, gibt es Mehl z.B. aus Buchweizen, Reis und Hirse.

Nüsse

Nüsse, auch die, die biologisch gesehen keine sind, sind echte Rundum-Powerpakete! Haselnüsse, Mandeln, Pecannüsse, Cashewkerne, Walnüsse, Erdnüsse, Macadamias, Paranüsse – sie alle sind bis unters Dach voll mit Spurenelementen, B-Vitaminen und Vitamin E, bei einem Proteinanteil von 10–25 %.

Zugleich sind sie extrem energiedicht, mit Werten von 600 kcal/100 g und aufwärts. Mit einem Fettgehalt von 50–70 % sind sie natürlich nicht gerade was für die Low-Fat-Fraktion. Aber für die KandidatInnen, die zunehmen wollen, sind sie ideal – sie lassen sich ohne Probleme über den Tag verteilt nebenher essen, sie machen sich großartig als Ergänzung in Salaten, Süßspeisen und Gemüsepfannen, sie lassen sich zu Brotaufstrich verarbeiten – echte Allrounder!

Wer die enthaltenen Mineralstoffe voll ausnutzen will, sollte erwägen, die Nüsse über Nacht in Wasser einweichen zu lassen, um die Enzyminhibitoren zu deaktivieren.

Nussmus

Wenn man auf saubere Art Kalorien schinden und dabei noch Vitamine mit abgreifen will, sind Nussmuse Gold wert. Leider gestalten sich die Preise auch genau so.

Erdnussbutter ist die am meisten verbreitete und günstigste Sorte, aber das richtig edle Zeug ist Haselnuss-, Mandel-, Cashew- und Macadamiamus – als Brotaufstrich, als Kochzutat oder, wie ich es bevorzuge, direkt mit dem Löffel aus dem Glas.

Da die bei einigen das Budget sprengen dürften, kann man die Nussmuse auch selber herstellen. Beim Kauf ist zu beachten, dass es neben den puren Nussmusen auch Nusscremes gibt, denen Zucker, Milchpulver, Schokolade u. ä. beigefügt sein kann.

Nudeln

Nudeln sind ein populärer Bestandteil von Hauptmahlzeiten, da sie äußerst vielseitig eingesetzt werden können.

Und das beste ist: Für jeden Bedarf ist etwas dabei:

High-Carb: Die normalen Hartweizengrießnudeln, aber auch asiatische Mie- oder Reisnudeln. Aufgepasst, dass keine mit Ei erwischt werden! Vollkornnudeln beinhalten mehr Ballaststoffe, zumeist etwas mehr Fett und ein paar Kohlenhydrate weniger.

High-Protein: Sojanudeln. Sie sind für teures Geld im Bioladen und Reformhaus zu bekommen. Der Kaloriengehalt liegt leicht unter dem der Hartweizen-Variante.

Low-KCAL, Low-Carb: Shirataki (siehe Specials), haben sogar praktisch gar keine Kalorien. Eine andere Möglichkeit sind Zucchinispaghettis, die mit Hilfe eines Spiralschneiders selbst hergestellt werden können. In der rohen Variante können sie unter Umständen aber Verdauungsprobleme bereiten, in dem Fall können sie einfach vorsichtig angebraten werden.

Haferflocken

Haferflocken sind einfach toll – sie sind echtes Kraftfutter! Protein, ungesättigte Fettsäuren, Kohlenhydrate, Ballaststoffe, Vitamine, Mineralstoffe, sie haben alles dabei und sind super-vielseitig einzusetzen. Haferflocken sind auch bei nicht-veganen BodybuilderInnen populär, um Masse aufzubauen (Squats and Oats!). Das ist allerdings der Haken, falls man dem Kalorien-Restriktions-Lager angehört – bei zwei mittleren Schälchen nur mit Sojamilch bewegt man sich schon im Bereich von 600–700 kcal. Dafür kann man sich dann aber immerhin auch schon über 40 g Eiweiß aufschreiben.

Kräuter & Gewürze

Kräuter und Gewürze dienen nicht nur dem Aroma, sie können auch die Bekömmlichkeit der gewürzten Speise verbessern und z.B. Blähungen vorbeugen (Bohnenkraut, Kümmel), die Magensäfte anregen und somit die Verdauung fördern (Pfeffer, Chili), antibakteriell wirken (Thymian, Zimt), mittels Chlorophyll die Knoblauchfahne lindern (Petersilie) oder entzündungshemmende oder gar krebsbekämpfende Eigenschaften haben (Kurkuma).

Gewürze, besonders gemahlene, müssen luftdicht und dunkel gelagert werden, damit das Aroma nicht verfliegt. TK-Kräuter sind ebenfalls eine Option oder idealerweise ganz frische aus dem Garten oder von der Fensterbank.

Bei gekauften Gewürzmischungen empfiehlt sich ein Blick auf die Zutatenliste, manche enthalten Geschmacksverstärker, Zucker oder unvegane Laktose.

Als Faustregel gilt: Je zarter und frischer ein Gewürz ist, desto später sollte es beim Erhitzen von Speisen hinzugegeben werden.

Hefeflocken

Hefeflocken, auch Edelhefe genannt, sind reich an B-Vitaminen und Mineralstoffen, Kalorien- und Eiweißgehalt sind ebenfalls gut dabei.

Durch ihren dezent würzigen Geschmack eignen sie sich gut zum Herstellen von Brotaufstrichen. Außerdem sind sie die Grundlage für den Vegan-Klassiker Hefeschmelz, der bei Aufläufen, Pizzas und Lasagnen die Käsekruste ersetzt, als Parmesan-Alternative über die Nudeln gestreut, sind sie ebenfalls eine feine Sache. Ich mag sie auch gern einfach auf einem Toast mit (Halbfett-)Margarine.

Sie werden aus unterschiedlichem Basismaterial hergestellt, meistens ist es Melasse oder Weizen. Zu bekommen sind sie in Reformhäusern und Bioläden.

Zitronensaft

Zitronensaft ist voll mit Vitamin C und hat den nützlichen Effekt, dass er die Oxidation von Obst verhindert, wenn man ihn darüberkippt und somit alles eine appetitliche Farbe behält, anstatt braun zu werden.

Am besten ist natürlich der frisch gepresste Saft, aber es ist praktikabel, immer eine Flasche gekauften Saft im Regal stehen zu haben, der hält sich nämlich im Gegensatz zu frischen Zitronen lang. Gibt's auch in bio. Besonders bei erhitzten Speisen bietet sich die Flaschen-Variante an. Aus biologischen und möglicherweise gesundheitlichen Gründen ist der Glasflasche gegenüber der Plastikzitrone der Vorzug zu geben.

Wenn man selber Saft presst, sollte man so viel Fruchtfleisch wie möglich mitnutzen – also ordentlich Durck machen an der Presse. Auch die abgeriebene Schale der Zitrone kann genutzt werden, z.B. für Kuchen. In dem Fall muss aber unbedingt auf unbehandelte Bioqualität geachtet werden, da Zitronen konventionell von außen sehr stark behandelt sind.

Eine Zitrone ergibt im Schnitt 50 ml Saft.

Kokos

Die Kokosnuss lässt sich extrem vielseitig nutzen und weiterverarbeiten: Das pure Fruchtfleisch, Kokosmilch, Kokosraspeln, Kokosbutter, Kokosfett, Kokoswasser, Kokossahne, Kokosmehl, Kokoszucker … Kokosfett hat zwar im Pflanzenreich den höchsten Anteil gesättigter Fettsäuren, dieses Fett besteht aber fast zur Hälfte aus mittelkettigen Fettsäuren (Laurin), die wiederum verschiedene gesundheitliche Vorzüge hat.

Kokosfett ist bei Zimmertemperatur fest und eignet sich daher gerade für Amateur-KonditorInnen, die keine Margarine (oder Butter), sondern ein naturbelasseneres Fett verwenden wollen. Dabei ist zu beachten, dass konventionelles Kokosfett oft gehärtet ist, in Reformhaus und Bioladen ist man an der besseren Adresse. Dann muss noch unterschieden werden zwischen raffiniertem und unraffiniertem Fett. Unraffiniertes Kokosfett – extra vergine – ist zwar am wenigsten verarbeitet, bringt allerdings auch ein intensives Kokosaroma mit sich, das nicht zu jedem Rezept passt. Für solche Zwecke ist ein raffiniertes, aber ungehärtetes Kokosfett ein guter Kompromiss.

Bei Kokosmilch sollte beim Kauf unbedingt ein Blick auf die Zutatenliste geworfen werden. Idealerweise enthält sie nur Kokosnuss bzw. Kokosfleisch und Wasser, aber es gibt sie auch mit allerlei Zusätzen, wie modifizierte Stärke, Stabilisatoren, Verdickungsmittel, Antioxidationsmittel, Emulgatoren … Das gilt besonders für die light-Varianten.

Kokosmehl ist kalorien-, protein und ballaststoffreich, glutenfrei und arm an Kohlenhydraten. Es eignet sich daher zum Aufstocken von Shakes, Müslis und Joghurt und zum Low-Carb-Backen.

Kakao & Schokolade

Kakaobohnen sind vollgestopft mit sekundären Pflanzenstoffen, die offenbar einen positiven Einfluss auf Blutdruck und Herzinfarktrisiko haben können.

Aber vor allem ist das, was aus ihnen hergestellt wird, ja auch einfach so verdammt lecker! Immer wieder hört man die mitleidige oder sorgenvolle Frage, wie man es als VeganerIn denn so ganz ohne Schokolade aushält. Als ob die aus der Mutterbrust einer braunen Kuh gedrückt würde! Dabei muss man nicht einmal die teuren Vegan-Versände oder Bioläden aufsuchen, um an den guten Stoff zu kommen. Hält man sich an die dunklen, zartbitteren Sorten, wird man im Süßwarenregal und in der Backabteilung eines jeden Discounters fündig – selbst mit veganem Nougat kann man dort Glück haben, ebenso mit zuckerfreier, steviagesüßter Schokolade in der Diabetikerecke und Schokoaufstrichen!

Wer die volle Auswahl wünscht – Nussschokolade, Weiße Schokolade, „Milch"schokolade – wird in besagtem spezialisierten Handel bestens versorgt. Es gilt aber: Je dunkler die Schokolade, desto höher der Gehalt an den oben erwähnten positiven Inhaltsstoffen.

Bei Kakaopulver ist zu unterscheiden zwischen dem dunklen, schwach entölten und dem hellen stark entölten. Letzteres hat, wie man sich schon denken kann, weniger Kalorien und löst sich besser in Flüssigkeit, hat dafür aber auch deutlich weniger Aroma. Kakaopulver ist übrigens nicht zu verwechseln mit Instant-Kakaogetränkpulver – das besteht nämlich in erster Linie aus Zucker und einem Haufen Zusätze mit kryptischem Namen.

Über die üblichen Kakaoerzeugnisse Schokolade und Kakaopulver hinaus gibt es noch weitere Produkte aus der Kakaobohne. Z.B. die pure Kakaobutter (siehe Specials), Kakaonibs, die Bruchstücke der aufgebrochenen Kakaobohne, die für Süßspeisen und zum Backen verwendet werden können und sogar die pure Kakaobohne selbst, die sich als Snack besonders unter RohköstlerInnen großer Beliebtheit erfreut.

Die Schattenseite der vielseitigen Bohne ist, dass ihre Erzeugnisse häufiger mit Pflanzenschutzmitteln und Cadmium kontaminiert sind, auch Bioprodukte sind davor nicht gefeit. Der andere Punkt ist, dass sie oft unter ökologisch und menschenrechtlich katastrophalen Bedingungen in den Plantagen, vor allem in Afrika, produziert wird. Nach dem Fair-Trade-Siegel Ausschau zu halten, ist also eine gute Idee.

Zucker

Zucker ist ein explosives Thema. Für manche ist es das Heroin, das die Junkfood-Lobby zur Versklavung der Menschheit erfunden hat – andere finden ihn einfach lecker.

Das Hauptproblem, welches Zucker birgt, ist seine kariogene Wirkung. Das gilt zwar auch für natürlich vorkommenden Zucker wie beispielsweise bei Obst, aber Haushaltszucker & Co. sind eben die konzentrierteste Form von kurzkettigen Kohlenhydraten. Daher rührt auch sein relativ hoher Kaloriengehalt von gut 400 kcal/100 g, bei gleichzeitigem Fehlen von Mikronährstoffen, Ballaststoffen, Proteinen und Fettsäuren. Zudem benötigt Zucker zum Abbau einiges an Vitamin B1, die Menge fällt bei einer akzeptablen Ernährung aber nicht ins Gewicht. Ein weiterer Punkt ist, dass Saccharose, also Haushaltszucker, den Blutzuckerspiegel stark ansteigen lässt, und anschließend, resultierend aus der folgenden hohen Insulinausschüttung, wieder drastisch auf Sinkflug geht, was in Heißhunger, Stimmungsschwankungen und geblocktem Fettabbau resultieren kann.

Brauner Zucker ist die Sammelbezeichnung für verschiedene Zuckersorten, die eben eine braune Färbung aufweisen, so wie Farinzucker, Rohzucker, Vollrohrzucker und Rohrohrzucker. Die Farbe kommt auf unterschiedlichem Wege zustande, z.B. durch Weglassen des Raffinationsschritts, aber auch durch nachträgliches Hinzufügen von karamellisiertem Zucker oder Melasse. Melasse hat zwar einen hohen Mineralstoffgehalt, jedoch sind bei braunem Zucker nur mäßige bis verschwindend geringe Mengen davon vorhanden. Der Kaloriengehalt ist annähernd genauso hoch wie beim weißen Äquivalent, die Wirkung auf Blutzucker und Zähne ist der gleiche. Es ist also vor allem eine Geschmacksfrage, brauner Zucker hat nämlich eine leicht karamellige Note.

Specials

In diesem Buch werden auch einige Zutaten verwendet, die sich im durchschnittlichen Küchenschrank nicht unbedingt finden. Dasselbe gilt fürs Ladenregal – besonders wenn man auf dem Land oder in der Kleinstadt lebt, ist man leider ggf. gezwungen, auf den Internetversand zurückzugreifen.

Stevia

Bei Stevia handelt es sich um ein alternatives Süßungsmittel, das aus der südamerikanischen Pflanze *Stevia rebaudiana* gewonnen wird. Und es ist gerade dabei, verstärkt auf dem öffentlichen Parkett zu erscheinen, nachdem es 2011 endlich in der EU als Lebensmittelzusatzstoff zugelassen wurde.

Stevia, das etwa die 300-fache Süßkraft von Zucker besitzt, hat die beachtlichen Vorteile, kalorienfrei zu sein, nicht den Blutzuckerspiegel zu tangieren und keine Probleme für die Zähne darzustellen.

Die Süße von Stevia ist nicht ganz identisch mit der, die man von Zucker gewohnt ist, sie findet vielmehr etwas weiter hinten im Mund statt. Deswegen macht es in manchen Fällen Sinn, in eine Süßspeise zusätzlich ein kleine Menge eines Geschmacksträgers mit herkömmlicher Süße zu integrieren, z.B. durch die Kombination Stevia + Erythrit oder Stevia + Agavendicksaft. Sind in der Speise bereits natürlich süße Komponenten wie Obst enthalten, ist das nicht notwendig. Viele RohköstlerInnen verwenden direkt die getrockneten und zerriebenen Pflanzenblätter, ansonsten gibt es Stevia-Extrakt in flüssiger Form, als Kristalle und als Tabs.

Es sollte unbedingt ein Dosierlöffelchen verwendet werden, da Stevia einfach unglaublich süß ist und mit einer kleinen, falschen Handbewegung ein Essen ungenießbar gemacht werden kann. Es ist dementsprechend auch davon abzuraten, Stevia einmal zu probieren, indem man den angefeuchteten Finger in die Stevia-Dose steckt und ableckt – das wird kein erfreuliches Ergebnis bringen.

Man hört öfter, dass Stevia einen bitteren Nachgeschmack habe, das kann ich persönlich aber nicht bestätigen – bzw. nur, wenn man stark überdosiert oder die Kristalle nicht richtig untergerührt hat. Produktionsbedingte Unterschiede mag es auch noch geben.

Erythrit & Xylit

Erythrit und Xylit sind zwei weitere Zuckeralternativen, die gegenüber Stevia verschiedene Vor- und Nachteile haben und daher gut in Kombination damit genutzt werden können.

Es handelt sich in beiden Fällen um einen Zuckeraustauschstoff (keinen Süßstoff!) und ein Zuckeralkohol. Gewonnen wird es z.B. aus Maiskolbenresten (Xylit) und aus Glucose und Saccharose (Erythrit). Beide kommen in zuckeriger Gestalt daher, sind eine Ecke weniger süß als Zucker, werden insulinunabhängig, also ohne Blutzuckerschwankungen, verstoffwechselt, die Süße ist ähnlich der von Zucker, jedoch mit einem leichten ‚Frischeeffekt' im Mund, vergleichbar mit Traubenzucker. Xylit hat auf 100 g 235 kcal Kalorien, Erythrit nur 20 kcal.

Eine weitere Besonderheit ist, dass diese beiden Zuckeralternativen nicht nur die Zähne nicht schädigen, sondern im Fall von Xylit sogar anticariogen wirkt, wenn die Zähne täglich einige Minuten damit gespült werden. Für Erythrit gilt wahrscheinlich dasselbe, da ist es aber noch nicht so umfassend erforscht.

Xylit wirkt ab 0,5 g pro Kilo Körpergewicht abführend, Erythrit ab 1 g/kg.

Achtung: Für einige Säugetiere wie Hunde und Kaninchen ist Xylit tödlich, da es bei ihnen aufgrund eines fehlenden Enzyms zu Leberversagen und Hypoglykämie führt.

Lupine

Produkte aus Süßlupine stecken noch ziemlich in den Startlöchern, sind aber als pflanzlicher Eiweißträger eine vielversprechende Alternative zu Tofu und Seitan. Gerade auch für Menschen, die kein Soja oder Weizen essen können oder wollen (wobei auch Lupine zu den deklarationspflichtigen Allergenen gehört). Bisher gibt es neben dem reinen Mehl z.B. Bratstücke und Geschnetzeltes auf Lupinenbasis, künftig sind aber auch andere Produkte wie Joghurts denkbar.

Ein weiterer Pluspunkt von Süßlupinen ist der Umstand, dass sie im Gegensatz zu Soja auch weitflächig in Deutschland angebaut werden können. Darüberhinaus hat ihr Eiweiß eine höhere biologische Wertigkeit als Seitan, vor allem die Aminosäure Lysin, die bei veganer Ernährung dazu neigt, zu kurz zu kommen, ist gut vertreten.

Süßlupinensamen zum Verzehr selber sind in Deutschland bisher nur bei wenigen Bezugsquellen zu bekommen. Sie müssen sehr lange eingeweicht und gekocht werden – nicht nur, um sie weich zu bekommen, sondern auch um die bitter schmeckenden Alkaloide auszuschwemmen. Dann können sie wie z.B. Linsen oder Kichererbsen verwendet werden – als Beilage für Gemüse und Salate, zerdrückt für Dips und Aufstriche …

Die Samen der Blauen Süßlupine enthalten am wenigsten Bitterstoffe, die Weißen Lupinen haben größere Samen und die Gelbe Lupine ist am bittersten.

Proteinpulver

Eiweißshake-Pulver kann eine nützliche Sache sein, wenn man auf eine hohe Proteinaufnahme Wert legt und besonders, wenn man dabei sein Kalorienpensum im Rahmen halten will.

Die Sorten auf pflanzlicher Basis werden gewonnen aus Reis, Soja, Weizen, Erbsen und Hanf. Ein paar Hersteller bieten auch Proteinpulver in Rohkostqualität an, das hat allerdings seinen Preis.

Es gibt Proteinshakes in verschiedenen Geschmacksrichtungen, mit Stevia oder Süßstoff gesüßt, mit weiteren Inhaltsstoffen wie speziellen Aminosäuren und Ballaststoffen – oder eben einfach pur.

Ich persönlich bekomme das Zeug als Shake nicht runter – aber je nach Sorte mit nur wenig Wasser zu einem Brei angerührt oder in Rezepten verarbeitet, leistet es mir immer wieder gute Dienste.

Es ist jedoch nicht zwingend nötig, auch nicht als SportlerIn, Eiweißshakes zu sich zu nehmen. Es ist eben praktisch, da man pro gehäuftem Esslöffel um die 8 g Eiweiß rechnen kann.

Entöltes Nussmehl

Entöltes bzw. teilentöltes Nussmehl enthält, wie der Name schon sagt, weniger Fett als normale gemahlene Nüsse. Daraus resultiert ein deutlich geringeres Kalorienpensum und ein höherer Protein- und Ballaststoffgehalt.

Es eignet sich daher bestens für Shakes und Gebäck, um die Energiedichte im Zaum und den Proteingehalt hoch zu halten.

Vertrieben wird Nussmehl vor allem von Ölmühlen, wo das Mehl als Nebenprodukt der Ölpressung anfällt.

Dicksaft & Sirup

Unter dem gesundheitlichen Gesichtspunkt ist der zur Zeit sehr populäre Agavendicksaft unterm Strich nicht wirklich besser als herkömmlicher Zucker. Er besteht großteils aus Fruktose, was nicht jeder gut verträgt. Bei hohem Konsum wird sie in Zusammenhang mit der Entstehung von Fruktosemalabsorption, Insulinresistenz und Beschleunigung des Fetteinlagerungsprozesses, vor allem im Bauchraum, gebracht. Sie steht sogar im Verdacht, das Risiko für koronare Herzerkrankungen, Fettleber und Gicht zu erhöhen. Die Zähne freuen sich über so hochkonzentrierten Zucker ebenfalls nicht.

Die Vorzüge sind hingegen ein langsamerer Blutzuckeranstieg, hohe Süßkraft und etwas weniger Kalorien als Haushaltszucker, die viskose Konsistenz ist eine gute Sache für Cremespeisen und Getränke (nichts knirscht) oder als Honigersatz. Der Geschmack ist angenehm neutral mit einer leichten Karamellnote.

Vitamine sind nicht enthalten, der Mineralstoffgehalt ist ebenfalls nicht nennenswert. Agavensirup gibt es auch in Rohkostqualität, für die, die es raw mögen.

Ahornsirup und vor allem Zuckerrübensirup stehen besser da, was den Gehalt von Mikronährstoffen angeht. Sie bestehen primär – wie Haushaltszucker – aus Saccharose.

Chiasamen

Chiasamen sind in Deutschland noch nicht so verbreitet, in der US-Szene aber gerade schwer im Trend.

Ihre Spezialität ist, dass sie sich in extremem Maße – weit mehr noch als Leinsamen – mit Flüssigkeit vollsaugen und dadurch eine Art Gel bilden.

Sie sind vollgepackt mit vollständigen Proteinen (alle acht essentiellen Aminosäuren!), Vitaminen, Mineralien, Antioxidantien, Ballaststoffen und vor allem Omega3-Fettsäuren.

Man bekommt sie in einigen Reformhäusern und Bioläden oder eben übers Internet.

Kakaobutter

Kakaobutter gehört zu den wenigen Pflanzenfetten, die von Natur aus fest sind. Wie Kokos- und Palmfett hat sie einen hohen Anteil gesättigter Fettsäuren und ist dadurch äußerst lagerstabil.

Es gibt sie in raffinierter und in kaltgepresster Form – da zur Raffination auch die Desodorierung gehört, schmeckt raffinierte Kakaobutter neutral, während die kaltgepresste Variante das typische Schokoladenaroma hat. In größeren Mengen im Block gekauft bekommt man einen besseren Preis, aber deutlich praktischer ist die Kakaobutter in Form von Chips, dann ist sie ganz leicht zu portionieren und gleichmäßig zu schmelzen.

Kakaobutter spielt übrigens auch auf dem Markt der Hautpflegeprodukte eine große Rolle, da sie bei trockener und rissiger Haut hilft.

Vanille

Das, was sich in herkömmlichen Produkten an vanilligem Geschmack findet, basiert für gewöhnlich auf dem künstlichen Aromastoff Vanillin, das aus einem Abfallprodukt der Papierherstellung gewonnen wird und mit echter Vanille nichts zu tun hat.

Dabei ist Vanille einfach eine großartige Sache und findet in meiner Küche in großen Mengen Verwendung. Der Spaß ist natürlich nicht ganz billig. Falls man keinen großen Wert auf Bioqualität legt, kann man sich übers Internet zu relativ günstigen Preisen größere Bündel Vanilleschoten aus Übersee liefern lassen. Die benutzten Schoten lassen sich für Vanille-Sirup (in Agavensirup) oder VanilleXucker (in Xylith/Erythrit) weiterverwenden. Ich bin mittlerweile – auch aus pragmatischen Gründen – vornehmlich auf reines Vanillepulver aus dem Bioladen umgesattelt.

Shirataki-Nudeln

Diese Nudeln aus der japanischen und chinesischen Küche werden aus dem Mehl der Konjakwurzel hergestellt, das ist die Knolle der Teufelszunge. Sie ähneln stark Glas- bzw. Reisnudeln, aber das besondere ist, dass sie fast nur aus Ballaststoffen bestehen, glutenfrei und fast kohlenhydratfrei sind – und annähernd keine Kalorien haben (5–10 kcal/100 g). Sie haben allerdings auch ihren Preis. Zu bekommen sind sie in manchen Asia-Supermärkten und Onlineshops.

Der Fischgeruch beim Öffnen der Packung ist übrigens normal und kein Grund zu (veganer) Besorgnis. Sie müssen einfach gründlich abgespült werden.

Kala Namak

Kala Namak, auch Schwarzsalz, kommt traditionell aus der indischen Küche. Seine Besonderheit ist, dass es aufgrund seiner Schwefelverbindungen nach hartgekochten Eiern schmeckt, bzw. schmecken kann. Es zeigt sich nämlich als eine individuell äußerst unterschiedliche Angelegenheit, ob man diesen speziellen Geschmack ansprechend, abstoßend oder kaum wahrnehmbar findet. Bevor man das Salz also großzügig in sein veganes Rührei gibt, sollte man vorher unbedingt einmal testen, zu welcher dieser drei Gruppen man gehört.

Liquid Smoke

Flüssigrauch macht ein Gericht zwar nicht gesünder, kann es aber deutlich leckerer machen. Vor allem Seitan-, Tofu- und Tempeh-Kreationen. In Deutschland ist es leider nicht so sehr verbreitet, im Zweifelsfall muss man es online als US-Import ordern. Es gibt Konzentrat und eine verdünnte Variante – ich hantiere in meinen Rezepten mit letzterem.

Hierzulande etwas leichter zu bekommen ist Rauchsalz.

Algen

Traditionell aus der japanischen und chinesischen Küche kommen Wakame, Nori, Arame & Co. Sie gehören nicht zu den Pflanzen, sondern bilden – wie auch Pilze – eine eigene Subgruppe. Das wichtigstes Merkmal der Algen ist ihr hoher Jodgehalt, aber auch mit anderen Mikronährstoffe wie z.B. Eisen, Vitamin C und A sind sie großzügig bestückt. Algen sind fettfrei, der Protein- und Ballaststoffgehalt ist zwar relativ hoch, jedoch vernachlässigbar, da der Algenkonsum aufgrund des Jodgehalts wenige Gramm am Tag nicht überschreiten sollte – wer Probleme mit einer Schilddrüsenüberfunktion hat, sollte sich ganz von ihnen fernhalten.

Speisealgen haben zumeist ein Meer- bzw. Fischaroma, neben der populären Verwendung für Sushi können sie auch im Rahmen von Suppen, Gemüsegerichten oder auch einfach pur – z.B. geröstete Noriblätter – zum Einsatz kommen.

Johannisbrotkernmehl

Dieses praktische Pülverchen wird aus den vermahlenen Samen des Johannisbrotbaums gewonnen und kann z.B. zum Binden von Suppen und Soßen oder zum Eindicken oder Gelieren von Cremes, Aufstrichen und Dips verwendet werden. Der große Vorteil dabei ist, dass das Ganze auch ohne Hitzeeinwirkung funktioniert, es kann also als Ersatz für Gelatine dienen. Soja-AllergikerInnen müssen allerdings aufpassen, da es hier zu Kreuzallergien kommen kann.

KLEINES KÜCHEN-1x1

 Organisation

Kochen und Backen kann gerne mal in fürchterlichen Stress ausarten – das Öl überhitzt, während man das Gemüse noch nicht fertig geschnitten hat, hier kocht was über, da brennt was an und wo ist überhaupt der Schneebesen schon wieder hin?!

Die Problematik kann man eingrenzen, indem man in Ruhe erst mal alle Zutaten zusammenstellt, ebenso die benötigten Gerätschaften. Außerdem saubere Geschirrtücher und ggf. einen Sammelbehälter für Schalen und Kerngehäuse. Ein Einkaufszettel zum Notieren der Lebensmittel, die man verbraucht hat, ist ebenfalls nützlich.

Wartezeiten lassen sich konstruktiv nutzen, indem man schon mal nicht mehr benötigte Instrumente abwäscht und Müll entsorgt. Früher sah bei mir die Küche hinterher immer wie ein Schlachtfeld aus, aber durch einen meckernden Freund und eine mahnende Mutter habe ich jetzt erkannt, wie angenehm es tatsächlich ist, gleich alles wieder sauber und ordentlich zu haben. Später hat man auch nicht mehr Bock darauf, abzuwaschen und sauberzumachen. Das Einzige, was passiert ist: Alles ist angetrocknet und hat sich zu noch einschüchternderen Geschirrbergen kumuliert.

 Putzen & Schälen

„Putzen" hat im Fall von Gemüse, Pilzen, Obst und Salat nichts mit Scheuermilch und Fliesenreiniger zu tun, es heißt einfach, dass Schmutz und nicht essbare Teile entfernt werden. Also gründlich abwaschen bzw. -schrubben, abtrocknen, etwaige Stielansätze, Hüllblätter, Strünke und Kerne entfernen, welke Blätter oder matschige Stellen rausschneiden – auch wenn davon nicht explizit was im Rezept stehen sollte, klar.

Das Abwaschen findet wenn möglich immer vor dem Schälen und Zerkleinern statt, damit die wasserlöslichen Vitamine nicht ausgeschwemmt werden.

Pilze werden nur abgebürstet und nicht gewaschen, da sie sonst schleimig werden.

Ich halte nichts davon, auf Teufel komm raus alles Obst und Gemüse zu schälen, es macht nur zusätzliche Arbeit und vermindert in vielen Fällen den Vitamingehalt. Gurken, Kartoffeln, Äpfel usw. kann man sehr gut ungeschält lassen. Der einzige Punkt ist die Verdaulichkeit; wenn man da Probleme hat, kann es sinnvoll sein, die schwerer verdauliche Schale zu entfernen.

 Braten

Beim Braten ist es wichtig, dass das verwendete Öl oder Fett richtig heiß ist, bevor die Nahrungsmittel hineinkommen, weil sich sonst alles mit dem Öl vollsaugt. Am einfachsten ist, ein kleines Stück des Garguts mit in die Pfanne zu tun, wenn sich Bläschen drumherum entwickeln, kann man den Rest reinschmeißen. Alternativ kann man einen Holzkochlöffel ins Öl halten und gucken, ob es schon brutzelt. Das Öl darf nicht so weit erhitzt werden, dass es zu rauchen beginnt, denn da fängt es an, gesundheitsschädliche Stoffe zu bilden!

Mit Margarine verhält es sich beim Braten anders, da sie mehr Wasser enthält als Öl: Die fängt beim Erhitzen erst an zu dampfen, dann kocht sie einmal unter Gezische und Gebrodel auf und wenn die Bläschen verschwinden, ist sie bereit für das Gargut.

Mit Halbfettmargarine kann man nicht braten, da sie einen zu hohen Wassergehalt hat. Wenn man eine schöne Kruste am Gargut anstrebt, wie z.B. bei Röstkartoffeln oder Brattofu, ist Zurückhaltung beim Rühren und Wenden geboten!

Backen

Beim Backen werden immer erst die trockenen Zutaten miteinander vermischt, die flüssigen Zutaten ebenfalls und zuletzt wird beides zusammengebracht. Das bewirkt, dass sich alle Zutaten schön homogen miteinander verbinden.

Natürlicher Geschmacksverstärker

Es ist üblich, in herzhafte Speisen etwas Süßungsmittel zu geben und in süße Speisen eine Prise Salz. Dieser Geschmackskontrast bewirkt einen intensiveren und vollmundigeren Geschmack, bedingt durch die Geschmacksknospen-Verteilung auf der Zunge.

Mindesthaltbarkeitsdaten

Denen braucht man meiner Meinung nach keine allzu große Bedeutung beimessen. Gucken, riechen, probieren – in dieser Reihenfolge – und wenn es da keine Auffälligkeiten gibt, einfach verwenden. Das Gute bei pflanzlichen Nahrungsmitteln im Vergleich zu tierischen ist, dass da nicht groß was passieren kann, wenn man doch mal was Verdorbenes isst.
Ihr müsst natürlich trotz dieser Empfehlung selber wissen, was Ihr macht und handelt auf eigene Verantwortung, ist klar oder?

Einweichen

Nüsse, Hülsenfrüchte, Getreide und Ölsaat für mehrere Stunden in Wasser einzuweichen hat zum einen den Vorteil, dass es Enzyminhibitoren abbauen und die Bekömmlichkeit verbessern kann und zum anderen, dass sie beim Pürieren oder Mixen besonders cremig werden. Etwaige Kochzeit verringert sich dadurch ebenfalls deutlich.
Nach dem Einweichen gründlich mit Wasser abspülen. Das Einweichwasser nicht weiterverwenden!

Energiesparen

Anders als bei bio und Fairtrade kann man hier gleichzeitig der Mitwelt und dem eigenen Portemonnaie was Gutes tun. In der Küche bedeutet das: Restwärme nutzen – Ofen oder E-Herdplatte kurz vor Schluss schon abschalten (braucht u.U. ein bisschen Erfahrungswerte). Nach Möglichkeit Topfdeckel verwenden, um die Energie effizienter zu nutzen. Keine warmen oder heißen Sachen in Kühlschrank oder Gefrierfach stellen – das zieht Energie wie verrückt! Wenn die Zeit es zulässt, Tiefgefrorenes, das aufgetaut werden soll, in den Kühlschrank und nicht einfach ins Zimmer legen – kommt neben dem gesparten Strom auch der Qualität und Hygiene des Nahrungsmittels zugute. Moderne Küchengeräte sind in der Regel energieeffizienter als die alten Haudegen. Spezialisierte Kleingeräte – Toaster, Wasserkocher, Reiskocher … – kommen mit deutlich weniger Energie aus, als wenn man E-Herd oder Ofen anschmeißen muss. Das Vorheizen des Backofens ist in vielen Fällen nicht nötig – allerdings sind die Backzeitangaben dann ungenau (nicht jeder Ofen kommt gleich schnell auf Temperatur), also die Bratröhre gut im Auge behalten. Bei einigen Backwaren, z.B. Biskuit- oder Plätzchenteig, ist eine langsame Temperatursteigerung kontraproduktiv, weil bei Wärme andere Prozesse ablaufen, als bei plötzlicher starker Hitze.

III.
MAS
PLA

TER-
N

DER WEG ZUM MASTERPLAN

ZIELE & WEGE

Wie immer wieder betont, ist es nötig, einen speziell auf Dich zugeschnittenen Ernährungs- und Bewegungsplan zu haben, um tatsächlich dabei zu bleiben und Erfolge zu erzielen.
Um Dir Deinen Plan zusammenzustellen, ist es wichtig, genau zu gucken, was Deine Ziele und Beweggründe darstellen, welche Ressourcen vorhanden sind und welche persönlichen Vorlieben und Präferenzen du hast.

Dieser Plan muss übrigens nicht notwendigerweise bedeuten, dass Du Dir einen strikten 30-Tage-Ernährungsplan aufstellst, wo Frühstück/Mittag/Abendbrot grammgenau festgelegt sind. Es kann auch bedeuten, dass Du einfach schaust, in welche Richtung Deine täglichen Mahlzeiten gehen sollen und auf welche Nahrungsmittelgruppen Du Dich besonders konzentrieren willst.
Oder Du stellst Dir eben tatsächlich einen festen Plan auf, wenn Dir das die Sache erleichtert.
Zu beiden Herangehensweisen findest Du im Folgenden Hilfestellung.

Die wichtigste Frage:
Was willst Du erreichen?
Die drei Hauptkategorien sind: Körperfettreduktion, Gewichtszunahme und Muskelaufbau – sprich abnehmen, zunehmen, aufbauen.

Körperkonstitution

Ich will abnehmen

Auch wenn die Gazillionen an Diätkonzepten auf dem Markt etwas anderes suggerieren – das Ende vom Lied ist, es gilt: Weniger Kalorien rein als raus. Das heißt, es muss ein Kaloriendefizit hergestellt werden – so einfach ist das.

Um das zu erreichen, gibt es nun verschiedene Möglichkeiten, je nachdem, welcher Typ Du bist.

Ich brauche nicht so oft/viel zu essen

Das trifft sich natürlich gut, auf die Art ist es leicht, ein Kaloriendefizit zu halten. Bei dieser Gangart stehen Dir auch die leckeren energiedichten Gerichte und Snacks zur Verfügung, da die Gesamtkalorienaufnahme insgesamt gering ausfällt.

Achte also darauf, dass Du trotz Restriktion noch genug Kalorien zu Dir nimmst, da ein zu großes Defizit kontraproduktiv ist – Heißhunger, keine ausreichende Energie für Alltag und Training, JoJo-Effekt. Behalte auch im Auge, dass bei dieser verringerten Nahrungsaufnahme die Mikronährstoff- und Proteinversorgung nicht zu kurz kommt, damit Du hauptsächlich Fett und nicht auch Muskeln abbaust und Dein Organismus mit allem versorgt ist, was er braucht.

Deine Rezeptauswahl:
[midKCAL] [highKCAL] [fiber] [PROT]

Ich esse gern viel/oft

Auch das ist kein Problem, wenn Du abnehmen willst. Halte Dich einfach an Nahrungsmittel mit hohem Wassergehalt und geringer Energiedichte, so bekommst Du den Bauch voll und der Intake bleibt trotzdem im Minus, ohne dass Du Dich hungrig und schlecht gelaunt durch den Tag schleppst.

Protein und Ballaststoffe führen zu schneller und langanhaltender Sättigung. Zucker und in etwas geringerem Maß auch Weißmehl hingegen sorgt durch Blutzuckerschwankungen für Heißhunger und hemmt außerdem mittels Insulin den Fettabbau.

Deine Produktgruppen:

- Gemüse
- Pilze
- Obst & Früchte
- Sojajoghurt & -milch
- Shirataki- & Gemüse-Nudeln
- Hülsenfrüchte

Maßvoll:

- Tofu
- Seitan
- Pseudogetreide
- Vollkornprodukte

Deine Rezeptauswahl:
[lowKCAL] [PROT] [lowFAT] [fiber] [lowCARB] [sugarfree]

Zusätzlich: Sport

Kaloriendefizit ohne sportlichen Einsatz führt dazu, dass nicht nur Fett sondern auch Muskeln verstärkt abgebaut werden, wodurch sich wiederum der Grundumsatz verringert, was den Jojo-Effekt zur Folge haben kann. So zeigt die Waage nach der Diät vielleicht weniger an, aber man ist „weicher" und unförmiger als vorher – „skinnyfat", wie es im Englischen so schön heißt. Dem sollte entgegengearbeitet werden. Der richtige Sport verbrennt nicht nur an sich schon Kalorien, er führt auch zum sogenannten Nachbrenneffekt, wo auch mehrere Stunden nach dem Workout in der Ruhephase vermehrt Kalorien verbrannt werden. Hinzu kommt, dass jedes Plus an Muskelmasse den Grundumsatz erhöht – das heißt, man verbrennt dauerhaft mehr Kalorien, selbst wenn man einfach nur dasitzt und überhaupt nichts macht. Wichtig ist es, die passende Bewegungsform für Dich selbst zu finden, die Dir *Freude* bereitet: Essen wird oft als stimmungsaufhellendes Hilfsmittel gebraucht (oder missbraucht) – das kann der richtige Sport auch und zwar noch viel besser!

Deine sportliche Stoßrichtung:
- mittlere bis hohe Intensität
- Krafttraining
- Cardio, vor allem HIIT

Ich will zunehmen

Wer insgesamt an Masse und Gewicht zunehmen will, muss für einen konstanten Kalorienüberschuss sorgen.

Für das Gros der Bevölkerung eher kein Problem, aber wer z.B. einen besonders schnellen Stoffwechsel hat, ein schlechter Futterverwerter ist, sehr viel Sport macht oder an allgemeiner Appetitlosigkeit leidet, kann genauso zu kämpfen zu haben, um ein ausreichend hohes Gewicht zu erlangen und zu halten.

Ich esse gern oft/viel

Sehr gute Voraussetzung! Jetzt musst Du nur schauen, dass Du nicht zu viel Platz im Magen verschwendest durch volumenreiche Nahrungsmittel mit geringer Energiedichte. Konzentrierte Vorkommen von Protein und Ballaststoffen sind aufgrund deren Sättigungseffekte eher zu vermeiden, Fett und leichte Kohlenhydrate sind Deine Freunde.

Deine Rezeptauswahl:
[midKCAL] [highKCAL] [highFAT] [highCARB]

Es fällt mir schwer, oft/viel zu essen

Wenn Du nicht oft isst, aber zunehmen willst oder musst, heißt es, die wirklich schweren Kalorien-Geschütze aufzufahren mit maximaler Energiedichte, also geringem Wasser- und Ballaststoffanteil. Schmecken soll es auch, damit Du überhaupt ausreichend *Lust* hast zu essen. Zusätzlich solltest Du Deine Energiebilanz immer mit kleinen Snacks zwischendurch aufpolieren.

Deine Produktgruppen:

- Öliges, Fettiges, Frittiertes
- Zuckeriges
  (denke allerdings an Deine Zähne!)
- Schokolade, Kakao, Schokoaufstrich
- Frühstückscerealien
  (allerdings wirklich nicht clean)
- Nudeln & Gebäck
  (vor allem Weiß- und Mischmehl)

- Nüsse & Nussmuse
- Ölsaaten
- Dörrfrüchte
- Avocados
- Bananen
- Haferflocken
- Kokosprodukte

Deine Rezeptauswahl:
[highKCAL] [highCARB] [highFAT]

Zusätzlich: Sport

Sport ist einfach immer eine gute Sache, auch wenn es einem nicht darum geht, Kalorien zu verbrennen. Es kann nicht schaden, den ganzen Energie-Input nicht nur in Form von passiver Fettmasse umzusetzen, sondern auch ein paar Muskeln zu entwickeln. Mal ganz davon abgesehen, dass es einfach auch Spaß macht und für ein gutes Körpergefühl und eine ausgeglichene Psyche sorgt. Du musst dabei eben im Auge behalten, dass Du die Intensität soweit moderat hältst, damit Du mit Deiner Kalorienaufnahme trotzdem noch im Plus bleibst.

Deine sportliche Stoßrichtung:

- moderate bis mittlere Intensität
- Krafttraining
- Body Weight Exercises

- Mannschafts-/Vereinssport
- Qigong & Yoga
  (kein Sport, aber trotzdem gut)

Ich will Muskeln aufbauen

Um Dein volles Aufbau-Potential auszuschöpfen, ist neben hartem Training ein leichter bis hoher Energieüberschuss notwendig – je nachdem, ob Du eher auf mageres Muskelfleisch aus bist oder auf rohe Masse mit entsprechendem Fettanteil (siehe zur Orientierung jeweils die Empfehlungen bei den oberen beiden Zielen). Intensive Workouts und wachsende Muskelmasse benötigen Kalorien. Und weil die Muskeln Baustoff benötigen, muss ein großer Teil der Kalorien zugunsten der Proteinzufuhr ausfallen. Kohlenhydraten kommt allerdings auch Bedeutung zu, siehe Punkt *Leistung bringen* unten.

Deine Haupt-Produktgruppen:

- Tofu
- Gluten & Seitan
- Lupinenprodukte
- Haferflocken

- Nüsse & Nussmus
- Proteinpulver
- Proteinnudeln
- Hülsenfrüchte

 Deine Rezeptauswahl:
[PROT] [midKCAL] / [highKCAL] [highCARB]

Sport

Ohne Einsatz kein Muskelaufbau, das ist klar. Schweres Krafttraining mit hohen Gewichten und Ganzkörperausrichtung bringt die schnellsten, spürbarsten und sichtbarsten Erfolge. Es empfiehlt sich aber trotzdem, auch noch etwas ‚Funktionelles‘ nebenher zu machen (z. B. Kampfsport, Mannschaftssport), damit die Koordination, Beweglichkeit und Schnelligkeit nicht auf der Strecke bleibt.

Deine sportliche Stoßrichtung:

- hohe bis höchste Intensität
- Krafttraining
- Verbund-/Mehrgelenksübungen

- ergänzende/ausgleichende Zusatzsportarten

Weitere Ziele

Ich will Leistung bringen

Pauschal kann man sagen: Ordentlich Kohlenhydrate als Brennstoff, ausreichend Protein als Bausubstanz für die nötige Muskulatur, Mikronährstoffe für den reibungslosen Gesamtablauf im Körper, entsprechendes Training mit hoher Intensität.

Wenige Stunden vor dem Training bieten sich allgemein langkettige Kohlenhydrate an, falls man etwas essen möchte, direkt hinterher – oder bei langanhaltender Belastung schon währenddessen – schnell resorbierbare, kurzkettige.

Haupt-Produktgruppen pre-workout:	Haupt-Produktgruppen inter- und post-workout:
• Nudeln • Kartoffeln • Brot • Pseudogetreide • Haferflocken	• Dörrfrüchte • reifes, süßes Obst • weißer Reis/Milchreis/Reiswaffeln • Säfte, vor allem Traube • Dextrose

Ich will gesund werden/bleiben

Auch hier wieder abhängig von den jeweils vorhandenen gesundheitlichen Beschwerden oder etwaigen Allergien und Unverträglichkeiten. Die Rezepte in diesem Buch sind bezüglich der häufigeren Nahrungsmittelunverträglichkeiten Soja und Gluten markiert, Laktose entfällt durch die vegane Ausrichtung sowieso. Typische gesundheitskritische Bestandteile wie Transfette, gehärtete Fette, Zucker oder künstliche Zusatzstoffe kommen nicht oder nur in geringem Ausmaß vor, während gesundheitsfördernde Nährstoffe wie Vitamine, Mineralstoffe und Ballaststoffe einen besonders hohen Stellenwert inne haben.

Zusätzlicher moderater Sport und Bewegung helfen z.B. das Herz-Kreislaufsystem und den Stützapparat zu stärken.

Für alle empfohlen zwecks Mikronährstoffversorgung:	
• Beerenfrüchte • Ölsaat, vor allem Chia-, Hanf- und Leinsamen • Nüsse, vor allem Walnüsse • Blattgemüse	• säuerliches Obst • Kakao • Algen • B12-Supplement • ggf. D3-Supplement (Herbst & Winter)

Ressourcen

Weitere planungsrelevante Faktoren:

Ich bin knapp bei Kasse

Halte Dich vor allem an saisonales und regionales Essen. Es muss nicht immer bio sein, bzw. tun es die Bioprodukte aus dem Supermarkt auch. Falls Dir genügend Zeit und die Gerätschaften zur Verfügung stehen, mach möglichst viel selbst (siehe „Basics" im Rezeptteil). Das so gesparte Geld lässt sich dann unter Umständen einsetzen, um sich gelegentlich die guten aber teuren Specials aus Bioladen und Vegan-Versand zu leisten.
Besonders kostengünstige Gerichte sind im Rezeptteil ausgezeichnet [cheap]

Geld spielt keine Rolle

Gut für Dich. Du kannst bei qualitativ hochwertigen und ökologisch wie ethisch korrekten Nahrungsmitteln voll zuschlagen, auch was fertig verarbeitete Nahrungsmittel angeht – die gibt es schließlich auch in *sauber*.
Zusätzlich kannst Du, wenn Dir danach ist, mit verschiedenen Nahrungsergänzungsmitteln, Präparaten und sog. Superfoods experimentieren – Algenpräparate, Vitamine, exotische Nahrungsmittel, Aminosäuren … Vieles davon ist Humbug und Geldschneiderei, aber das gilt nicht für alle Produkte aus dem Sektor.
Ähnlich verhält es sich mit den zahlreichen auf dem Markt befindlichen Küchengeräten und -helferlein.

Meine Zeit ist knapp

Die meisten Rezepte halten sich erfahrungsgemäß selbst außerhalb des Kühlschranks in der Regel mindestens 2–3 Tage – koch also einfach eine größere Menge und Du hast erstmal Deine Ruhe und trotzdem einen vollen Bauch. Wenn Du einen ausreichend großen Gefrierschrank hast, kannst Du z. B. auch am Wochenende (oder wenn Du eben mehr Zeit hast) große Küchensession machen und alles für die kommende Woche portionsweise einfrieren.
Die besonders schnellen Rezepte sind entsprechend markiert [quick], ebenso die Rezepte, die nur einen kurzen Arbeitsaufwand benötigen zzgl. einer längeren Einweich-, Einfrier- oder Backzeit, wo man aber nicht dabeistehen muss [quick+]

Ich habe reichlich Zeit

Glückwunsch! Du kannst die Zeit nutzen, ausgiebig Deine Einkaufsgeschäfte, Versände und Wochenmärkte zu erforschen und mit neuen Rezepten und Zutaten zu experimentieren, bis Du Deine Favoriten gefunden hast.

Ich treibe Sport

Das ist gut! Je intensiver Dein Training ist, desto sorgfältiger solltest Du Dein Mahlzeiten-Timing planen. An oberster Stelle steht Dein wortwörtliches Bauchgefühl und Deine Erfahrungswerte. Als Richtlinie kann man aber sagen: Vor dem Training leichte und kohlenhydratlastige Kost, wenig Fett, Eiweiß, Ballaststoffe und was sonst noch schwer im Magen liegt. Andernfalls ist beim Training weder genug Energie fürs Workout da, noch genug für die Verdauung – das Resultat sind mangelhafte Leistungen und Magenkrämpfe. Auch blähende Nahrungsmittel sind, wie man sich denken kann, pre-workout keine gute Idee. Hinterher – oder bei extremer Ausdauerbelastung auch schon währenddessen – sind dann erstmal schnelle (also süße) Kohlenhydrate angesagt, um die Glycogenspeicher aufzufüllen und die Regeneration zu optimieren und Protein, um die gesetzten Wachstumsreize voll auszunutzen. Es gibt natürlich auch low- und no-carb-SportlerInnen, die ohne Kohlenhydrate in der Lage sind, Leistung zu bringen. Wie immer gilt: Wenn es für Dich passt, tu es.

 Deine Rezeptauswahl:
pre-workout [highCARB] [low/midKCAL]
post-workout [highCARB] [PROT]

Ich treibe keinen Sport

Aber warum denn nicht? Das solltest Du unbedingt ändern. Warum sollte man sich freiwillig all die positiven Effekte auf Körper, Gemüt, Gesundheit und Optik durch die Lappen gehen lassen?!

Mahlzeiten-Taktung

Die ewige Frage, ob viele kleine Mahlzeiten über den Tag verteilt besser sind oder wenige große, ist vermutlich so alt wie das Diätwesen an sich.
Dabei ist die Antwort so einfach: Wenn Du Dich unterzuckert, schlapp, fahrig oder antriebslos fühlst, wenn Du nicht über den Tag verteilt immer wieder Energie zuführst, dann halte dich an die vielen kleinen Mahlzeiten. Wenn Du hingegen gut damit klarkommst, z.B. erst nachmittags oder abends was zu essen, dann mach das.
Auch ehemals in Stein gemeißelte Dogmen wie die Frühstücks-Pflicht oder dass man auf nüchternen Magen keinen Sport treiben sollte, sind mittlerweile widerlegt. Ausprobieren, nachfühlen, den eigenen Weg wählen.

MAHLZEITEN-TUNING

Bei den Gerichten im Rezeptteil sind in den meisten Fällen Hinweise angefügt, wie man jeweils Zutaten und Zubereitung modifizieren kann, um das vorliegende Makronährstoff-Profil den eigenen Bedürfnissen entsprechend anzupassen. Es gibt zu diesem Zweck aber auch eine ganze Reihe von allgemeinen Tipps und Tricks, die nicht jedes Mal erneut dabeistehen.

Kalorien

+   relevant für: Zunehmen, auch für: Masseaufbau
- Nussgehalt erhöhen [+fat] [+prot]
- verschwenderisch mit Öl umgehen (100 kcal pro Esslöffel!) [+fat]
- Erythrit mit Xylit ersetzen (digestive Toleranz im Auge behalten!)
- großzügiger Dicksaft-, Sirup- oder Zucker-Einsatz (wenn man robuste Zähne hat) [+carb]
- beim Backen Mehl teilweise mit Haferflocken ersetzen [+prot] [+fat] [+fiber]
- beim Kochen Wasser ganz oder teilweise mit Pflanzenmilch ersetzen [+prot]
- Pflanzenmilch ganz oder teilweise mit Cuisine ersetzen [+fat]

–   relevant für: Abnehmen
- Obst-Gehalt bei Gebäck erhöhen [-carb]
- Stevia und Erythrit zum Süßen verwenden [-carb]
- Öl sparsam mit dem Löffel portionieren [-fat]
- Nüsse und Ölsaat in Rezepten reduzieren oder weglassen [-fat] [-prot]
- Cuisine teilweise oder ganz durch Pflanzen-Drink ersetzen [-fat]
- Pflanzenmilch mit Wasser strecken [-prot]
- statt Margarine Tofubutter verwenden [+prot] [-fat]
- das Volumen eines Gerichts mit niedrigkalorischen Zutaten, die eine große Oberfläche haben strecken (Erythrit, Wasser, gepopptes Pseudo-/Getreide)

Kohlenhydrate

+   vor allem relevant für: Leistung, Zunehmen

Sich möglichst viele Kohlenhydrate einzuverleiben ist mit einer veganen Ernährung nicht schwer – alle Nahrungsmittel mit hoher Kohlenhydrat-Dichte sind sowieso pflanzlich, deswegen muss hier normalerweise nicht groß getunt werden. Stärke findet sich in hoher Konzentration in allen Getreide- und Pseudogetreide-Produkten, so wie Nudeln, Brot, Brötchen und Gebäck, in etwas geringerem Ausmaß auch in Kartoffeln, Süßkartoffeln und Hülsenfrüchten. Zucker findet sich – neben seiner isolierten Form als Haushaltszucker, Dicksaft und Sirup – in höchsten Mengen in Trockenobst, auch in Bananen ist der Gehalt ziemlich ordentlich, wiederum gefolgt von z.B. Ananas und Kirschen. Als Orientierung gilt: je süßer der Geschmack, desto mehr Zucker, desto mehr direkt verfügbare Energie.

–   vor allem relevant für: Abnehmen
- Mehl teilweise oder ganz durch Gluten-, Soja-, Lupinen-, Nuss-, Kokos- oder Kichererbsenmehl ersetzen
- Quinoa statt Reis
- Zuckeralternativen wie Stevia, Xylit und Erythrit verwenden
- Eigenproduktion erspart einem viele unnötige kleine Zuckerbeigaben (z.B. Pflanzenmilch, Sojajoghurt, Sojasahne)
- nach zuckerfreien Varianten Ausschau halten (z.B. bei Apfelmus oder Sojamilch, TK-statt eingelegte Früchte)

Protein

relevant für: Aufbauen, auch für: Abnehmen

Abgesehen von herkömmlichem Proteinpulver lassen sich Kokos-, Lupinen-, Soja-, Nuss- und Erdmandelmehl fast überall mit einbauen, um den Eiweißgehalt zu boosten – in Gemüsegerichte, Saucen, Joghurt, Müsli, Shakes, Säfte …
Eine weitere Möglichkeit sind – optional angeröstete – Nüsse und Ölsaaten, die durch ihren sehr hohen Fettgehalt allerdings auch ein deutliches Kalorien-Plus mitbringen. Sie werten Gemüsepfannen, Salate, Suppen, Saucen und Obstsalate auf und bringen auch gleich noch Knack in die Sache.

Fett

+   relevant für: Zunehmen
- Den Fettgehalt von Speisen zu erhöhen ist dank Pflanzenölen, aber auch Nüssen, Nussmusen, Kokosprodukten und Ölsaat keine große Kunst, siehe auch Kalorien-Tuning weiter oben.
- Bei nicht-erhitzten Speisen ist immer die Wahl eines omega3reichen Öls empfehlenswert, also kaltgepresstes Raps-, Lein-, Walnuss- oder Hanföl.

–   relevant für: Abnehmen
- Öl sehr knapp mit einem Löffel abmessen (nicht einfach in die – möglichst beschichtete – Pfanne kippen)
- Angebratenes hinterher auf Küchenkrepp legen, um überschüssiges Öl aufzusaugen
- Beim Backen kann Öl oder Fett in vielen Fällen durch Apfelmus ersetzt werden (klingt komisch, ist aber so)
- Nüsse & Ölsaat aus Rezepten reduzieren oder ganz weglassen

Greift man zu fettreduzierten, verarbeiteten Produkten, lohnt es sich, einen Extra-Blick auf Zutaten und Nährwertangaben zu werfen – häufig wird das Defizit an Fett mit Zucker oder Zusätzen aus dem Chemiebaukasten kompensiert.

Ballaststoffe

+   relevant für: Abnehmen, außerdem: Verdauung
- Vollkornmehl zum Backen verwenden
- Vollkornprodukte bevorzugen (Nudeln, Brot, Gebäck)
- Flohsamenschalen, Weizenkeime oder Speisekleie in Shakes, Müslis und Joghurts rühren (aber nicht Weizen*kleie*, außer man steht auf Sägespäne im Mund!)
- Ölsaat lässt sich fast überall unterbringen – in Müslis, Brot, Greenies, Gemüsegerichten, Saucen, auf Aufläufen, über den Salat gestreut …

–   relevant für: Zunehmen, außerdem: Bekömmlichkeit
Umgekehrt hält man die Ballaststoffbilanz niedrig, indem man eher auf geschältes Obst, Gemüse und Ölsaat setzt, auf ausgemahlenes Mehl bzw. Weißmehlprodukte sowie polierten Reis.

BEISPIELPLÄNE

Falls Du ein paar Anregungen brauchst, wie so ein Wochenplan entsprechend Deiner Zielsetzung und Deiner Bedarfslage aussehen könnte, folgen hier ein paar exemplarische Pläne.

Um die Vielfalt der möglichen Gerichte darzulegen, gibt es bei diesen Beispielplänen bei jeder Mahlzeit und an jedem Tag andere Gerichte, Snacks und Getränke. In der realen Praxis muss das natürlich nicht so sein. Es ist ökonomischer und zeitsparender, ein Gericht in größerer Menge zuzubereiten und zu mehreren Mahlzeiten einzunehmen, bzw. sich seine Favoriten herauszupicken und sich an die zu halten.

Im Übrigen wird man auch nicht exkommuniziert, wenn man ein veganes Fertiggericht oder -produkt verwendet.

ABNEHMEN

Viele Mahlzeiten

Beispiel für eine Person mit einem durchschnittlichen Tagesgesamtbedarf von 2000 kcal

	MO	DI	MI	DO	FR	SA	SO
morgens	1 Schälchen Joghurt-Obstsalat (250 kcal)	2 Scheiben Brot mit Räucher-Aufstrich (280 kcal)	1 Veltmeister mit Tofubutter & Marmelade (320 kcal)	1 Veltmeister mit Hummus & Salatblättern (360 kcal)	1 Schälchen Apfel-Mandelmusmüsli (600 kcal)	1 gr. Glas Greenie (210 kcal)	1 Schälchen Vanille-Quinoamüsli (460 kcal)
vormittags	10 Datteln (160 kcal)	1 Apfel mit 5 Paranüssen (240 kcal)	Wirsingchips (120 kcal)	1 gr. Glas Vayran (140 kcal)	2 gr. Karotten mit 6 Pecannüssen (160 kcal)	1 Bogen Nori-Alge mit Salz (5 kcal)	1 kl. Kohlrabi (60 kcal)
mittags	1 Schälchen Boss-Salat mit Quinoa (340 kcal)	1 süße Erdnusstofu-Ecke (370 kcal)	2 Schälchen Ohne-Hering-Salat (580 kcal)	2 Schälchen Miso-Ramen (550 kcal)	1 Teller Hirse-Kirschauflauf mit Vanillesauce (550 kcal)	1 Teller Nasi Goreng (520 kcal)	2 Teller No-Shepherd's Pie (520 kcal)
nachmittags	1 gr. Glas Mango-Lassi (190 kcal)	1 Handvoll Cashews (130 kcal)	1 Schälchen Flohsamen-Chia-Haferflocken (350 kcal)	1 gr. Glas Erdbeer-Hafershake (220 kcal)	½ Gurke mit Salz (20 kcal)	½ Portion Kirsch-Mandel-Eiscreme (300 kcal)	1 Paprika mit 10 schwarzen Oliven & Ketchup-Dip (200 kcal)
abends	2 Teller Sauerkraut-Sahnelinsen (700 kcal)	3 Teller Winter-Eintopf (630 kcal)	2 Teller Kichererbsen-Ratatouille (300 kcal)	3 Teller Blumenkohlcremesuppe (360 kcal)	1 Teller Asia-Rosenkohlsalat (250 kcal)	2 Veltmeister mit Zwiebelmett (570 kcal)	2 Sesam-Erdnusskrokant-Riegel (260 kcal)
=	1.640 kcal	1.650 kcal	1.670 kcal	1.630 kcal	1.580 kcal	1.605 kcal	1.500 kcal
Getränke	Wasser, Tee, Zeronade, Stecola						

Wenige Mahlzeiten

Beispiel für eine Person mit einem durchschnittlichen Tagesgesamtbedarf von 2000 kcal

	MO	DI	MI	DO	FR	SA	SO
morgens	1 Veltmeister mit Kokos-Streichfett & Chia-Kaviar (420 kcal)	1 Schälchen Cashew-Crunchy mit Pflanzenmilch (450 kcal)	1 gr. Glas O-Saft-Haferflocken (350 kcal)	500 g Sojajoghurt mit Beeren & 2 TL Nussmus (520 kcal)	1 Avocado mit Salz & Zitronensaft (330 kcal)		1 gr. Glas Kakao mit 1 EL Mandelmus (270 kcal)
vormittags		1 Apfel & 1 Handvoll Mandeln (250 kcal)			2 Handvoll Cashews (300 kcal)	2 Schälchen GreenCreem (540 kcal)	2 Fladenbrötchen mit Tzatziki (470 kcal)
mittags	1 Schälchen Birnen-Buchweizen-Porridge (380 kcal)		2 Stck. Himbeer-Käse-kuchen (440 kcal)	2 Schälchen Valdorfsalat (500 kcal)	1 Schälchen Apfel-Bohnen-salat (320 kcal)	3 Teller Shirataki mit Tomaten-Tofu (680 kcal)	2 Stck. Zucchinischo-kokuchen (620 kcal)
abends	2 Teller Linsen-Sahne-sauerkraut (700 kcal)	1 Teller Orangen-Blumenkohl mit Tahinsauce (800 kcal)	3 Teller Grünkohl (780 kcal)	3 Teller Pilzragout mit 6 Polenta-Schnitten (520 kcal)	1 gr. halber gefüllter Butternut (670 kcal)	2 gr. Macadamia-Cookies mit 1 Glas Pflanzenmilch (460 kcal)	2 gr. Karotten mit 1 Handvoll Pecannüssen (300 kcal)
=	1.500 kcal	1.500 kcal	1.570 kcal	1.540 kcal	1.620 kcal	1.680 kcal	1.660 kcal
Getränke	Wasser, Tee, Zeronade, Stecola, Pflanzenmilch (Ø 400 kcal/l)						

ZUNEHMEN

Viele Mahlzeiten

Beispiel für eine Person mit einem durchschnittlichen Tagesgesamtbedarf von 2600 kcal

	MO	DI	MI	DO	FR	SA	SO
morgens	1 Himbeer-Mandelmus-Müsli (600 kcal)	1 gr. Glas Apfel-Chiapudding (430 kcal)	2 Veltmeister mit Kokos-Streichfett & Tomaten (760 kcal)	500 g Joghurt mit 2 gr. EL Erdmandelmus (320 kcal)	1 Schälchen Kokos-Bananenmüsli (400 kcal)	2 Gläser Haferflocken-Orangensaft (800 kcal)	1 Scheibe Proteinbrot mit Cashewaufstrich (160 kcal)
vormittags	1 Banane (90 kcal)	15 Datteln (240 kcal)	min. 3 gr. EL Nussmus (470 kcal)	2 kl. Avocados mit Salz & Zitronensaft (550 kcal)	1 Apfel mit 2 EL Erdnussbutter (350 kcal)	1 Bogen Nori-Alge mit Salz (5 kcal)	2 gr. Karotten mit 1 Handvoll Pecannüssen (300 kcal)
mittags	1 gr. Glas HazelChoc (890 kcal)	4 Sesam-Tofusticks mit Sojasauce (580 kcal)	1 Apfel (100 kcal)	1 gr. Schälchen Boss-Salat mit Quinoa (400 kcal)	1 Portion Blitz-Bohnensalat (620 kcal)	1 Pott Cashew-Kokoseis (1.540 kcal)	1 kl. Proteinpizza Hawaii (2.280 kcal)
nachmittags	Wirsingchips (170 kcal)	100 g Cashews (620 kcal)	65 g Oliven mit Mandeln gefüllt (400 kcal)	5 EL Kokosmus, geschmolzen (330 kcal)	4 RawBawlls (270 kcal)		
abends	3 Teller Kokos-Pilz-Nudelpfanne (1.610 kcal)	3 gr. gefüllte Paprika mit Salat (1.050 kcal)	3 Erdnusstofu-Ecken mit Orangen-Fenchelsalat (1.300 kcal)	7 kl. Himbeer-Pancakes mit Ahornsirup (1.030 kcal)	2 Teller Sahne-geschnetzeltes mit je 200 g Nudeln & Granatsalat (1.490 kcal)	3 Teller Tofu-Tomaten-Pfanne mit Glasnudel (880 kcal)	1 Schale Erdbeeren mit Joghurt-Sahnecreme (300 kcal)
=	3.360 kcal	2.920 kcal	3.030 kcal	3.090 kcal	3.130 kcal	3.225 kcal	3.040 kcal
Getränke	Direktsäfte (Ø 450 kcal/l), Kakao (Ø 630 kcal/l), Pflanzenmilch (Ø 400 kcal/l)						

Wenige Mahlzeiten

Beispiel für eine Person mit einem durchschnittlichen Tagesgesamtbedarf von 2600 kcal

	MO	DI	MI	DO	FR	SA	SO
morgens							
vormittags							
mittags	2 Seitanschnitzel mit Mayo & Bratkartoffeln (1.560 kcal)	3 Teller Mediterrane Nudelpfanne (1.770 kcal)	3 Teller Nasi Goreng mit 200 g Tahin-Joghurt-Sauce (1.960 kcal)	3 Teller Bratspaghetti mit Cashew-Miso-Sauce (1.800 kcal)	2 Teller Rührki' mit Tomate auf Burger-Brötchen (1.520 kcal)	2 Teller KaPü+ mit 7 Lupinen-Nuggets & Express-Salat (1.940 kcal)	3 Teller Orangen-Blumenkohl mit Tahin-Sauce (2.300 kcal)
nachmittags		1 gr. Apfel mit 10 Paranüssen (480 kcal)	2 kl. Avocados mit Salz & Zitronensaft (550 kcal)	1 Cashew-Chiashake (580 kcal)	80 g Walnüsse mit 50 g Cranberries (730 kcal)		
abends	2 gr. Gläser HazelChoc (1.780 kcal)	½ Pizza Margherita (900 kcal)	1 gr. Schälchen Haferflocken mit TK-Heidelbeeren & Ahornsirup (540 kcal)	2 Erdnuss-Tofu-Ecken (730 kcal)	3 Scheiben Weißbrot, Kokos-Streichfett, Nussmus & Salz (960 kcal)	2 gr. Gläser ChocShock (1.100 kcal)	Avocado-Himbeer-Schichtdessert (700 kcal)
=	3.340 kcal	2.800 kcal	3.060 kcal	3.110 kcal	3.210 kcal	3.040 kcal	3000 kcal
Getränke	Direktsäfte (450 kcal/l), Kakao (Ø 630 kcal/l), Pflanzenmilch (Ø 400 kcal/l)						

AUFBAUEN

Viele Mahlzeiten

Beispiel für eine Person mit einem durchschnittlichen Tagesgesamtbedarf von 2.300 kcal

	MO	DI	MI	DO	FR	SA	SO
morgens	1 Schälchen Protein-Kirsch-Joghurt (330 kcal) 40 g	2 Scheiben Brot mit Tempeh-Pate (340 kcal) 22 g	2 Veltmeister mit Sonnenstreich (600 kcal) 62 g	1 gr. Schälchen Kakao-Haferflocken (480 kcal) 32 g	2 Scheiben Brot mit Kokos-Streichfett & Tempeh-Pate (470 kcal) 22 g	2 Veltmeister mit Ohne-Hering-Salat (640 kcal) 61 g	1 Schälchen Bananen-Haferflocken (380 kcal) 20 g
vormittags	2 Karotten mit 1 Handvoll Pecannüssen (360 kcal) 6 g	3 gr. EL Nussmus (470 kcal) 22 g	1 gr. Becher Joghurt (250 kcal) 20 g	1 Dose Cashews (920 kcal) 28 g	1 Apfel mit 1 Handvoll Mandeln (280 kcal) 8 g	1 gr. Glas Vayran (140 kcal) 11 g	1 kl. Protein-pizza Hawaii (2.280 kcal) 160 g
mittags	3 Sesam-Tofusticks mit Sojasauce (470 kcal) 22 g	185 g Tempeh in Orangen-Ahornmarinade (320 kcal) 26 g	1 Schälchen Protein-Milchreis mit Kirschen (400 kcal) 22 g	1 Protein-Zimt-brötchen (190 kcal) 25 g	2 Stck. Himbeer-Käse-kuchen (420 kcal) 20 g	3 Schoko-Proteinbrötchen mit Tofubutter (840 kcal) 83 g	
nachmit-tags	1 gr. Glas Proteinshake mit TK-Beeren (230 kcal) 23 g	5 Marzipan-kartoffeln (320 kcal) 10 g	2 Erdnussbut-ter-Proteinbars (370 kcal) 26 g	1 Bogen Nori-Alge mit Salz (5 kcal) 1 g	1 Schälchen Apfel-Bohnen-salat (320 kcal) 15 g	1 Paprika (50 kcal) 1 g	
abends	2 Teller Vischsteaks mit Mayo & Gurkensalat (1.100 kcal) 114 g	2 Teller Protein-Spaghetti mit Miso-Cashew-sauce (1.240 kcal) 40 g	2 Portionen Rührki' mit Granatsalat (1.380 kcal) 53 g	2 Teller Kokos-Pilz-Nudelpfanne (1.070 kcal) 46 g	3 Teller Sauer-kraut-Linsen (1.050 kcal) 63 g	1 gr. Teller Asia-gemüse mit Erdnusssauce (480 kcal) 25 g 1 Schälchen Express-Salat (210 kcal) 3 g	
=	2.510 kcal 205 g	2.690 kcal 120 g	3.000 kcal 183 g	2.665 kcal 132 g	2.540 kcal 128 g	2.360 kcal 184 g	2.660 kcal 180 g
Getränke	Wasser, Sojamilch (Ø 340 kcal, 30 g/l), Kakao (Ø 630 kcal, 30 g/l)						

angegebene Grammzahl = Proteinmenge

Wenige Mahlzeiten (z. B. Intermittent Fasting)

Beispiel für eine Person mit einem durchschnittlichen Tagesgesamtbedarf von 2.300 kcal

	MO	DI	MI	DO	FR	SA	SO
morgens							
vormittags							
mittags			2 Schälchen Haferflocken mit Sojamilch & je 2 EL Nussmus (1.400 kcal) 82 g				5 EL Nussmus (780 kcal) 37 g — 1 Apfel (110 kcal) 1 g
nachmittags	2 gr. Gläser Seidenshake (510 kcal) 34 g — 6 Scheiben Ofen-Visch mit Mayo (435 kcal) 64 g	1 Glas Apfel-Chiapudding (430 kcal) 11 g — 6 Erdnussbutter-Proteinbars (1.110 kcal) 78 g	3 Stck. Zucchinischokokuchen (940 kcal) 30 g — 100 g Tempeh mit Ahorn-Orangenmarinade (330 kcal) 32 g	2 gr. Gläser Ananas-Kokoscreme (970 kcal) 65 g	3 Sesam-Tofusticks mit Sojasauce (440 kcal) 22 g — 2 Karotten mit 10 Paranüssen (270 kcal) 6 g	1 gr. Glas Proteinshake mit TK-Beeren (230 kcal) 22 g — 3 Schoko-Proteinbrötchen mit Tofubutter (830 kcal) 93 g	5 Lupinen-Nuggets mit Mayo (880 kcal) 27 g — 1 Portion Express-Feldsalat (210 kcal) 3 g
abends	3 Teller Knipp mit Sauerkraut & KaPü+ (1.690 kcal) 67 g	2 Teller Sahnegeschnetzeltes mit Protein-Spaghetti & Kaisergemüse (770 kcal) 62 g		1 kl. Proteinpizza Margherita (1.820 kcal) 110 g	3 gr. gefüllte Paprika (1.050 kcal) 100 g — 2 Schälchen Cashew-Obstsalat (850 kcal) 17 g	2 Schnitzel mit Champignon-Sahnesauce (1.060 kcal) 82 g — 2 Portionen Granatsalat (500 kcal) 6 g	2 Teller Hirse-Kirschauflauf mit Vanillesauce (1.030 kcal) 32 g
=	2.635 kcal 165 g	2.310 kcal 151 g	2.670 kcal 144 g	2.790 kcal 175 g	2.610 kcal 145 g	2.620 kcal 203 g	3.010 kcal 100 g
Getränke	Wasser, Sojamilch (Ø 340 kcal, 30 g/l), Kakao (Ø 630 kcal, 30 g/l)						

angegebene Grammzahl = Proteinmenge

IV.

REZ:

Prelude / Basics / Suppen & Salate / Hauptgericht / Snacks & Beilagen / Swe

EPTE

Desserts / Aufstriche & Dips

REZEPTE-PRELUDE
HINWEISE & MODIFIKATIONEN

Mengenangaben

Bei den Zutatenmengen handelt es sich um Netto-Angaben, sprich das fertig vorbereitete Lebensmittel – abgetropft, geschält, entkernt oder was sonst dem Rezept zufolge erforderlich ist. Die Rezeptmengen insgesamt sind eher großzügig gehalten – davon ausgehend, dass man evtl. mehrere Tage was davon haben möchte oder aber nicht allein is(s)t.

Bei wässrigen Zutaten entspricht die Milliliterangabe ± dem Gewicht in Gramm, es kann also einfach die Küchenwaage zum Abmessen verwendet werden.

Pflanzenmilch & Cuisine

Wenn nicht explizit angegeben, kann die Art des Pflanzendrinks und der -sahne frei gewählt werden.

Die angegebenen Nährwerte beziehen sich in so einem Fall auf Sojacuisine und ungesüßte Sojamilch.

Süßungsmittel

Erythrit und Stevia können durch Xylit, Sirup oder auch Zucker ersetzt werden.

Es ist dabei aber besonders bei Backrezepten zu beachten, dass Dicksaft mehr Flüssigkeit enthält, Erythrit und Xylit weniger süß sind und Stevia keine Masse hat – entsprechend sind die übrigen Zutaten ggf. anzupassen.

Die Mengenangaben von Stevia beziehen sich jeweils auf einen 0,1-ml-Dosierlöffel (DL) mit reinen Steviakristallen. Aber aufgepasst – auch die Süßkraft dieser Kristalle kann von Hersteller zu Hersteller oder sogar von Charge zu Charge schwanken! Also in jedem Fall sich erstmal in kleinen Schritten an die richtige Menge herantasten, bevor das Gericht hinterher ungenießbar ist.

Vollkorn- und Weißmehl

Vollkornmehl kann durch Weißmehl ersetzt werden und umgekehrt, auch eine Mischung aus beiden bietet sich an. Es ist nur zu beachten, dass Vollkorn mehr Flüssigkeit zieht und entsprechend etwas mehr Wasser oder Pflanzenmilch benötigt.

Proteinpulver

Ich verwende ungesüßtes Pulver ohne Aroma – wer gesüßtes benutzt, muss natürlich entsprechend weniger Süßungsmittel im Rezept verwenden.

TK & Konserve

Bei den Rezepten kommen oft Tiefkühlgemüse, -obst und -kräuter zum Einsatz, ebenso Hülsenfrüchte in Konservenform, da sie eine Zeitersparnis darstellen und auch vom Vitamingehalt gleichauf oder besser dastehen. Es kann aber, wenn nicht anders angegeben, selbstverständlich auch das uneingefrorene bzw. selbst eingekochte Äquivalent verwendet werden.

Öl

Öle können ausgetauscht werden. Es gilt dabei aber den etwaigen Eigengeschmack zu beachten und die Erhitzbarkeit. Für nicht-erhitzte Speisen sollte ein gutes kaltgepresstes Öl verwendet werden, mit hohem Gehalt an Omega3-Fettsäuren (Walnuss-, Raps-, Leinsamenöl) und Vitaminen. Hitzebeständige Öle sind z.B. Kokosfett, Rapsöl, Olivenöl und Erdnussöl. Zum Backen oder Braten kann auch vegane Vollfett-Margarine verwendet werden.

LEGENDE

Klassifikationen

[high/lowCARB] [high/lowFAT] [high/lowKCAL] [PROT] [fiber/Balaststoffe]

Bei den Labels der Rezepte wie [lowFat], [highKCAL], [PROT] usw. geht es nicht allein darum, wie viel Gramm des Makronährstoffs bzw. wie viel Kalorien ein Gericht auf 100 g hat. Es wird vor allem auch der Gehalt pro Portionsgröße berücksichtigt. So hat z.B. ein Sojajoghurt nur gemäßigte 4% Protein, da es aber kein größeres Problem darstellt, sich einen 500-g-Becher einzuverleiben, hat man dann immerhin schon 20 g intus, während beispielsweise Kümmel, um ein extremes Beispiel zu nennen, knapp 20 % Eiweiß enthält – aber wer möchte davon schon auch nur 10 g essen?

Ein weiterer einbezogener Aspekt ist, wie viel Anteil ein Makronährstoff am Gesamtkaloriengehalt eines Lebensmittels hat – also aus wie viel Protein-, Kohlenhydrat- und Fett-Kalorien es jeweils besteht.

Wer es genau wissen will, konzentriert sich einfach auf die Nährwerttabellen bei jedem Rezept.

Makros & Kalorien

Bei den Nährwertangaben handelt es sich um Richtwerte – der Kaloriengehalt von Nahrungsmitteln variiert von Hersteller zu Hersteller und bei Naturprodukten unterliegt der Wert sowieso Schwankungen.

Frei von ...

[glutenfree] [sugarfree] [soyfree]

Viele Menschen können oder wollen das nicht konsumieren, aufgrund Unverträglichkeiten und Allergien oder aus ernährungsideologischen Gründen.

Die Symbole bedeuten nicht, dass das Rezept zwangsläufig frei von dem jeweiligen Stoff sein muss – in vielen Fällen ist es optional, z.B. abhängig davon, was für eine Pflanzenmilch oder was für ein Proteinpulver gewählt wird.

Im Falle von Zucker bezieht sich die Angabe auf hinzugefügten Zucker, Sirup oder Dicksaft, nicht aber auf etwaigen natürlicherweise enthaltenen Zucker, wie z.B. bei Obst.

Achtung: Sojasauce enthält nur noch sehr geringe Mengen an Soja und das ist – zumindest bei traditioneller Herstellung – fermentiert. Von vielen Soja-AllergikerInnen wird sie daher vertragen. Aus diesem Grund sind Rezepte, die Sojasauce enthalten, als sojafrei deklariert. Wer trotzdem damit Probleme hat, ersetzt sie durch etwas mehr Salz und Flüssigkeit (auch wenn das natürlich geschmacklich nicht ganz das Gleiche ist).

Weitere

[cheap] [easy] [quick] [quick+] (= quick zzgl. Koch-/Geh-/Gefrier-/Backzeit)

Equipment

[Gefrierschrank] [Universalzerkleinerer] [Mixer] [Pürierstab] [Ofen] [Herd] [Küchenmaschine]
Je nach Modell kann man ggf. auch Küchenmaschine, Mixer, Pürierstab und Universalzerkleinerer gegeneinander austauschen.

Variationen

Nicht immer stehen alle benötigten Zutaten für ein Rezept parat, auch Nahrungsmittelunverträglichkeiten können eine Rolle spielen oder die persönlichen Ernährungskonzepte. Daher gibt es zu den meisten Rezepten Vorschläge und Empfehlungen, wie man das jeweilige Gericht entsprechend anpassen kann. Richtig geht der Spaß sowieso erst los, wenn man in der Küche wild drauflos improvisiert und freestylt – dafür sind aber gewisse Grundlagenkenntnisse und Erfahrungswerte nötig.

Tuning

[+/-KCAL] [+/-FAT] [+PROT] [+/-CARB]
Oft lassen sich durch einfache Kniffe und „Gewusst-wies" die Regler des Nährstoffprofils eines Rezepts – Kohlenhydrate, Protein, Fett, Kalorien – den eigenen Bedürfnissen entsprechend feinjustieren.
Spezifische Tipps stehen bei den Rezepten, die allgemeinen Möglichkeiten für das Nährstoff-Tuning finden sich im Masterplan-Teil und werden nicht bei jedem Rezept neu aufgeführt.

Dazu passt

Kombinations- und Ergänzungs-Empfehlungen.

BASICS

Seitan

lowCARB, PROT, lowFAT, easy, quick+, cheap, soyfree, sugarfree

Seitan ist recht teuer, wenn man ihn fertig kauft. Aber das ist kein Grund für Sorgenfalten – er ist nämlich ganz einfach und billig selber herzustellen. Dafür gibt es zwei Möglichkeiten: Das Auswaschen aus Weizenmehl und die Weiterverarbeitung von purem Glutenmehl. Mein Fokus liegt hier auf der zweiten Methode. An der ersten stört mich, dass sehr viel Wasser benötigt wird und der Großteil des Mehls in den Ausguss geht. Gewürze in diese Sorte von Seitan zu bekommen ist ebenfalls kniffliger. Die Auswaschmethode ist darüber hinaus recht zeitintensiv. Daher kommt hier die Gluten-Methode, im Anschluss wird die Auswaschmethode nochmals kurz umrissen.

ergibt ca. 760 g Seitan
Herd, [Stofftuch]

Zutaten

200 g Gluten
45 g Lupinenmehl
2 TL Kräuter der Provence
2 TL Paprika Rosenscharf
1 TL Knoblauchpulver
2 TL Zwiebelpulver
1 TL Pfeffer
einige Umdrehungen Piment
280 ml Wasser
5 EL Sojasauce
2 EL Liquid Smoke
1 TL Salz fürs Kochwasser

Nährwert

kcal	prot	carb	fett
Gesamt (760 g)			
1.025	191	32	14
100 g			
135	25	4	2

1. Gluten, Lupinenmehl und Gewürze in einer Schüssel miteinander vermischen. Separat Wasser, Sojasauce und Smoke verrühren, dann die beiden Parteien zusammenbringen und sofort kompromisslos und mit aller Härte zusammenkneten. Wer häufig Bodenkampf trainiert, ist hier aufgrund geübter Griffstärke eindeutig im Vorteil, weil sich die Masse innerhalb kürzester Zeit zu einem Riesenklumpen würzigen Kaugummis verdichtet. Deswegen ist es so wichtig, die trockenen und nassen Zutaten vor der großen Vereinigung jeweils untereinander zu vermischen – nachträglich bekommt man sie kaum noch eingearbeitet.

2. Für die weitere Prozedur, das Kochen, gibt es auch wieder mehrere Optionen.
Man kann den Klumpen am Stück oder zerteilt direkt ins Kochwasser geben. Der erhält dann aber eine ziemlich schwammige, fluffige Konsistenz, was vor allem für größere Bratstücke, wie z.B. Schnitzel, wenig geeignet ist. Wählt man diese Methode, sollte die Seitanmasse etwas intensiver gewürzt werden, da ein Teil der Kräuter beim Kochen ausgeschwemmt wird.
Gerade wenn man auf der Suche nach Fleischersatz ist, sollte man es mit einem festen, kompakten Seitan versuchen. Den bekommt man, indem der Seitan beim Kochen daran gehindert wird, sich zu stark mit Wasser vollzusaugen. Am verbreitetsten zu diesem Zweck sind Gefrierbeutel, in die der Seitanklumpen ggf. zusammen mit einer Marinade eingezwängt wird. Aber so ein Beutel ist mir trotz Hitzebeständigkeits-Deklaration auch schon durchgeschmort, außerdem muss man ja nicht unnötig Plastikmüll produzieren.

Das Ganze geht nämlich auch sehr schön mit einem Baumwolltuch – ein dünnes Geschirrtuch, ein großes Taschentuch, ein alter zerschnittener Bettdeckenbezug ... In dieses Tuch wird der Seitanklumpen dann fest eingerollt und an beiden Enden mit einem Baumwollfaden zugeschnürt, dass man so etwas wie ein großes Vleischbonbon erhält. Man kann auch Sicherheitsnadeln oder unbeschichteten Draht verwenden.

Jetzt reichlich Wasser mit einem Löffel Salz zum Kochen bringen, den Seitan hineingeben und bei mittlerer Hitze, mit Deckel drauf, 20–30min köcheln lassen. Zwischendurch den schwimmenden Seitanbatzen mal umdrehen, damit er von allen Seiten gleichmäßig gar wird.

Und dann ist er auch schon fertig und kann nach Belieben weiterverarbeitet werden! Einfach in Scheiben, Würfel oder Streifen schneiden und anbraten, panieren, einlegen, dünn für Aufschnitt hobeln, räuchern, für Bolognesesauce hacken ...

Zur Aufbewahrung im Kühlschrank kommt der Seitan in eine verschließbare Box oder wird in Brühe, Öl oder Marinade eingelegt, damit er nicht austrocknet. So hält er bis zu einer Woche, man kann ihn aber auch einfrieren.

Variationen: Bei den Gewürzen kann man sich nach Belieben austoben. Es muss auch nicht unbedingt das teure Lupinenmehl sein, Sojamehl tut es auch. Ohne den Zusatz kann der Seitan zu gummiartig werden, ist aber auch noch brauchbar.

Möchte man über die volle Distanz gehen, vom Weizenmehl zum Seitan, macht man aus dem Mehl und viel Wasser einen nassen Teig, bedeckt ihn mit noch mehr Wasser und lässt ihn möglichst ein paar Stunden stehen, damit das enthaltene Gluten anfangen kann zu arbeiten. Man sollte nicht mit der Mehlmenge sparen – ganz grob über den Daumen erhält man am Ende Seitan von +/- der Hälfte des verwendeten Mehl-Gewichts.

Dann knetet man in einer großen Schüssel unter fließendem Wasser – abwechseld kalt und warm – den Klumpen so lange, bis das austretende Wasser fast klar ist.

Der stark geschrumpfte Klumpen wird dann in Stücke zerteilt und zusammen mit einer sehr würzigen Marinade im zugeknoteten Gefrierbeutel oder eben direkt im Sud gekocht. Er braucht etwa doppelt so lange wie die Glutenmehl-Variante.

Bei ausgewaschenem Seitan ist es sehr viel schwieriger, den Geschmack hinein zu bekommen, da Gewürze und Salz nicht direkt eingearbeitet werden können, sondern nachträglich von außen zugeführt werden müssen. Es kann nötig sein, den fertig gekochten Seitan nochmals würzig einzulegen.

Dazu passt: Angebratener Seitan passt als Beilage zu allen möglichen Gemüsegerichten, als Salat-, Suppen- und Sauceneinlage, aufs Brot oder als Hauptact einfach mit Remoulade.

Nussmus

highKCAL, highFAT, PROT, lowCARB, fiber, sugarfree, soyfree, glutenfree, easy, quick, cheap

Nussmus ist die Waffe der Wahl, wenn man zunehmen will – sowohl Masse als auch Fett. Nussmus hat einen sehr hohen Anteil an guten Fetten und Protein, entsprechend energiedicht ist es – und in seiner halbflüssigen Form lassen sich in kürzester Zeit größere Mengen davon genüsslich verzehren. Da Nüsse die Nährstoffe in sich tragen, um potentiell einen angehenden Baum hervorzubringen, ist das Mus auch voll mit Vitaminen, Mineralstoffen und Spurenelementen. Der einzige Nachteil: Abgesehen von Erdnussmus treibt der Preis einem die Tränen in die Augen. Zumal es das normalerweise auch nur in Bioqualität gibt, was sich eben nicht jeder leisten kann. Aber das Schöne ist – man kann es auch ganz einfach und ziemlich schnell selbst machen. Es wird in der Regel nicht ganz so fein wie das Gekaufte, aber darüber kann man bei der Preisersparnis ja gut hinwegsehen. Ich habe die besten Erfahrungen mit der altgedienten Küchenmaschine mit Klingenaufsatz gemacht, aber viele erzielen auch Erfolge mit Pürierstab, Multizerkleinerer oder Mixer. Damit dauert es aber zumeist länger und ist mühsamer, weil die muswerdende Nussmasse immer wieder nach unten Richtung Klinge gespachtelt werden muss, bzw. aus dem Klingenkopf. Der entscheidende Trick hierbei ist: Anrösten. Und, im Gegensatz zu meinen sonstigen Empfehlungen: Nicht vorher einweichen. Damit die Klingen ihr Werk verrichten können, müssen die Nüsse richtig hart sein und das wird durch den Röstvorgang bewirkt.

Küchenmaschine

Zutaten

Nüsse in ausreichender Menge – sonst nichts

Nährwert (Mandelmus)

kcal	prot	carb	fett
1 gr. EL (25 g)			
155	6	2	13
100 g			
620	23	8	52

1. Nüsse trocken in der Pfanne bei mittelhoher bis hoher Temperatur anrösten. Erstmal mit Deckel drauf, damit es schneller geht. Dann, wenn sich dunkle, bzw. schwarze Stellen abzeichnen, Deckel runter, Hitze etwas reduzieren und beständig umrühren, damit sie möglichst von allen Seiten kurz vorm Anbrennen sind (muss aber nicht perfekt sein).

2. Dann kommen sie bei ordentlich Power in die Küchenmaschine. Dort verändert sich ihr Zustand erst zu Stücken, dann zu feinen Krümeln und einige Minuten später beginnt Öl auszutreten und die Masse wird klumpig, bis sie am Ende in den flüssigen Zustand übergeht und fertig ist.

3. Die Gunst der Stunde kann man dann auch gleich nutzen, das flüssige Mus in recycelte Schraubgläser zu gießen.

4. Das kann man jetzt, wie eingangs erwähnt, pur verwenden oder es weiter aufmotzen, z.B. mit Zimt, Vanille, Kakao, Schokolade, Süßungsmittel oder Salz.

Info

Nicht alles, was im Sprachgebrauch unter „Nuss" fällt, ist auch tatsächlich eine. Erdnüsse z.B. sind Hülsenfrüchte, Cashews Kerne, Paranüsse sind Samen und Mandeln sind Endosperm – schön, oder? Hier darf aber botanisch inkorrekt alles mitspielen, was im Volksmund unter „Nuss" fällt.

Variationen: Ein deutlich aufwändigeres Unterfangen ist es, wenn man weißes Mus wünscht, z.B. bei Mandeln. Diese müssen einmal mit kochendem Wasser übergossen und darin einen Moment liegengelassen werden. Dann nimmt man jede Mandel einzeln am runden Ende zwischen Daumen und Zeigefinger – nach Möglichkeit ohne sich zu verbrennen – und flippt sie aus der braunen Haut. Nach ein paar Exemplaren hat man den Kniff raus. Wenn die Mandeln sich ganz widerborstig geben, nochmals neu überbrühen.

Wenn alle Mandeln gehäutet sind, sie falls nötig nochmals mit einem Küchenkrepp trockentupfen, dann ganz normal mit dem Rösten weitermachen.

Bei Haselnüssen hat man etwas leichteres Spiel. Die werden schön kräftig angeröstet, hinterher in ein trockenes, sauberes Geschirrtuch eingeschlagen und mit ordentlich Druck darin einige Minuten durchgerubbelt. Das meiste der Haut sollte dann ab sein, den Rest kann man mit dem Fingernagel entfernen.

Grundsätzlich kann man auch geröstet bzw. geschält gekaufte Nüsse verwenden, die enthalten allerdings teilweise zusätzliches beigesetztes Fett – Macadamias, Cashews, Erdnüsse … Und natürlich kann auch mehr als eine Nusssorte auf einmal in der Küchenmaschine vermust werden.

Dazu passt: Nussmus ist vielseitig einsetzbar – als salziger oder süßer Brotaufstrich, als Sahneersatz in Gemüsegerichten, in Shakes und Greenies, zum Überbacken, im Joghurt oder Müsli und wie üblich: Mit dem Löffel aus dem Glas.

Hülsenfrüchte einkochen

Eine gesunde vegane Ernährung kann ins Geld gehen, besonders wenn man auf Masse kommen will. Ein Punkt, in dem man toll sparen kann ist, sich seine Hülsenfrüchte-Konserven selber herzustellen. Es kostet weniger Geld, auch in Bioqualität, und es ist nicht besonders aufwändig – das meiste passiert ganz von allein. Platz im Gefrierfach wird nicht in Anspruch genommen, statt ökologisch ungünstiger Blechdosen werden Schraubgläser recycelt – und schon hat man stets eine Portion verzehrbereite proteinreiche Kichererbsen, Linsen, Erbsen oder Bohnen parat. Gewinn auf ganze Linie!

Herd, leere Schraubgläser

Zutaten

getrocknete Hülsenfrüchte, z.B. 500 g Kichererbsen
Wasser

Info

Ich hatte zu Beginn Vorbehalte, ob das Einkochen immer noch günstiger ist, wenn man den benötigten Strom für den Herd mit einberechnet. Tatsächlich bewegen sich die Stromkosten in diesem Fall aber im unteren zweistelligen Centbereich.

1. Zunächst werden die Kichererbsen über Nacht in reichlich Wasser eingeweicht. Das Gefäß nicht zu klein wählen, das Volumen der Hülsenfrüchte vergrößert sich beträchtlich!

2. Die Kichererbsen dann in einem Sieb gut abspülen und mit einer Menge Wasser in einem großen Topf bei mittelhoher bis hoher Hitze aufsetzen. Ggf. mit Deckel auf Kipp darauf, aber dann aufpassen, dass nichts überkocht.

3. Die Garzeit dauert je nach Hülsenfrucht und vorangegangener Einweichzeit 30-60min. Sie sollten auch nicht zu weich gekocht werden, da sie zum einen im Glas noch etwas nachgaren und zum anderen werden sie in der Weiterverarbeitung oft nochmals mitgeköchelt. Es empfiehlt sich, die Hülsenfrüchte pur ohne Salz oder Gewürze zu kochen – denn sie machen sich nicht nur in herzhaften Eintöpfen und Aufstrichen gut, sondern auch z.B. püriert in Gebäck oder süßen Dips.

4. Wenn doch Salz verwendet werden soll, gibt man das lieber gegen Ende der Kochzeit hinzu, da sich die Garzeit sonst verlängern kann.

5. Ich gieße im zweiten oder letzten Drittel der Kochzeit das Wasser ab und erneuere es durch frisches, heißes Wasser. Pflanzensamen und somit auch Hülsenfrüchte enthalten schädliche Abwehrstoffe, die beim Wässern und Kochen ausgeschwemmt werden und so im Kochwasser landen.

6. Während die Kichererbsen vor sich hin köcheln, müssen die Gläser vorbereitet werden. Sie werden, inkl. Deckel, in sauberem Spülwasser gründlich abgewaschen, mit klarem Wasser ausgespült und anschließend mit einem sauberen Geschirrtuch abgetrocknet.

7. Wenn die Kichererbsen gar sind (den Herd noch nicht ausmachen!), werden sie mit einer sauberen Suppenkelle in die Gläser transferiert und bis zum Rand mit Kochwasser aufgefüllt.

8. Dann sofort den Deckel drauf, fest zudrehen, das Glas auf den Kopf stellen und so bei Raumtemperatur abkühlen lassen.

9. Ob die Aktion erfolgreich war, lässt sich daran erkennen, dass der Deckel leicht nach innen gewölbt ist.

Sollte das nicht der Fall sein, ist die Konserve nicht haltbar. Man kann dann versuchen, sie auf dem Herd im Wasserbad oder im Ofen dazu zu bewegen, dass der Deckel sich noch nach innen zieht. Andernfalls bleibt nur Einfrieren oder direktes Verarbeiten.

Wenn das Glas irgendwann geöffnet wird, muss ein Ploppen zu hören sein.

Variationen: Das Einkochen ist nicht auf Hülsenfrüchte beschränkt. Man kann es auch z.B. mit Eintöpfen, Kompott oder Püree probieren.

Tipp

Mir wurde ein Trick gesteckt, wie man die Makros der eingekochten Hülsenfrüchte errechnen kann – vorher/nachher abwiegen geht ja nicht, da ein großer Schwung Wasser mit ins Glas kommt: Vor dem Kochen etwa 10 oder 20 Stück der trockenen Hülsenfrüchte abwiegen, nach dem Kochen dann nochmals die gleiche Menge wiegen – und schon kann man es hochrechnen!

Z.B.: $\dfrac{\text{Gewicht trockene Bohnen}}{\text{Gewicht gekochte Bohnen}} \times \text{Gewicht Portion} = \text{Anteil der trockenen Bohnenmasse in der Portion}$

Walnuss-Parmesan

lowCARB, highFAT, highKCAL, quick, easy, glutenfree, soyfree, sugarfree

Hefeflocken machen auch pur auf Spaghetti als Parmesanersatz eine gute Figur, aber die aufgemotzte Variante macht gerade ihre Karriere in den veganen Küchen.

ergibt ein kleines
Schraubglas voll

Universalzerkleinerer

Zutaten
30 g Hefeflocken
80 g Walnüsse
evtl. etwas Salz & Pfeffer

Nährwert

kcal	prot	carb	fett
Gesamt (110 g)			
663	21	19	55
1 gr. TL (5 g)			
30	1	1	2
100 g			
592	19	17	49

1. Hefeflocken und Walnüsse im Zerkleinerer durchmixen. Je nachdem wie würzig die verwendeten Hefeflocken sind, noch ein paar Prisen Salz und einige Umdrehungen aus der Pfeffermühle dazugeben – und schon fertig.

Variationen: Neben der Walnuss-Version finden auch Varianten mit Mandeln, Sesam oder Paniermehl Verbreitung.

Tuning: Die Makros können durch Veränderung der Hefe-Walnuss-Ratio angepasst werden. Mehr Hefeflockenanteil sorgt für weniger Kalorien, mehr Kohlenhydrate und weniger Fett, ein größerer Walnuss-Anteil entsprechend für das Gegenteil.

Dazu passt: Der Walnuss-Parmesan macht sich nicht nur auf Nudeln mit Sauce gut, sondern auch auf Gemüsepfannen, Eintöpfen usw, aber auch mit Margarine auf Brot.

Pflanzenmilch

lowKCAL, lowCARB, lowFAT, cheap, easy

Milch aus Haselnüssen, Soja, Mandeln, Haferflocken und Reis lässt sich wunderbar selbst herstellen, auch Cashewkerne, Sonnenblumenkerne, Erdnüsse und Sesam sind möglich! Die Ergebnisse reichen nicht in allen Fällen an die gekaufte Variante heran (Konsistenz und Homogenität), aber es lässt sich einiges Geld damit sparen und man hat die volle Kontrolle über die Inhaltsstoffe. Es gibt teure Pflanzenmilchzubereiter zu kaufen, die kann ich jedoch nicht unbedingt empfehlen – wenn man einen tatkräftigen Mixer sein eigen nennt, braucht man so ein Gerät aber auch gar nicht.

Mixer, Herd, ggf. Tuch zum Abseihen

Die Pflanzenmilchherstellung besteht im Wesentlichen aus folgenden Schritten:

1. Rohstoff der Wahl für mehrere Stunden oder über Nacht in reichlich Wasser einweichen und anschließend gründlich abspülen. Das Wasser nicht weiterverwenden!
2. Die eingeweichte Milchgrundlage mit etwas Wasser ausgiebig durchpürieren.
3. Das Ganze zusammen mit weiterem Wasser gründlich aufkochen – Vorsicht, wie bei Kuhmilch kann es da zu recht explosiven Effekten kommen, also immer dabei bleiben und aufpassen!
4. Die Milch durch ein sauberes, fusselfreies Geschirrtuch oder einen unbenutzten Nylonstrumpf gießen.
5. Optional dem Ganzen ein bisschen Geschmack geben – etwas Süßungsmittel, eine Prise Salz, ein Hauch Vanille …

Die einzelnen Schritte müssen aber nicht grundsätzlich konsequent eingehalten werden:

Das Einweichen ist nicht zwingend erforderlich, verbessert aber die Verarbeitbarkeit und etwaige Enzyminhibitoren werden deaktiviert bzw. ausgeschwemmt.

Das Aufkochen ist außer im Fall von Soja nicht unbedingt nötig, jedoch verbinden sich die Bestandteile der Nüsse, des Getreides oder der Ölsaat dadurch besser mit dem Wasser und die Haltbarkeit erhöht sich zudem.

Je nach Leistung des Mixers kann es sinnvoll sein, die Milchgrundlage vor dem Mix-Durchgang weichzukochen.

Das Durchseihen hat den Nachteil, dass sich die Makros nicht mehr genau berechnen lassen – ich persönlich überspringe diesen Schritt deswegen immer. Man muss die Milch vor jeder Verwendung dann eben mit einem Stab oder ähnlichem umrühren, da sich die festen Bestandteile unten absetzen.

Wenn man sich trotzdem fürs Seihen entscheidet, braucht man das, was übrig bleibt – den sog. Trester – natürlich nicht entsorgen, er kann einfach in Gebäck oder Gemüsepfannen usw. gegeben werden. Manche machen Aufstrich daraus, aber da diese Reste schon ziemlich ausgelaugt sind, finde ich das vom Geschmack her nicht ergiebig. Der Trester lässt sich auch einfrieren oder man breitet ihn großflächig auf einer sauberen Unterlage aus und lässt ihn – ggf. über der Heizung – zu Mehl trocknen. Der Trester von der Sojamilchherstellung nennt sich Okara und lässt sich z. B. zu sehr proteinreichen Schnitzeln weiterverarbeiten.

Als groben Richtwert kann man 50–70 g Milchgrundlage pro 1 l Wasser (zzgl. Einweichwasser) rechnen.

Sojasahne (Cuisine)

easy, cheap, quick+, lowCARB, highFAT, sugarfree, glutenfree

Sojacuisine gibt es in jedem Supermarkt zu kaufen, aber man kann auch einfach selber Hand anlegen – und kommt dadurch mit deutlich weniger Zutaten und Zusätzen hin. Etwaiges problematisches Palmfett umgeht man so ebenfalls, stattdessen verwenden wir hier ein schönes kaltgepresstes Rapsöl, das reichlich Vitamin E, K und Omega3-Fettsäuren liefert.
Aufschlagbar ist diese Sahne allerdings nicht.

Ergibt 270 g
Pürierstab

Zutaten

200 ml Sojamilch
60 ml Rapsöl
1–2 TL Zitronensaft oder
Essig
evtl. ½–1 TL
Johannisbrotkernmehl
optional Stevia

1. Die Zutaten müssen alle auf Raumtemperatur sein. Dann Sojamilch, Öl und Zitronensaft bzw. Essig mit dem Pürierstab ausgiebig durchmixen.
Essig und Zitronensaft dicken die Milch ein, für einen stärkeren Effekt kann noch Johannisbrotkernmehl untergemixt werden. Abhängig von der weiteren Verwendung ggf. mit etwas Stevia süßen.

2. Für ein paar Stunden in den Kühlschrank stellen und dort auch aufbewahren.

Nährwert

kcal	prot	carb	fett

Gesamt (270 g)

kcal	prot	carb	fett
600	6	4	58

1 EL (10 g)

kcal	prot	carb	fett
22	0	0	2

100 g

kcal	prot	carb	fett
220	2	2	21

Dazu passt: Suppen, Saucen, Süßspeisen … überall, wo normalerweise (flüssige) Sahne zum Einsatz käme.

Hefeschmelz

lowCARB, highFAT, soyfree, sugarfree, quick, easy, cheap

Zum Überbacken von Aufläufen und Lasagnen und für die Pizza gibt es mittlerweile etliche Sorten veganen Käses, der teilweise auch in Punkto Schmelzverhalten akzeptable Ergebnisse erzielt. Sein Nachteil ist, dass er üblicherweise wirklich teuer ist, nur Fett und Kohlenhydrate liefert und die Zutatenliste liest sich auch alles andere als clean. Hefeschmelz hingegen ist billig in der Herstellung, besteht aus wenigen einfachen Zutaten und hat einige Vitamine und Mineral-stoffe im Gepäck. Die Herstellung ist eine Sache von Minuten und geschmacklich braucht er sich auch nicht zu verstecken.

reicht für einen kleinen
bis mittleren Auflauf
Herd

Zutaten

40 g Kokosfett
1 TL Senf
1½ EL Mehl
4 EL Hefeflocken
150 ml Wasser
1 TL Salz
optional: Pfeffer, Muskat,
Knoblauchpulver, Curry
oder Kurkuma (für die
Farbe)

Nährwert

kcal	prot	carb	fett
Gesamt (220 g)			
505	7	24	41
100 g			
230	3	11	19

1. Kokosfett in einem Topf schmelzen, restliche Zutaten einrüh-ren. Um Klümpchen zu vermeiden, kann man das Mehl vorher in einer Tasse mit einem Teil des Wassers glattrühren. Weißmehl sorgt in diesem Fall für eine bessere Optik als Vollkorn-, aber das ist natürlich Geschmackssache.

2. Alles einmal aufkochen und dann ein paar Minuten auf mittle-rer Hitze reduzieren lassen, ggf. mit den Gewürzen abschmecken und den Hefeschmelz seiner Bestimmung zukommen lassen.

Variationen: Es gibt alle möglichen Variationen des klassi-schen Hefeschmelz' – nicht nur die Gewürze können variiert wer-den, man kann auch mit der Zugabe von Nussmusen oder Tahin experimentieren. Statt des Wassers kann auch Gemüsebrühe oder Pflanzenmilch verwendet werden.

Dazu passt: Alles, wo andernfalls eine dicke Käsekruste drauf wäre.

Info

Klassischerweise wird für Hefeschmelz Margarine verwendet, ich habe sie hier durch Kokosfett ersetzt, um bei möglichst wenigverarbeiteten Zutaten zu bleiben.

Gewürz-Ketchup

easy, quick, cheap, glutenfree, sugarfree, soyfree, lowKCAL, lowFAT

Viele von uns kennen wahrscheinlich aus dem Kindergarten oder der Grundschule das mahnende Bild der knapp 50 Würfelzucker, die dem Zuckergehalt einer Flasche Ketchup entsprechen. Das muss aber nicht sein! Darüber hinaus enthält Tomatenmark große Mengen des Carotinoids Lycopin, ein Antioxidans, das hier in besonders gut verfügbarer und konzentrierter Form vorliegt. Da bei diesem Rezept den Gewürzen eine zentrale Rolle zukommt und Gewürze aber wortwörtlich Geschmackssache sind, gilt es hier, immer erstmal mit kleinen Mengen anzufangen, abzuschmecken und dann ggf. nachzujustieren. Die Mengenangaben – und auch die Auswahl der Gewürze – dienen hier nur der groben Orientierung.

ergibt 1 Gläschen voll

Zutaten

70 g Tomatenmark
1½ TL Essig
⅓ TL Salz
2 TL Apfelmark
8 Mühlen-Umdrehungen Piment
4 Mühlen-Umdrehungen Pfeffer
½-1 DL Stevia
1 Msp. Ingwer-Pulver
1 Msp. Curry
2 Msp. granulierte Zwiebeln
5 TL Wasser

Nährwert

kcal	prot	carb	fett
Gesamt (140 g)			
111	5	19	0,5
1 EL (20 g)			
16	1	3	0
100 g			
78	4	14	0

1. Es werden einfach alle Komponenten so lange miteinander vermischt und abgestimmt, bis der gewünschte Geschmack und die gewünschte Konsistenz erreicht ist.

Da der Ketchup im Gegensatz zu industriell hergestelltem nicht erhitzt wird, der konservierende Zucker größtenteils wegfällt und man durch das Abschmecken potentiell auch einige Bakterien eingebracht hat, sollte er im Kühlschrank aufbewahrt werden, hält dort aber auch mehrere Wochen.

Variationen: Hier bietet sich ein Raubzug durchs heimische Gewürzregal an.

Dazu passt: Tofu-Würstchen, Sandwiches, Saucen, Nudeln.

Mayonnaise

Es gibt sehr leckere vegane Mayonnaise zu kaufen, sie ist aber auch wirklich simpel selber zu machen – und hat dann auch noch weniger Zutaten bzw. Zusätze und Geld spart man auch. Wenn man diszipliniert darauf achtet, dass kein anderweitig benutztes oder abgelecktes Besteck ins Glas gelangt, hält sich die Mayo etliche Wochen im Kühlschrank!

Pürierstab

Zutaten

1 großzügiger EL Senf (35 g)
1 TL Salz
200 ml Sojamilch
180 g Rapsöl

Nährwert

kcal	prot	carb	fett
Gesamt (420 g)			
1.691	8	7	169
1 EL (20 g)			
81	0	0	8
100 g			
403	2	2	40

Info

Hier geht keine andere Pflanzenmilch – wir brauchen in diesem Fall das Lecithin und das Eiweiß der Sojabohne.

1. Senf, Salz und Sojamilch mit dem Pürierstab gut durchmixen. Das Öl in einen Messbecher füllen.

2. Jetzt ist ein bisschen Koordination und Feinmotorik gefragt: Mit der einen Hand muss die ganze Zeit weiter gemixt werden, während mit der anderen Hand das Öl zu Beginn nur tropfenweise, dann in einem dünnen aber beständigen Rinnsal hinzugeschüttet wird. Nicht die Geduld verlieren, und den Rest auf einmal reinkippen! Es muss alles schön nach und nach emulgieren.

3. Wenn das gesamte Öl eingearbeitet ist, immer weiter und weiter mixen und zwar am besten von unten nach oben – bis die Mayonnaise die gewünschte Festigkeit erreicht hat.

Variationen: Wenn die Mayo nicht ausreichend fest wird, ½-1 TL Johannisbrotkernmehl gründlich unterrühren und eine Weile im Kühlschrank quellen lassen.
Geschmackliche Varianten sind mit Kala Namak, Kurkuma oder Curry möglich.
Ein paar Tropfen Apfelessig oder Zitronensaft in den Basiszutaten sorgt für eine säuerliche Note und eine bessere Gerinnung. Durch Zugabe von z.B. frischen Kräutern, feingewürfelten Gewürzgurken, etwas Sojajoghurt und Zwiebeln kann man die Mayo in Remoulade umwandeln, durch mitpürierte Knoblauchzehen bekommt man Aioli.

Sojajoghurt

lowKCAL, lowCARB, PROT, lowFAT, easy, quick+, cheap, glutenfree, sugarfree

Es braucht keinerlei Apparaturen oder sonstige Spezialausrüstung für die Sojajoghurt-Herstellung, es gibt gerade mal zwei Mini-Arbeitsschritte, der Rest passiert von selbst – genial! Das Endergebnis fällt jedoch nicht immer gleich gut aus, da verschiedene Faktoren ins Spiel kommen, die das Unternehmen sabotieren können.

Herd

Zutaten
1 l Sojamilch
4 gr. EL Sojajoghurt
optional
Johannisbrotkernmehl

Nährwert

kcal	prot	carb	fett

Gesamt (1.140 g)

403	36	24	18

100 g

35	3	2	2

Info
In diesem Fall muss es Sojamilch sein, mit anderer Pflanzenmilch klappt es nicht – vermutlich wegen dem zu geringen Proteingehalt.

Info
Meiner Erfahrung nach bringt das Hinzufügen von Proteinpulver oder Sojasahne vor dem Gärungsprozess keinen Erfolg, ebenso wenig die Verwendung selbstgemachter Sojamilch.

1. Die Sojamilch erwärmen und zwar nur so weit, dass wenn man den (sauberen!) Finger hinein hält, es ein bisschen, aber erträglich heiß ist.
2. Dann den Topf vom Herd nehmen und mit dem Rührbesen den Joghurt einrühren.
3. Deckel drauf und an einen warmen Ort bringen. Das kann eine Thermobox sein oder das Bett, ein Platz direkt neben der Heizung oder in der prallen Sonne.
4. 7-12 std später ist der Joghurt – wenn alles nach Plan gelaufen ist – fertig.

Der daraus entstandene Joghurt kann noch etliche Male selber als Starter für die nächste Produktion dienen. So bekommt man zuckerfreien sauberen Joghurt.

Troubleshooting: Der Topf darf während der Ruhephase *nicht* bewegt werden – also kein Herumtragen oder Umrühren!

Wir arbeiten hier mit Bakterien – die guten sollen zum einen nicht gestört werden, zum anderen wollen wir nicht, dass die bösen sich in unserem angehenden Joghurt häuslich einrichten (dann vergärt er nämlich und kann in die Tonne) – darum ist auf Sauberkeit der involvierten Gerätschaften zu achten, das gilt auch z. B. für abgeleckte Löffel.

Es klappt nicht mit allen Sojamilch-Marken und vor allem nicht allen Joghurtsorten gleich gut.

Wenn der Joghurt trotzdem nicht fest geworden ist, kann zum einen eine weitere Ruhezeit helfen (auch bei normaler Zimmertemperatur, um o.g. Vergärung zu vermeiden), das Einrühren eines Löffels Johannisbrotkernmehl oder das Streichen des Joghurts durch ein sauberes Geschirrtuch.

Anschließend kann der Joghurt z. B. in gründlich ausgewaschenen Joghurtbechern mit Plastikdeckeln im Kühlschrank verwahrt werden. Je sauberer man gearbeitet hat, desto länger hält er sich.

Cashewsahne

highKCAL, PROT, lowCARB, highFAT, soyfree, glutenfree, sugarfree, easy, quick+

Die Pflanzensahne, die es zu kaufen gibt, ist schon nicht schlecht, aber Cashewsahne besteht in der Basisvariante aus zwei Zutaten, sie ist gehaltvoll und lecker.

Mixer

Zutaten
150 g Cashews
Wasser

1. Die Cashews in reichlich Wasser für mehrere Stunden oder noch besser über Nacht einweichen. Dann das Wasser wegkippen, die Kerne gut abspülen und mit frischem Wasser ausgiebig im Mixer oder mit einem potenten Pürierstab zu einer glatten Creme pürieren.
Die Menge des Wassers ist natürlich abhängig davon, ob man eine dicke oder flüssige Sahne wünscht, man kann mit etwa 100–200 ml rechnen.

Variationen: Ein bisschen Stevia und Vanillepulver passen sehr gut, wenn die Sahne für Süßspeisen verwendet werden soll.

Dazu passt: Die Cashewsahne lässt sich vielseitig einsetzen, vom Obstsalat über Cremespeisen bis hin zu pikanten Saucen.

Kokosmus

lowCARB, highKCAL, highFAT, glutenfree, sugarfree, soyfree, easy, cheap

… ok, es ist vermutlich illegal, etwas mit nur einer einzigen Zutat ein Rezept zu nennen.

Universalzerkleinerer

Zutaten

½ Tasse Kokosraspeln (je nachdem welche Größe der Mixbehälter hat)

Nährwert

kcal	prot	carb	fett

1 EL (10 g)

65	1	1	6

100 g

646	6	8	61

Info

Wie an anderer Stelle schon erwähnt: Es fehlt eine eindeutige Namenskonvention. Kokosmus, Kokosbutter, Creamed Coconut, Kokoscreme – das alles kann das hier beschriebene Kokosprodukt meinen oder etwas ganz anderes. Am verbreitetsten ist es in Deutschland wohl unter „Creamed Coconut", zu finden in Bioläden und Asiashops.

1. Die Anleitung ist ebenso simpel wie die „Zutatenliste" – alles in der Zerkleinerer und los.

Hier ist allerdings etwas Ausdauer gefragt.

Zunächst werden die Kokosraspeln ganz fein. Dann passiert eine ganze Weile lang gar nichts. Irgendwann beginnen sie, so nach und nach bröckelig und klumpig zu werden. Jetzt heißt es durchhalten – denn nach diesem Stadium folgt früher oder später: Der anvisierte cremige Verflüssigungsprozess!

Wenn alles homogen ist, sogleich umfüllen bzw. seinem vorgesehenen Zweck zuführen. Bei mitteleuropäischer Durchschnittszimmertemperatur wird die schöne Creme nämlich steinhart.

Wenn sie zu einem späteren Zeitpunkt in flüssiger Form weiterverwendet werden soll, reicht ein kurzes Wasserbad aus dem Wasserkocher.

Die Kokoscreme, bzw. später der Kokosblock muss nicht im Kühlschrank aufbewahrt werden, aber speziell im Hochsommer empfiehlt sich dringend ein dichtes Gefäß. Zufällig weiß ich, dass das sonst eine Riesenschweinerei gibt.

Dazu passt: Kokoscreme ist vielseitig einsetzbar, wenn man auf Kokosaroma steht und/oder auf Kalorien kommen muss. In Shakes, Joghurt, Haferflocken und Eis sorgt sie zusätzlich für besondere Cremigkeit, aber auch in asiatisch-orientierten Gemüsecurries ist sie toll.

Und wie immer: Geschmolzen, noch warm, auf direktem Wege mit dem Löffel aus dem Glas – ein (maximalkalorischer) Traum.

SUPPEN & SALATE

Orange-Allstars-Cremesuppe

highCARB, lowKCAL, quick, sugarfree, glutenfree, soyfree

Schnell, schön anzusehen, herzerwärmend – so mag ich das.

ergibt gut 3 Schälchen
Herd, Pürierstab

Zutaten

1 Mini-Hokkaido (350 g)
2 gr. Karotten (200 g)
2-3 Knoblauchzehen
Stck. Ingwer – halber
Daumen groß (6 g)
2 TL Salz
½ Dose Kokosmilch
(200 g)
550 ml Orangensaft
½ TL Koriander
1 TL Kardamom
Chili, Pfeffer
20 g Kürbiskerne (nicht
die aus dem Hokkaido)

Nährwert

kcal	prot	carb	fett
Gesamt (1.310 g)			
1.009	21	115	45
1 Schälchen (400 g)			
309	6	35	14
100 g			
77	2	9	4

1. Hokkaido und Karotten in Stücke schneiden – je kleiner, desto schneller sind sie weichgekocht. Ingwer und Knoblauch schälen, ebenfalls würfeln und mit dem Salz und der Kokosmilch alles zusammen im geschlossenen Topf bei mittelhoher Hitze aufkochen. Falls nötig, einen kleinen Teil des Orangensafts hinzufügen.

2. Wenn der Gabeltest wenige Minuten später verrät, dass Karotten und Kürbis weich sind, Herd aus und mit Vorsicht und Gefühl das Pürieren starten. Nach Gusto kann man auch ein paar Gemüsestücke verschonen, ansonsten alles homogen verflüssigen.

3. Vom Herd nehmen, restlichen Orangensaft hinzu, würzen.

4. Kürbiskerne langsam und mit Druck grob hacken und jeweils über die einzelnen Portionen streuen.

Variationen: Die Suppe schmeckt nicht nur in der Allstars-Aufstellung, auch Hokkaido oder Karotten als Single sind vorzüglich.

Tuning:

[+KCAL] Die restliche Kokosmilch vor dem Servieren vorsichtig über die Suppe zu gießen, sieht gut aus und gibt ein Plus von insgesamt 330 kcal.
[-KCAL] Die Suppe bleibt auch cremig und lecker, wenn man sie – während des Kochens – mit Wasser verdünnt, bzw. Teile von Kokosmilch und Orangensaft damit ersetzt.

Info

Pürierte Suppe verbleibt länger im Magen als nicht pürierte und hält dadurch deutlich länger satt. Da das Wasser an die festen Bestandteile der Suppe gebunden ist, kann es nicht vorzeitig 'abfließen' – so bleibt das Nahrungs-Volumen im Magen größer und braucht länger, bis es verarbeitet ist.

Tomaten-Kichererbsensalat

Klassischer Tomatensalat ist zwar vegan, schmeckt aber weder besonders aufregend noch hat er ein sonderlich beeindruckendes Nährwertprofil. Das wollen wir jetzt mal ändern.

ergibt eine mittlere Schüssel mit etwa 4 Portionen

Zutaten

1 TL Salz
Pfeffer
2 TL Petersilie
2 TL Schnittlauch
2 EL Balsamico
2 EL Wasser
2 EL Sesamöl
1 EL Rapsöl
5 kl. Tomaten (600 g)
40 g Oliven, schwarz
1 kl. Zwiebel (90 g)
250 g Kichererbsen
optional Basilikumblätter

Nährwert

kcal	prot	carb	fett
Gesamt (1.085 g)			
773	27	58	42
1 Portion (250 g)			
178	6	13	10
100 g			
71	3	5	4

1. Für das Dressing Salz, Pfeffer und Kräuter in Essig und Wasser einrühren. Wenn das Salz sich ein bisschen aufgelöst hat, Öl dazu und kräftig mit der Gabel verrühren.

2. Stielansätze entfernen und die Tomaten in nicht zu kleine Würfel schneiden, Oliven in Ringe und die Zwiebel in kleine Würfel. Kichererbsen gründlich abspülen.

3. Alles in einer Schüssel miteinander vermengen und evtl. nochmals eine Weile durchziehen lassen.

Variationen: Statt Kichererbsen kann man auch Walnüsse oder geröstete Pinienkerne verwenden, die setzen den Fettgehalt allerdings deutlich stärker hinauf.
Wenn man an dem und am folgenden Tag keine soziale Interaktion vorzunehmen gedenkt, kann man eine Zehe feingehackten Knoblauch ergänzen.

Dazu passt: Passt als Beilage zu allen möglichen herzhaften Gerichten, ich mag ihn am liebsten zu Vrikadellen oder zu einem belegten Proteinbrötchen.

Express-Salat

lowCARB, glutenfree, soyfree, sugarfree, quick, easy, cheap

Ein schneller, leckerer Salat ohne viel Firlefanz.

ergibt eine mittlere Schüssel
mit etwa 5 Portionen

Zutaten

1½ EL Senf (35 g)
4 EL Zitronensaft
1–2 DL Stevia
½-1 TL Salz
3 TL TK-
8-Kräutermischung
4 EL kaltgepresstes Öl
der Wahl
1 Apfel (180 g)
1 Eisbergsalat (450 g)
2 kl. Handvoll Walnüsse
(60 g)

Nährwert

kcal	prot	carb	fett

Gesamt (835 g)

1.045	16	39	87

1 Portion (170 g)

212	3	8	18

100 g

125	2	5	10

1. Für das Dressing Senf, Zitronensaft, Stevia, Salz und Kräuter erst miteinander, dann mit dem Öl verquirlen.

2. Den Apfel vierteln, Kerngehäuse entfernen und Schnitze in Würfel oder Scheiben schneiden. Eisbergsalat von Strunk und etwaigen welken Blättern befreien, den Salatkopf halbieren und erst längs in Streifen und dann quer in Stücke schneiden. Walnüsse zerbröckeln. Alles miteinander durchmischen.

Variationen: Der Express-Salat lässt sich zum Boss-Salat mutieren und taugt dann als eigenständige Hauptmahlzeit. Dafür kann man den Eisbergsalat durch Feldsalat und Chicorée ersetzen, gebratene Champignons in Scheiben ergänzen, ebenso gewürfelten Tofu, optional ebenfalls angebraten, eine Orange, sowie 2 kleine Zwiebeln und evtl. kleingehackte Cranberries. Von wegen Salat ist Kaninchenfutter…!

Dazu passt: Der Salat gibt die passende frische Beilage zu herzhaften Gerichten ab.
Zum Boss-Salat ist mit etwas Öl und Salz gekochter Quinoa Pflicht und liefert hochwertiges Protein mit allen essentiellen Aminosäuren.

Blitz-Bohnensalat

PROT, fiber, easy, cheap, quick, sugarfree, glutenfree, soyfree

Vom Training zurück, Hunger auf was Nahrhaftes, aber keine Energie mehr zu kochen? Dieser Tomaten-Bohnensalat ist in wenigen Minuten fertig und man wird satt und gut mit Nährstoffen versorgt!

ergibt 1 großes Schälchen

Zutaten

30 g Tomatenmark
1 EL Olivenöl (für den Geschmack)
1 EL Rapsöl (für die Omega3-Fettsäuren)
1 knappen EL Balsamico
4 EL Wasser
½ TL Salz
1 TL Bohnenkraut
½ TL Paprika Rosenscharf
Pfeffer
350 g Weiße Bohnen (gekocht)
1 Tomate

1. Tomatenmark mittels Gabel gründlich mit Öl, Essig, Wasser, Salz und Kräutern verrühren.
2. Die Bohnen, falls sie aus dem Glas oder der Dose kommen, im Küchensieb abspülen. Die Tomate nicht zu klein würfeln.
3. Alles zusammenmischen. Gierig einverleiben.

Variationen: Für ein ganz minimalistisches Szenario funktioniert das Rezept auch ohne Tomate und nur mit Salz und Pfeffer. Umgekehrt kann man nach Geschmack noch Zwiebeln, Knoblauch, getrocknete Tomaten und frische Kräuter ergänzen.

Tuning:
[+KCAL] Wer Kalorien nicht fürchtet sollte hier unbedingt das Öl aufstocken (+100 kcal pro EL), das kommt dem Geschmack und der Konsistenz zugute.

Nährwert

kcal	prot	carb	fett
Gesamt (835 g)			
1.045	16	39	87
1 Portion (170 g)			
212	3	8	18
100 g			
125	2	5	10

Orangen-Fenchelsalat

lowCARB, fiber, easy, quick, cheap, sugarfree, glutenfree, soyfree

Mit den Vitamin-C-Kloppern Orange und Fenchel deckt eine Portion von diesem Salat 70% des durchschnittlichen Tagesbedarfs eines Erwachsenen an diesem Vitamin.

ergibt gut 3 Portionen

Zutaten

1 kl. Fenchel
2 Orangen
40 g Mandeln
2 EL Balsamico Bianco
1 TL Salz
1 EL Zitronensaft
1½ DL Stevia
Pfeffer
1½ EL Rapsöl

Nährwert

kcal	prot	carb	fett
Gesamt (620 g)			
662	15	38	38
1 Portion (180 g)			
193	4	11	11
100 g			
107	2	6	6

Info

Vitamin C verbessert auch die Aufnahme von Eisen.
Wegen einer Überdosierung muss man sich keine Sorgen machen, da Vitamin C wasserlöslich ist und ein Zuviel einfach ausgeschieden wird.

1. Holzige Enden des Fenchelgrüns abschneiden. Falls sie nicht mehr ganz frisch ist, ggf. die äußeren Schalen der Knolle entfernen. Den Strunk unten glatt kappen. Dann vom Strunk bis zum Fenchelgrün die Knolle in dünne Scheiben schneiden.

2. Oben und unten eine dünne Scheibe von der Orangenschale abschneiden. Die Frucht auf die so erwirkte Standfläche stellen und mit einem scharfen Messer rundum von oben nach unten an der Rundung der Orange entlang die Schale zusammen mit dem weißen Zeug abschälen. Anschließend die Orange halbieren und würfeln, dann inklusive Saft mit dem Fenchel und den gehackten Mandeln in eine Schüssel bugsieren.

3. Separat das Dressing anrühren: Essig, Salz, Zitronensaft, Stevia und Pfeffer gründlich miteinander vermischen, zuletzt schwungvoll mit einer Gabel das Öl unterquirlen.

4. Dressing und Salat zusammenführen, ordentlich durchmischen und am besten im Kühlschrank noch eine Weile durchziehen lassen.

Dazu passt: Der süß-saure Salat eignet sich vor allem als Beilage zu herzhaften, proteinreichen Gerichten, z.B. dem Erdnusstofu.

RAWbstsalat

fiber, cheap, quick, glutenfree, soyfree

Der Missing Link zwischen Rohkostsalat und Obstsalat!

ergibt 5 Schälchen voll
Küchenmaschine/Reibe

Zutaten

6 EL Balsamico Bianco
2 EL Walnuss- oder
Rapsöl
6 EL Apfelsaft (naturtrüb)
3 EL Ahornsirup
2 EL Zitronensaft
7 EL Cuisine
1 Pr. Salz & etwas Chili
2 Petersilienwurzeln
2 Mini-Rettiche
1 Apfel
1 Orange
1 Banane
2½ Handvoll Walnüsse
(90 g)

Nährwert

kcal	prot	carb	fett
Gesamt (1.540 g)			
1.631	31	135	99
1 Schälchen (300 g)			
318	6	26	19
100 g			
106	2	9	7

Info
Klare Säfte sind oft mit Gelatine geklärt. Im Zweifelsfall hilft da nur eine Produktanfrage beim Hersteller.

1. Die Dressingzutaten inkl. Salz und Chili miteinander verquirlen.

2. Den gröbsten Raspelaufsatz in die Küchenmaschine einsetzen und Petersilienwurzeln, Rettiche und Apfel, jeweils von Stielansätzen, Strünken bzw. Kerngehäusen befreit, da durchjagen. Die Orange schälen und würfeln, die Banane ebenfalls schälen, der Länge nach halbieren und in Scheiben schneiden. Die Walnüsse zerbröckeln oder ganz grob hacken.

3. Alle Komponenten vorsichtig miteinander vermischen. Am besten nochmals kaltstellen.

4. Sieht am nächsten Tag nicht unbedingt besser aus, schmeckt aber so, weil alles schön durchgezogen ist.

Variationen: Die Kombination aus Wurzel- oder Knollengemüse mit Obst, ergänzt durch eine Nusseinlage bietet alle möglichen leckeren Optionen, die voll sind mit Vitaminen und Ballaststoffen (siehe auch Valdorfsalat). Als Kind habe ich immer besonders gern die Apfel-Karotten-Walnuss-Variante gegessen, mit einem Dressing aus Orangen- und Apfelsaft sowie Honig. Jetzt nehme ich dafür natürlich Agavensirup.

Tuning:
[+KCAL] Die Cuisine durch Cashewsahne zu ersetzen, erhöht den Kaloriengehalt.
[-KCAL] Die Cuisine durch Sojajoghurt zu ersetzen, senkt ihn.

Granatsalat

lowCARB, highFAT, soyfree, glutenfree

Kopfsalat selber kann nicht mit irgendwelchen großen Vorzügen im Mikro- oder Makronährstoffbereich punkten, aber er sorgt als Beilage für Frische bei herzhaften Hauptgerichten und die weiteren Zutaten bessern das Nährstoffprofil wieder auf.

ergibt 4 größere Schälchen

Zutaten

1 EL Limettensaft
1 EL Balsamico Bianco
⅓ TL Salz
1 gr. TL Senf (20 g)
1 EL Petersilie
1 EL Dill
1 EL Schnittlauch
1½ EL Ahornsirup
1 EL Sesamöl
1 EL Rapsöl
1 kl. Eisbergsalat (400 g)
1 Granatapfel (160 g Kerne)
70 g Macadamianüsse

Nährwert

kcal	prot	carb	fett
Gesamt (740 g)			
1.026	11	61	80
1 gr. Schälchen (180 g)			
250	3	15	19
			100 g
139	2	8	11

1. Das Salz in Limettensaft und Balsamico weitgehend auflösen, dann Senf, Gewürze und Ahornsirup unterrühren, zum Schluss das Öl.
Man kann Dressing auch anmischen, indem man alles in ein Schraubglas füllt und dann einmal shaket, was das Zeug hält.

2. Äußere welke Blätter des Salatkopfs entfernen, einmal halbieren, mit Wasser abspülen und mit einem sauberen Geschirrtuch trockentupfen.

3. Den Granatapfel in die Hände nehmen und ein bisschen durchwalken, damit die Kerne sich besser lösen. Die Quick&Dirty-Methode um an die Kerne zu kommen ist, ihn dann einfach quer zu halbieren und mit einem Löffel über einer Schüssel rabiat die Kerne herauszulöffen. Wenn man dabei aber nicht nackt mitten im Garten steht, sehen die Klamotten und die Tapete mit Chance hinterher aus, als hätte man ein Gewaltverbrechen begangen.
Der elegantere Weg ist, die Frucht einmal ringsum bis zu den Kernen einzuschneiden und sie dann - mithilfe der stumpfen Seite des Messers und Muskelkraft - auseinander zu hebeln. Dann nimmt man eine Hälfte mit der Schnittfläche Richtung Handfläche in die eine Hand, in die andere ein großes, schweres Messer und zwar so, dass der Griff nach unten und die Klinge nach oben zeigt. Dicht über einem Suppenteller kloppt man jetzt mit dem Messergriff rundum auf die Schale des Granatapfels ein - nicht zimperlich sein, dafür aber achtsam, sich nicht selber ins Gesicht zu stechen! Auf diese Weise fallen die köstlichen Kerne unbeschadet heraus. Wenn die Schale halbleer ist, lässt sie sich meistens auch umkrempeln, sodass die Kerne nur noch mit der Hand abgestreift werden müssen.

4. Bei beiden Methoden hinterher verbleibende weiße Trennhäute entfernen.

5. Die Macadamias nur ganz grob hacken.

6. Den Strunk der beiden Eisbergsalat-Hälften keilförmig herausschneiden, die Hälften auf die Schnittflächen legen und jeweils längs in breite Streifen und dann quer in Stücke schneiden.

7. Vor dem Verzehr alles miteinander vermischen.

Variationen:

Statt der Granatapfelkerne können halbierte bzw. in Scheiben geschnittene und ggf. entkernte rote Trauben genommen werden, statt der Macadamias z. B. Pecan- oder Walnüsse.

Miso-Ramen

easy, quick, lowKCAL, sugarfree

Instant-Nudelsuppen können eine praktische Sache für unterwegs sein, auch wenn die Zutaten-liste für gewöhnlich etwas mehr als fragwürdig anmutet. Wenn man einen Moment Zeit hat, lohnt es sich also nicht nur wegen dem hundertmal besseren Geschmack, selber den Herd anzu-werfen. Zusammen mit einem großen Schraubglas und einer Mikrowelle oder einer Kochplatte hat man dann auch die perfekte mobile Zwischenmahlzeit z. B. für die Arbeit.

ergibt 6 Teller voll
Herd

Zutaten

2 EL Öl
200 g Tofu
50 g Walnüsse
3 kl. Karotten (100 g)
1 Paprika
3 Knoblauchzehen
100 g Misopaste (dunkle)
1.900 ml Wasser
100 g Mienudeln
5 TL TK-Suppengemüse
4 TL Asia-Gewürz
2 TL granulierte Zwiebeln
6 EL Sojasauce

Nährwert

kcal	prot	carb	fett
Gesamt (2.835 g)			
1.639	80	125	88
1 Teller (400 g)			
275	13	21	15
100 g			
69	3	5	4

1. Den Tofu in mittelkleine Würfel schneiden, die Walnüsse grob hacken und beides im Öl, z. B. Raps- oder Soja-, bei hoher Hitze unter Wenden und Rühren in einem Topf kurz anbraten. In der Zwischenzeit die Karotten und Paprika ebenfalls klein würfeln und den Knoblauch in dünne Scheiben schneiden. Wenn der Tofu beginnt Farbe zu bekommen, alles mit in den Topf werfen.

2. Nach einigen Minuten die Misopaste dazu und mit Wasser ablöschen. Mienudel-Block ggf. ein- oder zweimal durchbrechen und ebenfalls in den Topf. Einmal aufkochen lassen, dann Hitze reduzieren, Suppengemüse, Asia-Gewürz und Zwiebelpulver ergänzen und mit der Sojasauce abschmecken – fertig.

Variationen: Für die Gemüseeinlage kann man im Grunde nehmen, was man da hat, bzw. was weg muss – Brokkoli, Lauch, getrocknete Tomaten… oder auch Pilze (die natürlich kein Gemüse sind).

Tuning:
[-KCAL] Je höher man den Wasser- und Gemüsegehalt ansetzt, in Relation zu Tofu, Nüssen und Nudeln, desto leichtgewichtiger wird die Suppe natürlich.

Tipp

Wer es ehrenrührig findet, fertige Gewürzmischungen zu verwenden, kann selbstverständlich selber tief in die Kräuterkiste greifen – Curcuma, Ingwer, Cumin, Zimt, Paprikapulver, Koriander und Chili bieten sich hier z. B. an.

Apfel-Bohnen-Salat

easy, quick, cheap, fiber, glutenfree, sugarfree

Eine fruchtige Alternative für den herkömmlichen Weiße-Bohnen-Salat mit Tomatensauce.

ergibt gut 3 Schälchen voll

Zutaten

1 Glas Weiße Bohnen
(465 g abgespült)
2 kl. Äpfel (275 g)
1 Zwiebel
1–2 Knoblauchzehen
1 Handvoll Walnüsse
(40 g)
Saft einer Zitrone (30 ml)
250 g Joghurt
1 EL Rapsöl
2 EL Balsamico Bianco
4 DL Stevia
1 TL Salz
1 TL Bohnenkraut
1 TL Thymian
Chili

1. Die Bohnen in einem Sieb gründlich abbrausen. Die Äpfel entkernen und fein würfeln, ebenso die Zwiebel und den Knoblauch. Die Walnüsse ganz grob hacken oder mit der Hand zerbröckeln.

2. Die restlichen Zutaten miteinander verrühren, dann alles zusammen gut durchmischen, abschmecken und nochmals kaltstellen.

Nährwert

kcal	prot	carb	fett

Gesamt (1.210 g)

kcal	prot	carb	fett
1.121	48	145	62

1 Schälchen (350 g)

kcal	prot	carb	fett
324	14	42	18

100 g

kcal	prot	carb	fett
93	4	12	5

Hirse-Petersiliensuppe

easy, cheap, fiber, lowKCAL, sugarfree, glutenfree, soyfree

Eine cremige Sahnesuppe die satt macht und mit der vollen Ladung an Vitaminen, Mineralstoffen und Spurenelementen daherkommt.

ergibt 4 Schälchen voll
Herd

Zutaten

100 g Hirse
500 ml Wasser
500 ml Pflanzenmilch
2 Zwiebeln
2–3 Zehen Knoblauch
2 TL Salz
125 ml Cuisine
½ TL Muskat
5 EL TK-Petersilie oder ½ Bund

Nährwert

kcal	prot	carb	fett
Gesamt (2.835 g)			
1.639	80	125	88
1 Teller (400 g)			
275	13	21	15
100 g			
69	3	5	4

1. Die Hirse sehr gründlich in einem Sieb abbrausen, dabei einige Male umrühren. Mit Wasser und Pflanzenmilch in einen Topf geben und aufkochen. Die Zwiebeln und Knoblauchzehen sehr fein hacken und zusammen mit dem Salz in die Suppe damit und bei mittlerer Hitze weiterköcheln lassen, bis die Hirse gar ist, ca. 15–20 min.

2. Kurz vor Schluss ½ Pck. Cuisine einrühren. Falls das Ganze trotzdem noch zu dickflüssig ist – Hirse saugt sich sehr stark mit Flüssigkeit voll – noch mit Wasser oder Pflanzenmilch nachjustieren. Mit Muskat und Salz abschmecken, Platte aus und die kleingeschnippelte Petersilie dazu.

Tuning:

[-KCAL] [soyfree] Durch das Weglassen der Cuisine können 220 kcal eingespart werden.

Ohne-Hering-Salat

sugarfree, glutenfree, lowCARB, PROT

Dieses Rezept hat allein schon gewonnen, weil es so schön pink ist! Unglaublich lecker ist es natürlich noch obendrein, ob auf Brot oder einfach so als gehaltvoller Salat.
Soll der Ohne-Hering-Salat als Brotbelag dienen, empfiehlt es sich, alles sehr klein zu würfeln.

ergibt eine große Schüssel voll

Zutaten

400 g Räuchertofu
3 kl. Zwiebeln
1 gr. Apfel
2 Knoblauchzehen
200 g Gewürzgurken
500 g Rote Beete (fertig geschält & gekocht)
70 g Walnüsse
75 ml Gurkenwasser
200 g Cuisine
150 g Sojajoghurt
1–2 Blätter Nori-Alge
25 ml Zitronensaft
2 TL Salz
Dill, Schnittlauch, Pfeffer

Nährwert

kcal	prot	carb	fett

Gesamt (2.210 g)

kcal	prot	carb	fett
2.137	113	134	154

1 Schälchen (300 g)

kcal	prot	carb	fett
290	15	18	21

100 g

kcal	prot	carb	fett
97	5	6	7

1. Den Tofu, den entkernten Apfel und die Rote Beete in Würfel schneiden, die Zwiebeln in halbierte Ringe, den Knoblauch in dünne Scheiben, die Gewürzgurken ebenfalls in Würfel oder Scheiben, die Walnüsse grob zerbröckeln oder hacken – alles in einer großen Schüssel vermengen.
2. Für die Marinade die restlichen Zutaten mittels einer Gabel miteinander verrühren, die Algen hierfür mit der Schere erst in dünne Streifen, dann in kleine Stücke schnippeln.
3. In den Salat einarbeiten und am besten für mehrere Stunden im Kühlschrank ziehen lassen.

Variationen: Die recht teuren Nori-Algen können auch weggelassen werden – sie sollen halt für einen maritimen Touch sorgen.
Der Zitronensaft kann ganz oder teilweise durch weißen Balsamico-Essig ersetzt werden.

Tuning:
[-KCAL] Via Ersetzen der Sahne durch Joghurt und Weglassen der Nüsse kann der Kaloriengehalt auf schlanke 65 kcal/100 g gedrückt werden, bei annähernd gleichem Kohlenhydrat- und Proteingehalt und halbierter Fettmenge.

Dazu passt:
Weltmeisterbrötchen oder Vollkornbrot.

Info
Rote Beete lässt sich geschält und gekocht ohne weitere Zutaten und wahlweise in Bioqualität eingeschweißt im Supermarkt kaufen. Nicht zu verwechseln aber mit der gekochten und eingelegten Variante, wo die Rote Beete in Scheiben geschnitten in einer Branntweinessig-Süßstoff-Brühe vor sich hin schwimmt.

Tzatziki

quick, easy, cheap, lowKCAL, lowFAT, lowCARB, sugarfree, glutenfree

Tzatziki ist vielseitig einsetzbar und das perfekte schlanke Mitbringsel für Partys und Grill-Aktionen.

ergibt eine mittelgroße
Schüssel voll

Zutaten

½ Salatgurke (150 g)
500 g Sojajoghurt
1 Zwiebel
2 Knoblauchzehen
1 TL Öl
1 EL Dill
1 EL Schnittlauch
1 EL Petersilie
2 EL Zitronensaft
3 EL Balsamico Bianco
Salz & Pfeffer

Nährwert

kcal	prot	carb	fett

Gesamt (825 g)

383	23	30	17

100 g/1 Portion

47	3	4	2

1. Die Gurke wahlweise in kleine Würfel schneiden oder grob raspeln, Knoblauch und Zwiebel schälen und fein würfeln und alles zusammen mit dem Joghurt in einer Schüssel verrühren.

2. Einen großzügigen TL eines schönen kaltgepressten Öls hinzugeben, z.B. Raps- oder Hanföl für die Omega3-Versorgung, ebenso die Kräuter, entweder frische oder die Tiefkühl-Variante.

3. Mit Essig, Zitronensaft, Salz und Pfeffer abschmecken und möglichst noch ein paar Stunden in den Kühlschrank.

Variationen: Eine süße Note durch die Zugabe eines Süßungsmittel der Wahl passt durchaus zu diesem Rezept. Erhöht man den Gurkenanteil, gibt evtl. noch etwas Wasser hinzu und püriert das Ganze, bekommt man eine leckere kühlende Sommersuppe.

Tuning:
[-KCAL] [-FAT] Das Öl kann ohne weiteres weggelassen werden und reduziert den Gesamtkaloriengehalt um gut 50 kcal.

Dazu passt:
Tzatziki passt als Beilage zu würzigen Seitan- und Tofugerichten, zu selbstgemachtem Döner oder einfach zu Fladenbrot.

Asia-Rosenkohl-Salat

lowKCAL, lowCARB, fiber, easy, glutenfree, sugarfree

Dieser besondere Nudelsalat macht nicht nur optisch einiges her.

ergibt gut 3 Teller voll

Zutaten

1½ EL Öl
1 mittelgroße Zwiebel
2 Knoblauchzehen
1 TL Chiliflocken
4 DL Stevia
450 g TK-Rosenkohl
5 EL Sojasauce
3 EL Balsamico
250 g Shirataki-Nudeln
1 Spitzpaprika oder 1 kl. normale
½ Gurke
50 g Erdnüsse
Schnittlauch

Nährwert

kcal	prot	carb	fett

Gesamt (1.065 g)

864	41	64	45

1 Teller (300 g)

244	12	18	13

100 g

81	4	6	4

1. Rosenkohl zum Auftauen rauslegen – wenn genug Zeit ist, energiesparend im Kühlschrank.

2. Öl in einer Pfanne erhitzen, die Zwiebel wahlweise in Würfel oder Halbkreise schneiden und dazugeben, gerade wenn sie anfängt, glasig zu werden, den gewürfelten Knoblauch dazu. Parallel den Rosenkohl halbieren und ebenfalls in die Pfanne damit, ebenso wie die Chiliflocken und das Stevia. Mit Sojasauce und Essig ablöschen. Deckel drauf und erstmal bei mittelhoher Hitze köcheln lassen.

3. Derweil die Nudeln gründlich mit Wasser abspülen, Paprika und Gurke fein würfeln, Erdnüsse einmal grob hacken.

4. Wenn der Rosenkohl anfängt, weich zu werden, die Nudeln vorsichtig unterheben (sonst gibt es Matsch) und die letzten Minuten mit durchziehen lassen und abschmecken.

5. Dann die Pfanne vom Herd, Gemüse und Nüsse einarbeiten und den Schnittlauch mit der Küchenschere darüberschnippeln.

Variationen:

[cheaper] [+KCAL] [+CARB] Statt Shirataki tun es auch die deutlich günstigeren Glasnudeln, die müssen aber vorher zumindest einmal mit kochendem Wasser übergossen werden und ziehen.

Tipp

Wenn frischer Rosenkohl verwendet wird, muss jeweils der Strunk abgeschnitten und die äußeren Blätter entfernt werden.

Blumenkohlcreme-Suppe

cheap, lowKCAL, lowFAT, soyfree, glutenfree, sugarfree

Eins meiner Lieblingsrezepte aus dem Repertoire meines Lebensabschnitts-Schatzes. Vorsicht, diese Suppe ist so unglaublich lecker, dass zumindest bei mir die Magenschmerzen fast immer vorprogrammiert sind.

ergibt einen großen Topf voll mit etwa 6 Tellern
Herd, Pürierstab

Zutaten

1 gr. Blumenkohl (1 kg)
2 EL Erythrit
2 TL Salz
1 EL Öl
400 g Kartoffeln
2 Zwiebeln
ca. 1¹/3 l Wasser
Muskat, Pfeffer
Zitronensaft

Nährwert

kcal	prot	carb	fett

Gesamt (2.400 g)

kcal	prot	carb	fett
716	36	93	4

1 Teller (400 g)

kcal	prot	carb	fett
119	6	16	0,5

100 g

kcal	prot	carb	fett
30	2	4	0

1. Strunk und Blätter des Blumenkohls entfernen, den Kohl grob zerteilen und in einem Abtropfsieb abspülen.

2. In einen großen Topf damit und soviel Wasser dazugießen, dass der Kohl knapp bedeckt ist. Erythrit, 1 EL Öl und 1 TL Salz hinzugeben und mit Deckel drauf zum Kochen bringen.

3. Parallel dazu die Kartoffeln ebenfalls in gesalzenem Wasser kochen. Derweil die Zwiebeln in 1 EL Öl anbraten, bis sie anfangen braun zu werden.

4. Wenn ca. eine ¾ Std. später Blumenkohl und Kartoffeln gar sind – zu ermitteln mit einem gezielten Gabelstich – Herd aus, Kartoffeln abgießen, mit kaltem Wasser abschrecken und pellen, je nach Größe ein- bis zweimal durchschneiden.

5. Dann die Kartoffeln zum Blumenkohl und dessen Kochwasser, und ein Gemetzel mit dem Pürierstab anrichten, bis alles wunderschön cremig und geschmeidig ist. Mit Salz, Pfeffer, Erythrit und Muskat abschmecken.

6. Kurz vor dem Servieren mit etwas Muskat bestreuen und mit Zitronensaft beträufeln.

Variationen: Statt Zitronensaft kann man auch Balsamico-Essig versuchen.
Man ist hier nicht auf Blumenkohl festgelegt – toll schmeckt auch die Wirsing-Variante. Hierfür wird der Wirsing vor dem Kochen in Stücke geschnitten. Cuisine passt hier besonders gut mit rein, ebenso wie Kümmel und etwas Curry (mein Freund besteht auf thailändisches). Brokkoli wäre eine weitere Option.

Tuning:
[+KCAL] 1pck. Cuisine macht die Suppe noch geschmeidiger und sorgt für ein Plus von 470 kcal.

HAUPT-
GERICHTE

Seitan-Geschnetzeltes
in Erdnusssauce

highKCAL, lowCARB, PROT, highFAT, easy, quick, glutenfree, sugarfree

Dieses fix zubereitete Schwergewicht wartet mit der vollen Packung Kalorien und Protein auf. Und Geschmack.

ergibt 4 Portionen
Herd

Zutaten

3 EL Erdnussöl
500 g Seitan (gern auch eingelegter)
1 Dose Kokosmilch (400 g)
400 ml Wasser
5 EL Sojasauce
100 g Erdnussbutter
1–2 EL Asia-Gewürz
Chili
80 g Cashews

Nährwert

kcal	prot	carb	fett
Gesamt (1.370 g)			
2.856	195	53	171
1 Teller (350 g)			
732	50	14	44
100 g			
209	14	4	13

1. Erdnussöl in der Pfanne erhitzen. Seitan in Schnetzel oder mundgerechte Stücke schneiden und, wenn das Öl auf Temperatur ist, bei mittelhoher bis hoher Hitze rundum scharf anbraten.

2. Wenn die Schnetzel eine schöne Kruste bekommen haben, mit Kokosmilch ablöschen, Dose einmal mit Wasser füllen und zusätzlich mit in die Pfanne gießen. Ebenso Sojasauce und Erdnussbutter. Unter Rühren bei mittlerer Hitze köcheln, bis sich das Erdnussmus aufgelöst hat. Asia-Gewürz dazugeben, mit Chili nach Wunsch schärfen und noch einmal kurz durchköcheln lassen, dann Platte aus. Derweil die Cashews ganz grob hacken und zuletzt untermischen.

Tuning:

[–KCAL] Erdnüsse und Kokoskomponenten sind immer highKCAL. Man kann die Kalorien des Gesamtgerichts aber um fast ein Drittel reduzieren, indem man nur 1 EL Öl verwendet (-200 kcal), die Kokosmilch zur Hälfte durch Joghurt ersetzt (-240 kcal), die Erdnussbutter um ein Viertel reduziert (-150 kcal) und die Cashews weglässt (-490 kcal).

Dazu passt: Reis und Asia-Gemüse.

Butternutkürbis
mit Zitrus-Räuchertofufüllung

lowKCAL, highCARB, PROT, fiber, quick+, glutenfree, sugarfree

Bis vor gar nicht langer Zeit dachte ich, dass Kürbisse eben eine der ganz wenigen veganen Lebensmittel sind, die ich nicht mag – außer in Form von Kürbisbrot oder -kuchen. Oh, was für ein tragischer Irrtum! Wie sich herausstellte, mag ich zum einen bloß den Gartenkürbis nicht und zum anderen keinen gekochten Kürbis (wie ihn meine Mutter bis dato zuzubereiten pflegte). Jetzt weiß ich: Hokkaido! Spaghettikürbis! Butternut! Muskatkürbis! Geröstet im Ofen! Ein Traum!

ergibt abhängig von der Kürbisgröße 2 gute bis gigantische Portionen

Ofen

Zutaten

1 gr. Butternut
(etwa 1,5 kg)
2 EL Kürbiskerne
(geschälte, nicht die aus dem Kürbis)
2-4 Knoblauchzehen
200 g Räuchertofu
90 ml Cuisine
5 EL Zitronensaft
160 ml Orangensaft oder
1 pürierte Orange
1 TL Ingwerpulver
½ TL Muskat
1 TL Koriander
Salz & Pfeffer

Nährwert

kcal	prot	carb	fett
Gesamt (1.770 g)			
1.330	64	145	47
1 Hälfte (885 g)			
664	32	73	24
100 g			
75	4	8	3

1. Den Stielansatz abschneiden und den Butternut mit einem großen scharfen Messer längs halbieren. Vorsicht mit den Fingern! Kürbisse sind keine leichten Gegner. Das Schöne ist dafür, dass man den Butternut nicht schälen muss.

2. Die Kerne mit einem Löffel entfernen und das Fruchtfleisch – von der Schnittfläche her – mehrfach tief mit der Gabel einstechen. Mit etwas Salz und Pfeffer versehen und die beiden Hälften bei 180 °C im Ofen backen, bis ein weiterer tiefer Gabelstich verrät, dass er schön weich und gar ist. Bei so einem großen Exemplar dauert das etwa 1 Std.

3. Man kann also schon mal ganz gemütlich anfangen, die Füllung vorzubereiten. Dafür die Kürbiskerne grob hacken, den Knoblauch ganz fein würfeln, Räuchertofu ebenfalls relativ klein würfeln.

4. Wenn der Kürbis dann fertig ist, kommt wieder der Löffel zum Einsatz: Das Fruchtfleisch aus dem Butternut löffeln, sodass etwa eine gut fingerdicke Schicht im Kürbis verbleibt.

5. Das ausgehobene Fruchtfleisch in eine Schüssel geben und zusammen mit Cuisine, Zitronen- und Orangensaft sowie den Gewürzen zerdrücken. Die restlichen Zutaten untermischen, mit Salz und Pfeffer abschmecken, alles zurück in die beiden Kürbishälften füllen – fertig!

Variationen: Kürbis aus dem Ofen ist einfach immer toll! Auch wenn man ihn nur in Spalten oder Würfel schneidet und vorher kurz in einer Mischung aus Agavendicksaft, Öl, Zitronensaft und Gewürzen schwenkt. Gerne mache ich zu Kürbis auch eine mit etwas Stärke angedickte Orangensauce.

Tuning:

[-KCAL] [soyfree] Ohne Räuchertofu schmeckt der gefüllte Kürbis immer noch großartig und schlägt mit 340 kcal auf das Gesamtgericht weniger zu Buche. Allerdings auch mit gut 35 g weniger Protein.

Hafer-Paprika
auf griechische Art

fiber, lowKCAL, PROT, highCARB, dauert, easy, cheap, soyfree, sugarfree

Hübsch anzusehen, fix präpariert und äußerst variabel – gefülltes Gemüse aus dem Ofen!
In der heutigen Folge: Paprika mit Hafer-Gluten-Hackfüllung.

ergibt 3 gr. Exemplare
Ofen, Herd

Zutaten

100 g Hafergrütze
425 ml Wasser
1 TL Salz
3 TL Gyrosgewürz
Pfeffer
1 gr. Zwiebel (ca. 170 g)
1-2 Knoblauchzehen
(optional)
3 gr. oder 4 mtl.
Paprikaschoten
90 g Gluten
1 EL Olivenöl für die
Form

Nährwert

kcal	prot	carb	fett
Gesamt (1.100 g)			
1.048	99	118	18
1 gr. Paprika (360 g)			
344	32	39	6
100 g			
96	9	11	2

1. Hafergrütze mit Wasser, Salz und Gewürzen aufkochen und bei mittlerer Hitze unter gelegentlichem Rühren weiterköcheln, bis die Grütze gerade eben gar ist (ca. 20-30min).

2. In der Zwischenzeit Zwiebel und Knoblauch würfeln. Von den Paprikas mit einem scharfen Messer oben knapp einen Deckel abschneiden, das Kerngehäuse dabei durchtrennen. Den Stiel samt Ansatz aus dem Deckel schneiden. Dazu am besten den Deckel auf ein Holzbrett legen und von oben mit der Messerspitze direkt am Stielansatz entlang vorsichtig einmal rundherum stanzen und schneiden. Alternativ können die Paprikaschoten auch der Länge nach halbiert werden.

3. Jetzt die Hafergrütze kräftig mit dem Glutenmehl verkneten, evtl. nochmals abschmecken. Das Öl auf dem Boden einer Auflaufform verteilen, die Paprikaschoten mit der Gluten-Hafermasse füllen, Deckelchen wieder draufsetzen und die Schoten in die Auflaufform stellen.

4. Bei 200 °C etwa 45-60 min garen.

Variationen: Gefülltes Gemüse ist supervariabel – sowohl was das Füllsel angeht, als auch das gemüsige Gefäß!

Anstatt oder zusätzlich zu den Paprikaschoten lassen sich große Tomaten schön befüllen, Zwiebeln und Champignons, aber auch Auberginen und Zucchini. Da die – anders als Paprikas – den nötigen Hohlraum nicht schon mitliefern, muss man sie erst vorsichtig mit einem Löffel oder Messer aushöhlen. Das Innenleben kann man in dem Fall kleinschneiden und unter die Füllung mischen.

[glutenfree] Hirse, Quinoa und Reis sind ebenfalls guter Füllstoff, z. B. mit ein bisschen Tomatensauce vermischt.

Wenn keine Hafergrütze zur Hand ist, tut es auch Paniermehl, das – ohne aufkochen – direkt mit Flüssigkeit, Gewürzen und Gluten verknetet wird.

Ist Füllung über, kann man sie zu Vrikadellen formen und ausbraten. Für die bessere Bindung evtl. noch ein paar Haferflocken, Soja- oder Paniermehl einarbeiten.

Tuning:

[+KCAL] Ein Schwung Sonnenblumenkerne in der Füllung und als Deko obendrauf machen zusätzliche 60 kcal und und 2,5 g Protein pro EL aus. Der ein oder andere Schuss Olivenöl in die Hafergrütze ist auch nicht verkehrt.

Dazu passt: Ein schöner Tomaten- oder Blattsalat. Ich lege mir bei der Gelegenheit immer ein paar längs halbierte oder geviertelte Karotten mit in die Auflaufform – eine deliziöse Beilage!

Rührki'

easy, quick, highKCAL, highFAT, highCARB, PROT, soyfree, glutenfree, sugarfree, fiber

Rührtofu, eine vegane Rührei-Adaption auf der Basis von zerdrücktem Tofu, erfreut sich unter VeganerInnen mittlerweile verbreiteter Beliebtheit. Hier gibt es zur Abwechslung mal eine soja-freie Variante aus Kichererbsenmehl. Wenn man geschickt genug ist – wie ich eher nicht – lässt sich daraus auch ein schönes Gemüseomelett zaubern, siehe unten bei den Variationsvorschlägen.

ergibt 2 mittelkleine
Portionen
Herd

Zutaten

200 g Kichererbsenmehl
1 TL Salz, möglichst Kala Namak
2 Msp. Cumin
3 Msp. Kurkuma
Pfeffer
170 ml Pflanzenmilch
1 Tomate
1 gr. rote Peperoni (für mich extra-mild)
50 g Schwarze Oliven
2 EL Rapsöl
3-4 EL Cuisine
20 g Schnittlauch

Nährwert

kcal	prot	carb	fett

Gesamt (510 g)

kcal	prot	carb	fett
1170	49	110	79

1 Portion (250 g)

kcal	prot	carb	fett
572	24	54	39

100 g

kcal	prot	carb	fett
229	10	22	15

1. Mehl, Salz und Gewürze miteinander vermischen, Pflanzenmilch dazugießen und mit einem Schneebesen zu einem homogenen, zähflüssigen Teig verquirlen.

2. Tomate würfeln, Peperoni gründlich entkernen und kleinschneiden (Vorsicht wo man danach mit seinen Fingern hinfasst…!), die Oliven in Ringe schnippeln, dann alles in den Teig rühren.

3. 1 EL Öl in der Pfanne bei mittelhoher Temperatur erhitzen, dann den Kichererbsenteig hineingeben. Einige Minuten warten und wenn der Rand beginnt, sich zusammenzuziehen und hochzukommen, das Ganze einmal wenden und mit dem Pfannenwender zerstückeln. Den anderen EL Öl ergänzen Jetzt immer wieder ein bisschen wenden und hackstückeln, bis die gewünschte Konsistenz erreicht wird – irgendwo zwischen weich und knusprig. Damit es nicht zu trocken wird, noch die Cuisine hinzugeben und kurz mitbrutzeln lassen.

4. Abschmecken und vor dem Servieren noch den kleingeschnittenen bzw. tiefgefrorenen Schnittlauch untermischen.

Variationen: Dieses Rezept eignet sich ideal zum Verwerten von Gemüseresten – geraspelte Zucchini, Zwiebeln, Paprika, Lauch, man kann alles darin vervursten. Auch Waldpilze würden dem Rührki' gut zu Gesicht stehen, die sollte man dann zuerst in der Pfanne anbraten und anschließend den Teig darübergießen. Eine andere Variante ist, wie eingangs schon erwähnt, ein Omelett daraus zu machen. Das klappt bei mir immer ganz ausgezeichnet – bis es zum Wenden kommt. Aber ich scheitere für gewöhnlich auch an normalen Pfannkuchen, von daher hat das nicht unbedingt was zu heißen. Aber hey, ich kann andere Sachen.

Tuning:

[-KCAL] Je mehr Gemüse, desto weniger Kalorien. Die Pflanzemilch durch Wasser zu ersetzen spart auf die Gesamtmenge 60 kcal.

Dazu passt: Evtl. ein Salätchen oder eine zusätzliche gewürfelte rohe Tomate. Auf Brötchen kann man sich das Ganze auch gut tun.

Knipp

PROT, highFAT, fiber, easy, dauert, cheap, soyfree, sugarfree

Knipp ist ein niedersächsisches Grützwurstgericht, besonders aus dem Bremer Raum. Ich lernte es als Grundschülerin kennen, bei der Oma meiner damaligen besten Freundin – die immer so unglaublich toll gebacken und gekocht hat. Besonders Knipp mit Kartoffelpüree und Sauerkraut war immer ein echtes Highlight für mich. Allerdings: Ich war damals schon Vegetarierin. Die Oma versicherte mir jedoch, dass in Knipp kein Fleisch ist. Zunächst nahm ich das so hin, irgendwann wurde ich jedoch misstrauisch und fragte die Mutter der Freundin nochmals. Da hieß es auf einmal „da ist aber nur ganz wenig Fleisch drin" (naja, das bisschen Schweinskopf und Rinderleber…). Hmpf. Da hatte ich es aber schon so oft dort gegessen – und es schmeckte mir so gut – dass daraus mein erster Veggie-Break wurde. War zum Glück nur eine Phase.

Viele Jahre – Jahrzehnte! – später tauchte im hiesigen Bioladen veganes Knipp auf! Und das schmeckte auch nicht schlecht. Haken: Es wird lustigerweise von einer Bio-Schlachterei produziert. Und obwohl ich sonst natürlich auch nicht nur von rein veganen Unternehmen kaufe, kommt mir das subjektiv doch irgendwie nicht richtig vor. Also hieß es mal wieder: Selber Hand anlegen! Da zeigte es sich einmal mehr praktisch, einen Ex-Schlachter zum Freund zu haben.

ergibt 3 Portionen
Herd

Zutaten
150 g Hafergrütze
2 TL Salz
1 EL Suppengrün
(gefriergetrocknet)
400 ml Wasser
40 g Lupinenmehl
1 Zwiebel
Piment
Pfeffer
4 EL Rapsöl

1. Die Hafergrütze – zu finden z. B. im Supermarkt in der Mehl- und Getreideabteilung – mit 1 TL Salz und dem Suppengrün in das kochende Wasser schmeißen. Die Grütze gar zu kochen dauert etwa 20–30 min, dabei immer wieder kräftig am Boden entlangrühren, damit nichts anbrennt. Je mehr Wasser verkocht, desto niedriger die Temperatur drehen, irgendwann ganz ausstellen und noch einen Moment quellen lassen.

2. Dann mit einer Gabel oder der Hand das Lupinenmehl und die feingehackte Zwiebel hineinkneten, ebenso etliche Mühlen-Umdrehungen Piment und Pfeffer sowie das restliche Salz nach Bedarf dazugeben.

3. Währenddessen schon mal die Hälfte des Öls in der Pfanne, möglichst eine beschichtete, ordentlich erhitzen. Die Hafergrütz-masse so breitflächig wie möglich darin ausbreiten. Jetzt bei mittlerer bis mittelhoher Hitze die Masse immer einige Minuten unangetastet anbraten lassen, dann mit dem Holzspatel alles vom Pfannenboden abschaben, die Masse wenden bzw. umrühren und wieder in der Pfanne ausbraten. Repeat. Zwischendurch das restliche Öl ergänzen. Das Knipp so lange braten, bis es schön braun und körnig, aber nicht zu trocken ist. Das dauert eine ganze

Nährwert

kcal	prot	carb	fett
Gesamt (470 g)			
1.122	41	102	58
1 Portion (150 g)			
356	13	32	18
100 g			
237	9	22	12

Weile, aber dann hat man eine schöne gehaltvolle und dabei preisgünstige Mahlzeit. Während des Bratvorgangs kann man sich außerdem um die Beilage der Wahl kümmern, siehe unten.

Variationen:

[cheaper] Statt Lupinen- tut es auch Sojamehl.

Tuning:

Je länger man das Knipp in der Pfanne brät, desto höher wird die Kaloriendichte (durch das Verdunsten des enthaltenen Wassers). [-KCAL] [-FAT] 420 Fettkalorien spart man ein, indem man das Knipp auf ein Backblech streicht und im Ofen röstet, anstatt es in der Pfanne zu braten.

Dazu passt: Klassisch wird Knipp mit Sauerkraut und Bratkartoffeln serviert oder alternativ mit Vollkornbrot und Essiggurken. Das Sauerkraut wird noch besser, wenn man Zwiebeln und Ananas anbrät, bevor das Kraut ergänzt wird.

Ana-Nasi Goreng

highCARB, highKCAL, easy, glutenfree, sugarfree

Ich bin eigentlich ein Nudel-Girl, Reis und vor allem Kartoffeln sind nicht so meins. Aber für dieses Rezept – erdacht von meinem Schatz, aufgetunt von mir – mache ich immer gerne eine Ausnahme. Der Tofu sorgt für die nötige Proteineinlage, die fruchtigen Ananasstücke bieten das perfekte geschmackliche Frische-Gegenstück und Cashewnüsse machen sowieso alles besser.

ergibt 4 Teller voll
Herd

Zutaten

160 g Reis, z. B. Basmati (ungekocht)
300 g Tofu
1 TL Curry
¾ TL Kurkuma
¾ TL Salz
2 EL Erdnussöl
700 g TK-Asia-Gemüse
80 g Cashews
400 g Ananas (fertig geschält)
3 EL Sojasauce
Chili
1 TL Ingwerpulver

Nährwert

kcal	prot	carb	fett
Gesamt (1.900 g)			
2.220	85	229	97
1 Teller (450 g)			
525	20	54	23
100 g			
117	5	12	5

1. Reis nach Packungsanweisung gar kochen und anschließend im Sieb abtropfen.

2. Den Tofu in kleine Würfel schneiden und mit einem Kartoffelstampfer oder alternativ mit einer Gabel zerdrücken. Es dürfen aber ruhig einige größere Stücke übrigbleiben. Curry, Kurkuma und Salz untermischen.

3. Das Öl erhitzen und den Tofu unter gelegentlichem Wenden bei hoher Hitze und ohne Deckel anbraten, bis er eine leichte Kruste bekommt.

4. Wenn er soweit ist, den Tofu aus der Pfanne auf einen Teller transferieren, gegen das gefrorene Gemüse austauschen und das wiederum ebenfalls mit hoher Hitze befeuern, bis der Großteil der Flüssigkeit verkocht ist. Falls man – im Gegensatz zu mir – keine Probleme mit größerer Abwasch-Action hat, kann man Gemüse und Tofu natürlich auch parallel fertigmachen, dann geht's noch schneller.

5. In der Zwischenzeit die Ananas würfeln und die Cashews ganz grob hacken oder mit eiserner Faust zerquetschen.

6. Wenn das Gemüse soweit ist, Platte aus. Jetzt den Tofu und die Sojasauce sowie das Chili und den Ingwer untermischen. Zuletzt den Reis mit viel Gefühl unterheben und final abschmecken.

7. Sollte das Ganze zu trocken geraten sein, noch mit ein paar EL Wasser oder Gemüsebrühe ergänzen.

Tuning:

[-KCAL] Die Cashews wegzulassen spart auf die Gesamtmenge fast 500 kcal ein (allerdings auch 14 g Eiweiß). Zudem kann der Reisanteil reduziert werden.

Dazu passt: Ein schöner Salat, z. B. der Express-Salat.

Info

Weißer Reis enthält weniger Ballaststoffe, Vitamine und Fett als brauner Reis und etwas mehr Kalorien.

Protein-Bratspaghetti
mit Cashew-Miso-Sauce

highKCAL, highFAT, PROT, lowCARB, fiber, easy, quick, glutenfree, sugarfree, expensive

Wie sehr ich Cashews liebe, habe ich ja sicher das ein oder andere Mal bereits erwähnt – sie schmecken eben einfach nicht nur genial und sind sehr nährstoffreich, sie lassen sich dazu auch noch so supervielseitig verwenden! Z. B. für diese würzige Cremesauce, die ganz ohne Kochen auskommt!

ergibt etwa 3 Portionen
Mixer, Herd

Zutaten
200 g Soja-Spaghetti
100 g Cashews
(möglichst für ein paar
Stunden eingeweicht)
2 EL Hefeflocken (15 g)
15 g Misopaste
160 ml Wasser
2 EL Olivenöl
170 g Räuchertempeh
2 Knoblauchzehen
¼ TL Salz
Handvoll Basilikumblätter

1. Die Soja-Spaghetti nach Packungsanweisung kochen.
2. In der Zwischenzeit die Cashews mit den Hefeflocken, der Misopaste und dem Wasser in den Mixer geben und zu einer homogenen, glatten Creme pürieren. Wurden die Cashews im Vorfeld nicht eingeweicht oder ist die Sauce noch zu dick, einige EL Wasser zusätzlich dazugeben. Je nach verwendeter Misopaste und Hefesorte ggf. noch leicht nachsalzen.
3. 1 EL Öl in der Pfanne erhitzen. Tempeh und Knoblauch in kleine Würfel schneiden und bei mittelhoher Hitze anbraten. Wenn der Tempeh ein bisschen Kruste bekommen hat, die gut abgetropften Spaghetti und den zweiten EL Öl dazugeben. Kurz bei hoher Temperatur und gelegentlichem Wenden anbraten, dann Platte aus und mit Salz und Chili abschmecken. Die Basilikumblätter zerrupfen oder mit der Küchenschere zerschneiden und untermischen.

Variationen:
[cheaper] Räuchertempeh ist nicht immer leicht zu bekommen und er ist sogar noch teurer als normaler. Wenn keiner zur Hand ist, kann regulärer Tempeh, evtl. versetzt mit etwas Liquid Smoke verwendet werden – oder einfach Räuchertofu.

Tuning:
[-KCAL] Mit einem Spiralschneider oder Sparschäler fabrizierte Zucchinispaghetti verwenden, kurz mitanbraten. Die enthalten allerdings so gut wie kein Protein, aber dafür sorgt die Sauce ja.
[+CARB] Reguläre Spaghetti einwechseln.

Info
Soja-Nudeln gibt es in Bioladen und Reformhaus, bzw. können dort bestellt werden. Die sind allerdings leider nicht ganz billig, machen aber gut satt.

Nährwert Sauce			
kcal	prot	carb	fett
Gesamt (330 g)			
693	24	33	51
100 g / 1 Portion			
210	7	10	16

Nährwert Nudelpfanne			
kcal	prot	carb	fett
Gesamt (680 g)			
1.391	46	79	57
1 Portion (200 g)			
410	14	23	17
100 g			
205	7	12	8

Nährwert Nudeln + Sauce			
kcal	prot	carb	fett
Gesamt (1.010 g)			
2.084	70	112	108
1 Teller (300 g)			
621	21	33	32
100 g			
207	7	11	11

Sahnegeschnetzeltes

PROT, lowCARB, glutenfree, sugarfree, easy

Ich habe es ewig kategorisch abgelehnt, irgendwelche alkoholischen Flüssigkeiten an mein Essen zu lassen, weil ich mir einfach nicht vorstellen konnte, dass das schmeckt – verkochter Alkohol hin oder her. Zum Glück habe ich dem irgendwann dann aber doch mal eine Chance gegeben – was für eine Geschmacksexplosion *auf der Zunge!*

ergibt 4 Portionen
Herd

Zutaten

340 ml Wasser
2 EL Sojasauce
3 TL Hähnchenwürzsalz
2 EL Liquid Smoke
150 g Soja-Chunks (am besten Medallions oder -Schnetzel)
3 TL Olivenöl
1 mtl. Zwiebeln
2 Knoblauchzehen
1–2 TL eingelegte Pfefferkörner
½ TL Salz
3 TL Balsamico Bianco
190 ml Weißwein
200 ml Cuisine
300 ml Pflanzenmilch
3 gr. TL Erythrit
optional 1 Lorbeerblatt

1. Als erstes werden die Chunks vorbereitet. Dafür das Wasser einmal kurz mit der Sojasauce, dem Hähnchengewürz und dem Flüssigrauch aufkochen. Dann die Sojastücke dazu, schauen, dass sich alles schön mit Flüssigkeit vollsaugt und bei mittelhoher Hitze für einige Minuten den Deckel draufmachen. Dann den Deckel wieder entfernen und die Chunks noch ein paar Mal umrühren und runterdrücken, bis sie komplett weichgekocht sind. Falls das Wasser zu schnell verkocht, noch ein bisschen was nachgießen, damit nichts anbrennt.

2. Die Stücke dann in ein Nudelsieb geben und mit der Unterseite einer Gabel ausdrücken. Falls man nicht direkt Schnetzel verwendet, die Chunks in knapp fingerdicke Streifen schneiden.

3. 1 TL Öl in einer ausreichend großen Pfanne erhitzen. Zwiebel und Knoblauch fein würfeln, erst die Zwiebelstücke anbraten und ein paar Minuten später den Knoblauch dazugeben. Wenn sie Farbe bekommen, mit den zweiten beiden TL Öl und den Schnetzeln ergänzen. Gelegentlich wenden, aber nicht zu viel darin rumrühren, wir wollen ja eine schön Kruste an den Sojastreifen!

4. Alle restlichen Zutaten dazu und ohne Deckel bei mittlerer Temperatur einköcheln, bis das Sahnegeschnetzelte die gewünschte Konsistenz und Geschmacksintensität hat.

5. Etwaiges Lorbeerblatt entfernen, abschmecken und Essen fassen.

Variationen: Wird eine dickere Sauce gewünscht, kann man 1–2 EL Stärkemehl gegen Ende kurz mitkochen.
Wer keinen Wein im Essen mag, kann den auch weglassen und durch mehr Wasser und Pflanzenmilch ersetzen. Dadurch erhält man allerdings nur ein reduziertes Geschmackserlebnis.
Statt der Chunks kann man es auch zur Abwechslung mit Pilzen, z. B. Pfifferlingen, versuchen.

Dazu passt: Nudeln, bzw. Sojanudeln und Kaisergemüse ergänzen das Geschnetzelte.

Nährwert

kcal	prot	carb	fett

Gesamt (1.255 g)

kcal	prot	carb	fett
1.348	100	66	58

1 Portion (300 g)

kcal	prot	carb	fett
322	24	16	14

100 g

kcal	prot	carb	fett
107	8	5	5

Vham!burger

PROT, dauert, aufwändig, fiber, highKCAL, sugarfree, cheap

Nährwert

kcal	prot	carb	fett
gesamt/1 Burger (420 g)			
740	54	65	28
100 g			
176	13	16	7

Der Vham!burger ist eine recht aufwändige Angelegenheit und eignet sich daher gut für eine gemeinschaftliche Küchen-Attacke. Er besteht aus folgenden Einzelkomponenten: Proteinbrötchen, Remoulade, Vrikadelle und Gemüsebelag. Die Vrikadellen hat übrigens mein omnivorer Freund, seines Zeichens Ex-Schlachter, designt. Ans Werk.

Burgerbrötchen

PROT, highCARB, easy, quick+, sugarfree, soyfree, cheap

Ofen

Zutaten

170 g Gluten
200 g Vollkorn-
Dinkelmehl
1¼ TL Trockenhefe
⅓ TL Salz
360 ml Pflanzenmilch
4 TL Sesam

Nährwert

kcal	prot	carb	fett
Gesamt (665 g)			
1.555	182	149	24
1 Brötchen (130 g)			
309	36	30	5
100 g			
238	28	23	4

1. Gluten, Mehl, Hefe und Salz miteinander vermischen, Milch auf gut handwarm erhitzen und mit den trockenen Zutaten kräftig verkneten.

2. Mit einem Geschirrtuch abdecken und an einem warmen Ort 30 min gehen lassen.

3. Ofen auf 175 °C vorheizen, ein Gefäß mit Wasser hineinstellen, Backblech mit Backpapier versehen. Vom Teigklumpen jetzt immer ca. eine Handvoll Teig abreißen, zu einer Kugel formen – mit nassen Händen klebt es nicht so – aufs Blech legen und relativ platt drücken. Der Teig reicht für fünf Brötchen.

4. Auf jedes angehende Brötchen dann noch 1 TL Sesam streuen und mit der flachen Hand leicht andrücken. Ins Backrohr schieben. 30 min später sind sie fertig.

Remoulade

Ofen

Zutaten

190 g Mayo
5 kl. Gewürzgurken
1 EL Gurkenwasser
3 TL Petersilie
3 TL Dill
3 TL Schnittlauch
Pfeffer
2–3 Msp. Salz

Nährwert

kcal	prot	carb	fett
Gesamt (350 g)			
820	6	11	77
1 EL (20 g)			
47	0,5	0,4	4
100 g			
235	2	3	22

Vorneweg: Der Burger auf dem Bild dient nur zum Posen - der war so nicht essbar. Weder mittels zusammendrücken, noch mit Gabel und Messer – da bräuchte man schon einen aushakbaren Kiefer wie eine Würgeschlange. Man kann ihn also entweder in Einzelteile demontiert verspeisen oder man muss einfach die wortwörtlichen kleineren Brötchen backen.

1. Einfach alles zusammenrühren und abschmecken.

Vrikadellen

highKCAL, highCARB, PROT, sugarfree, soyfree

Ofen

Zutaten

150 g Vollkorn-
Dinkelmehl
25 g Kichererbsenmehl
40 g Gluten
45 g Vollkorn-Paniermehl
½ TL Pfeffer
½ TL Curry
1 gr. TL Salz
1 Zwiebel (100 g)
25 g Mais- oder
Reiswaffeln (3–4 Stck.)
2 TL Olivenöl
225 ml Wasser
optional: etwas
Tomatenmark
etwa 2 EL Öl zum Braten,
z. B. Erdnussöl

1. Dinkel-, Kichererbsen-, Gluten- und Paniermehl mit Salz und Gewürzen in einer Schüssel vermischen, Zwiebeln würfeln und ebenfalls dazu und auch die Maiswaffeln. Falls man nicht über größere Griffstärke verfügt, die Waffeln schon mal mit einer Haushaltsschere kleinschneiden.

2. Olivenöl und Wasser dazu und kompromisslos draufloskneten. Tomatenmark gibt dem ganzen eine etwas ansehnlichere Farbe, ist aber kein Muss.

3. Möglichst noch ein bisschen ziehen lassen, dann das Bratöl bei hoher Temperatur erhitzen und zwar richtig heiß.

4. Aus der Vrikadellenmasse gut tischtennisballgroße Kugeln formen – insgesamt fünf Stück.

5. In die Pfanne damit und mit einer angefeuchteten Gabel platt drücken – dabei sich am Durchmesser der Burgerbrötchen orientieren. Häufig wenden und zwischendurch mal den Deckel drauf, damit sie innen gar und außen schön knusprig werden.

6. Die Vrikadellen gehen übrigens auch gut pur oder mit Mayo oder Ketchup als eiweißhaltiger Snack zwischendurch.

Nährwert

kcal	prot	carb	fett

Gesamt (560 g)

kcal	prot	carb	fett
1.234	64	150	42

1 Vrikadelle (110 g)

kcal	prot	carb	fett
243	13	29	8

100 g

kcal	prot	carb	fett
220	12	27	8

Gemüsebelag & Zusammenstellung

Zutaten pro Burger:

1 Burgerbrötchen (130 g), 65 g Remoulade, 1 Vrikadelle (110 g), 1 sehr große Tomatenscheibe, 4 hauchdünne Gurkenscheiben, 3 Zwiebelscheiben, 1–2 Salatblätter, Salz, Pfeffer

Was den Grünzeugbelag angeht, sind der Fantasie darüber hinaus keine Grenzen gesetzt – Sprossen, Röstzwiebeln, Ananasscheiben, Paprika, noch mehr Gewürzgurken, Basilikumblätter, angebratene Pilze …

Kokos-Pilz-Nudelpfanne

highKCAL, PROT, highFAT, soyfree, sugarfree, quick, easy

Ein wirklich nahrhaftes und schnelles Pfannengericht, wenn man ausgehungert nach Hause kommt und keine Zeit zu verlieren hat. Lecker ist es natürlich auch (sonst würde es hier nicht stehen).

ergibt 4 Teller voll

Herd

Zutaten

2 EL Erdnussöl
200 g Seitan (am besten eingelegt)
250 g TK-Asia-Pilzgemüsemischung
1 Dose Kokosmilch (400 g)
1 Platte Mienudeln (90 g)
2 Handvoll Cashews (50 g)
knapp 6 EL Sesam (40 g)
200 ml Wasser
300 ml Pflanzenmilch
1 EL Balsamico Bianco
5 EL Sojasauce
ggf. Salz, Chili & Pfeffer

Nährwert

kcal	prot	carb	fett
Gesamt (1.375 g)			
2.296	98	115	167
1 Teller (320 g)			
535	23	27	39
100 g			
167	7	8	12

1. Öl bei mittelhoher Hitze in einer Pfanne auf Temperatur bringen, derweil den Seitan in mundgerechte Stücke schneiden und dann beidseitig knusprig braten.

2. Die gefrorene Pilzgemüsemischung dazu und erstmal den Deckel drauf, bis das ganze aufgetaut ist. Dann Deckel wieder runter und weiterdünsten, bis der Großteil des Wassers, das aus den Pilzen austritt, wieder verkocht ist. Mit der Kokosmilch – Dose vor dem Öffnen gut schütteln – ablöschen. Mienudeln, Cashews und Sesam dazugeben, mit Wasser und Pflanzenmilch auffüllen, ebenso Balsamico und Sojasauce. Unter gelegentlichem Umrühren einige Minuten köcheln lassen, bis die Mienudeln gar sind – das geht glücklicherweise sehr schnell – nochmals abschmecken, falls nötig weitere Flüssigkeit nachkippen und gierig darüber herfallen.

3. Falls nicht gleich alles aufgegessen wird, muss für den späteren Verzehr zumeist noch ein guter Schwung Pflanzenmilch untergerührt werden, da die Nudeln sich ziemlich vollsaugen.

Variationen: Hier geht eigentlich jede Form von Seitan- und Sojafleischprodukten oder eben einfach Tofu. Am tollsten passt süß-sauer eingelegtes Bratgut.

Tuning:
[-KCAL] Weniger Kokos, dafür Sojajoghurt ergänzen oder mehr Pflanzenmilch. Das Seitan-Anbraten funktioniert auch noch mit etwa der Hälfte des Öls.
[+KCAL] Umgekehrt kann man weitere Teile des Wassers und der Pflanzenmilch durch weitere Kokosmilch ersetzen – das liegt dann aber auch gut im Magen!

Tipp

Mienudeln gibt es sowohl mit als auch ohne Ei zu kaufen, also Augen auf beim Nudelkauf! Wenn man die Platten vor dem Kochen ein bis zweimal durchbricht, lassen sie sich beim Essen später besser bändigen.

Chili con Tofu

lowCARB, lowKCAL, fiber, glutenfree, sugarfree, easy, cheap

Wenn man seine Tageskalorienaufnahme niedrig zu halten wünscht, sich aber trotzdem den Bauch vollschlagen, satt werden und auf seinen Proteinbedarf kommen will, ohne dafür stundenlang in der Küche zu stehen oder Unsummen auszugeben ist dieses Gericht die Lösung. Klingt fast zu gut, um wahr zu sein, oder? Ist es aber nicht, yay!

ergibt 1 große Pfanne á 6
Teller
Herd

Zutaten

4 TL Olivenöl
1 gr. Zwiebel (200 g)
2 gr. Zehen Knoblauch
400 g Tofu
2 TL Salz
1½ TL Paprika
Rosenscharf
3 Dosen Pizzatomaten
(1.275 g)
300 ml Wasser
2 Dosen Kidneybohnen
(500 g)
35 g Gewürzketchup
2-3 TL Oregano
½ TL Cumin
(Kreuzkümmel)
Pfeffer, Chili

Nährwert

kcal	prot	carb	fett
Gesamt (2.500 g)			
1.608	108	106	67
1 Teller (400 g)			
257	17	17	11
100 g			
64	4	4	3

1. 1 TL Öl in der Pfanne erhitzen. Zwiebel würfeln, Knoblauch in dünne Scheiben schneiden und bei mittlerer Temperatur glasig dünsten.
2. Tofu erst fein würfeln und dann zerdrücken. Das geht am besten mit einem hölzernen Kartoffelstampfer oder mit etwas Unterarmmuskeltraining mit einer stabilen Gabel.
3. 2 TL Salz mit in die Pfanne und bei mittelhoher bis hoher Hitze so lange braten, bis er sich bräunt. Gelegentlich muss er umgewendet werden – aber nicht zu viel darin herumrühren, da er ja eine schöne Kruste bekommen soll.
4. Wenn das eingetreten ist, mit den Pizzatomaten ablöschen und noch eine Dose voll Wasser dazu. Bohnen mit hinein ins Vergnügen und bei mittelhoher Hitze erstmal köcheln lassen, bis sich die Flüssigkeit ein gutes Stück reduziert hat.
5. Kurz vor Schluss mit Ketchup und Gewürzen abschmecken.

Variationen:

[soyfree] Die Bohnen liefern bereits schon einiges an Protein, aber wenn man den Tofu weglassen möchte oder muss, könnte man stattdessen ein paar Handvoll Rote Linsen dazugeben. Sehr weich kochen und die Gemüseeinlage erhöhen, damit es nicht so langweilig ist – Paprika, Suppengrün (Knollensellerie, Karotte Lauch), Mais…

Lässt man hingegen die Hülsenfrüchte weg, hat man gleich die Basis für den veganen Klassiker Tofu-Bolognesesauce. Dort mache ich dann gerne noch Kapern, Balsamico Bianco und geröstete Sonnenblumenkerne mit hinein.

Tuning:

[-KCAL] Man kann das Ganze auch mehr als Eintopf anlegen – mehr Wasser, mehr Tomaten, ggf. mehr Gemüse (s. o.), weniger Kalorien.

Dazu passt: Ein epischer Wolfshunger.

Proteinpizza Hawaii

PROT, cheap, sugarfree

Ich bin erst vor kurzem durch meinen Freund auf die geniale Großartigkeit von Hawaii-Toast, -Schnitzel und -Pizza aufmerksam gemacht worden, davor war mir diese Kombination immer suspekt. Wie dramatisch man sich irren kann.

ergibt 1 köstliche mittelgroße bis große Pizza
Pürierstab, Herd, Ofen

Zutaten

60 g Sojamehl
110 g Gluten
120 g Vollkorn-Dinkelmehl
½ TL Salz
1 TL Trockenhefe
1 EL Olivenöl
280 ml Wasser

1 TL Olivenöl
1 kl. Zwiebel
1–2 Zehen Knoblauch
2 Tomaten
je ½ TL: Paprika Rosenscharf, Majoran, Basilikum, Oregano & Rosmarin
¼ TL Salz
Pfeffer

50 g Cashews
120 ml Wasser
1 EL Hefeflocken
1½ TL Salz
1 Knoblauchzehe
¼ TL Muskat
½ TL Zwiebelgranulat

Tipp

Es kann nie schaden, immer ein großes Glas voll Cashews im Wasserbad parat stehen zu haben. Ob für Cashewsahne, cremige Desserts, Aufstriche oder Schmelz, man kann sie immer gebrauchen.

Teig:

Die drei Mehle mit dem Salz und der Hefe in einer Schüssel vermischen, dann mit dem Öl und dem Wasser zu einem lockerem Teig verkneten. Eine Kugel formen, mit einem Geschirrtuch abdecken und 20–30 min an einem warmen Ort gehen lassen.

Tomatensauce:

In der Zwischenzeit das Öl in einem kleinen Topf erhitzen, die Zwiebel in Ringe oder Würfel schneiden, den Knoblauch in ganz dünne Scheiben und anbraten. Wenn sie anfangen, sich zu bräunen, die klein gewürfelten Tomaten dazu, Kräuter ebenfalls und köcheln lassen, bis es sich etwas einreduziert hat.

Cashewschmelz:

Statt regulärem Hefeschmelz mixen wir uns derweil etwas Schönes mit Cashews. Die wurden idealerweise im Vorfeld schon eingeweicht, es geht aber auch ohne. Zusammen mit dem Wasser, Salz und den Gewürzen durchpürieren. Falls das Ganze zu trocken ist, noch etwas Wasser ergänzen, wenn es zu flüssig ist, schaffen ein paar mitpürierte Haferflocken Abhilfe.

100 g Räuchertofu
300 g Ananas (fertig geschält)

Nährwert

kcal	prot	carb	fett
Gesamt (1.300 g)			
2.281	158	188	95
1 Stck. (160 g)			
280	19	23	12
100 g			
175	12	14	7

Belag:

Den Räuchertofu ganz klein würfeln oder in kurze Streifen schneiden, die Ananas wahlweise in große Stücke, Ringe oder Halbkreise.

Wenn der Teig fertig gegangen ist, den Ofen auf 175 °C vorheizen.

Ein Blech mit Backpapier bestücken, die Teigkugel darauf legen und von innen nach außen mit den Händen zu einem dünnen, runden Teigfladen auseinanderdrücken. Den Rand rundum von außen ein bisschen zusammenschieben bzw. hochdrücken, dann bleibt die Sauce auch dort, wo sie soll.

Besagte Sauce wird jetzt auf dem Teig verteilt und darauf der Belag. Obenauf kommt der Cashewschmelz und ab damit in den Ofen für etwa 30min, bis Teig und Schmelz Farbe bekommen haben.

Variationen: Zwar von der Zutatenzusammenstellung nicht so toll, vom Geschmack aber schon ist veganer Aufschnitt anstatt des Räuchertofus.

Wenn es schneller gehen soll, tut es auch die Blitz-Tomatensauce der Pizza Margherita (Seite 200).

Tuning:

[+CARB] Das Soja- und Glutenmehl durch weiteres Dinkelmehl ersetzen. Da das bei weitem nicht so viel Wasser aufsaugt wie Gluten, muss die Flüssigkeit auf etwa 60–70 ml reduziert werden. Die reine Vollkorn-Dinkelvariante ist meiner bescheidenen Meinung nach die leckerste für Pizza.

[+FAT] [+KCAL] Der Pizzaboden verträgt gut noch den ein oder anderen EL Olivenöl mehr. Ein dickerer Cashewschmelz-Belag hat einen ähnlichen Effekt.

Grünkohl

lowKCAL, lowCARB, lowFAT, PROT, fiber, cheap, glutenfree, sugarfree

Klassische Hausmannskost – altbewährt lecker, saisonal-regional, billig in der Herstellung. Dazu kaum Kalorien, sättigend und von innen wärmend an kalten Tagen. Das Rezept ist von meinem omnivoren Freund, der in der Küche bei seiner Oma immer gut aufgepasst und ein Händchen für Veganisierungen hat.

ergibt einen guten Topf voll

Herd

Zutaten

3 mittelgr. Kartoffeln (etwa 250 g)
1½ EL Rapsöl
3 kl. Zwiebeln (150 g)
1 Glas Grünkohl (660 g)
375 ml Wasser
4 EL Senf (80 g)
2 EL Erythrit
1–2 TL Salz
200 g Tofu (normal oder Räucher-)
Pfeffer

Nährwert

kcal	prot	carb	fett

Gesamt (1.700 g)			
853	59	62	35

1 Teller (500 g)			
259	18	19	11

100 g			
52	4	4	2

Info
Aufgepasst: Manche Grün- und Rotkohlkonserven beinhalten Gänseschmalz!

1. Die Kartoffeln in einem Topf mit gesalzenem Wasser bedecken, Deckel drauf und sprudelnd kochen lassen.
2. In einem weiteren Topf 1 TL Öl erhitzen und die gewürfelten Zwiebeln darin anschwitzen. Den Grünkohl dazugegeben, ebenso das Wasser und den Senf, das Erythrit und das Salz. Köcheln lassen.
3. Den Tofu würfeln. Wenn die Kartoffeln gar sind, den verbliebenen EL Öl auf der Platte in einer Pfanne erhitzen und auf hoher Temperatur den Tofu von allen Seiten knusprig braten.
4. Die Kartoffeln kalt abschrecken, pellen, grob würfeln und zum Grünkohl geben. Wenn der Tofu eine schöne Kruste bekommen hat, kommt auch er in den Grünkohltopf und darf noch ein bisschen mitköcheln.
5. Alles in allem beträgt die Köchelzeit etwa 45 min.
6. Zum Schluss mit Pfeffer abschmecken.
7. Grünkohl schmeckt am zweiten und dritten Tag noch besser, man sollte also erwägen, ruhig gleich eine größere Menge zu kochen.

Variationen: Die Komponenten Kartoffeln – Tofu – Wasser können mengenmäßig natürlich nach Gusto variiert werden.

Tuning:

[-KCAL] Besonders wenn Räuchertofu verwendet wird, muss der nicht zwingend gebraten werden und spart so nicht nur Zeit und Abwasch, sondern auch über 100 kcal auf die Gesamtmenge ein.

Mediterrane Tagliatelle
mit Aubergine

highKCAL, highCARB, highFAT, soyfree, sugarfree, easy, cheap

Dieses Rezept ist für die designt, die Kalorien schaufeln müssen. Viele Kohlenhydrate, viel Öl, wenig Flüssigkeit und wenig Ballaststoffe bewirken eine hohe Energiedichte und dass man große Mengen davon vertilgen kann. Und an den Mikronährstoffgehalt ist dabei auch gedacht.

ergibt 4 Teller voll

Herd

Zutaten
250 g Bandnudeln o. a.
4 EL Olivenöl
1 mtl. Aubergine (350 g)
1 Paprika (175 g)
65 g schwarze oder grüne Oliven (entkernt)
1–2 Knoblauchzehen
20 g getrocknete Tomaten
1–2 TL Salz
2 TL Majoran
2 TL Basilikum
4 EL Rapsöl
60 g Sonnenblumenkerne
Pfeffer
frische Petersilie

Nährwert

kcal	prot	carb	fett
Gesamt (1.400 g)			
2.360	54	218	126
1 Teller (350 g)			
591	14	55	31
100 g			
169	4	16	9

1. Die Nudeln der Wahl mit gesalzenem Wasser aufsetzen und gar kochen.
2. Derweil das Olivenöl in einer Pfanne auf Temperatur bringen. Die Aubergine vom Stielansatz befreien, der Länge nach in gut fingerdicke Scheiben schneiden und dann würfeln, ebenso die Paprika. Die Oliven in Ringe schneiden, den Knoblauch in ganz dünne Scheiben, die getrockneten Tomaten mit der Küchenschere kleinschnippeln.
3. Die Auberginenwürfel ins heiße Öl geben, einige Minuten rundum anbraten. Dann den Knoblauch dazu und kurz danach die Paprika. Majoran, Basilikum und Salz dazugeben. So lange dünsten, bis das Gemüse gar ist, dann die Platte ausmachen.
4. Sonnenblumenkerne unter häufigem Rühren in einer kleinen Pfanne trocken anrösten, bis sie Farbe bekommen.
5. Die fertigen Nudeln abgießen und das Rapsöl untermischen.
6. Dann die Bandnudeln und die Oliven in die Pfanne schütten, Petersilie und Pfeffer ergänzen und alles miteinander vermengen.

Variationen: Die Nudeln können auch als Bratnudeln angelegt werden, dann kann das Rapsöl durch weiteres Olivenöl ersetzt werden.
Das Gemüse kann wahlweise ausgetauscht oder ergänzt werden, z. B. mit Zucchini und frischen Tomaten.

Tuning:
[+PROT] Kleingewürfelten, krossgebratenen Tofu, Räuchertofu oder Tempeh hinzufügen.
[–CARB] [+PROT] [glutenfree] Die Pasta durch Sojanudeln ersetzen.

Dazu passt: Dazu empfiehlt sich unbedingt ein Salat, z. B. der Express-Salat, außerdem Walnuss-Parmesan.

Asia-Gemüsepfanne

lowKCAL, fiber, glutenfree, easy

Eine leichte, schnell gemachte Gemüsepfanne mit asiatischer Pilzmischung.

ergibt gut 2 Teller voll
Herd

Zutaten

1 EL Erdnussöl
1 Zwiebel (110 g)
1 gr. Knoblauchzehe
1 Paprika (220 g)
1 kl. Karotte (80 g)
150 g TK-Brokkoli
225 g TK-Asia-
Pilzmischung
2 EL Agavendicksaft
5 EL Sojasauce
½ TL Ingwerpulver
Chili
3 EL Sesam

Nährwert

kcal	prot	carb	fett

Gesamt (820 g)

kcal	prot	carb	fett
623	24	59	28

1 Teller (370 g)

kcal	prot	carb	fett
282	11	27	13

100 g

kcal	prot	carb	fett
76	3	7	4

1. Öl in der Pfanne erhitzen. Zwiebel halbieren und in Scheiben schneiden, Knoblauch ebenso. Glasig dünsten. Die Paprika vom Kerngehäuse und Karotte vom Strunk befreien. Paprika in Streifen schneiden und Karotte schräg in dünne Scheiben. Karotten, Pilze und Brokkoli mit in die Pfanne tun und bei mittelhoher Hitze dünsten. Wenn sie beginnen, weich zu werden, kommen die Paprikastreifen dazu. Mit Agavendicksaft, Sojasauce, Ingwer und Chili abschmecken, garen, bis das Gemüse weich, aber noch nicht verkocht ist. Von der Platte ziehen, Hitze reduzieren und den Sesam in einer kleinen Pfanne trocken anrösten. Dabei immer schön rühren, damit er nicht anbrennt. Wenn er Farbe bekommt, ist er bereit, mit dem Rest der Gemüsepfanne Bekanntschaft zu schließen.

Variationen: Sprossen, Wasserkastanien oder eingelegte Seitanstücke passen auch gut in solch ein Arrangement.

Dazu passt: Klassisch Reis (Kohlenhydrate), aber auch die Sesam-Tofusticks (Protein und Aufwand) oder die Kokos-Erdnusssauce (Protein und Kalorien).

Kichererbsen-Ratatouille

lowKCAL, lowFAT, fiber, sugarfree, glutenfree, soyfree, easy

Ratatouille ist ein Gericht, das normalerweise von Hause aus vegan ist. Hier kommt aber noch eine Extra-Zutat hinzu, um den Proteingehalt und das Sättigungspotential ein wenig zu erhöhen.

ergibt 4 Portionen
Herd

Zutaten

1 EL Olivenöl
1 Zwiebel (120 g)
2 Knoblauchzehen
1 kl. Aubergine (250 g)
1 mtl. Zucchini (250 g)
2 kl. Paprika (200 g)
1 Tomate (150 g)
25 g Tomatenmark
450 ml Wasser
½ Dose Kichererbsen
(125 g)
1 TL Salz
70 g schwarze Oliven
1½ TL Kräuter der
Provence
Pfeffer
2 TL Erythrit
3 EL Balsamico Bianco

1. Das Öl in einem großen Topf erhitzen. Sämtliches Gemüse von Strunk, Stielansatz bzw. Kerngehäuse befreien und in Würfel schneiden.

2. Jetzt von Zwiebel bis Tomate alle Gemüsewürfel nacheinander in die Pfanne geben, einige Minuten dünsten und dann das nächste dazu. Wenn man es ganz akkurat machen will, dünstet man alle Gemüsesorten separat an, dann kann man es genau auf die gewünschte Konsistenz garen und das Ergebnis ist noch etwas ansehnlicher.

3. Wenn das Gemüse gar, aber noch bissfest ist, Tomatenmark und Wasser ergänzen, ebenso die abgespülten, optional einmal grob gehackten Kichererbsen und das Salz dazugeben.

4. Einmal aufkochen, mit den Kräutern, Erythrit und Balsamico abschmecken, die in Scheiben geschnittenen Oliven hinzu, abschalten und noch ein bisschen ziehen lassen.

Dazu passt: Reis, Quinoa oder auch Nudeln.

Nährwert

kcal	prot	carb	fett
Gesamt (1.456 g)			
637	25	66	25
1 Teller (350 g)			
152	6	16	6
100 g			
43	2	5	2

Proteinpizza Margherita

PROT, fiber, sugarfree

Heute trinken wir unseren Proteinshake mal nicht, sondern essen ihn ihn Form einer Pizza! Die Konsistenz des Pizzabodens wird dadurch zwar etwas atypisch, dafür hat er aber nur noch halb so viele Kohlenhydrate wie regulärer Pizzateig und fast doppelt so viel Protein. Das nenne ich einen Deal.

ergibt 1 mittelgroße Pizza
(7 Stücke)
Herd, Ofen

Unsere Pizza besteht aus vier Komponenten: Teig – Tomatensauce – Hefeschmelz – Belag.
Los geht es mit dem…

Zutaten

90 g Vollkorn-Dinkelmehl
40 g Dinkelmehl Typ 1050
40 g Sojamehl
40 g Proteinpulver
1 TL Trockenhefe
1 großzügiger TL Kräuter der Provence
½-1 TL Salz
1½ EL Olivenöl
200 ml warmes Wasser

Teig:

Alle trockenen Zutaten in einer Schüssel miteinander vermischen, dann unter Zugabe des Öls und des relativ heißen Wassers einen geschmeidigen, homogenen Teig kneten. Bei der Kneterei darf sich ruhig Zeit gelassen werden.
Zu einer Kugel formen, mit einer Handvoll Mehl bestäuben und mit einem Geschirrtuch abgedeckt an einem warmen Ort 20-30 min gehen lassen.

Inzwischen kann man sich schon mal die restlichen Komponenten vornehmen, als erstes den…

15 g Kokosfett
1 gr. EL Weißmehl
2 EL Hefeflocken
125 ml Pflanzenmilch
1 TL Senf
2 gr. TL Tahin
⅓ TL Salz
½ TL Knoblauchpulver
2 Msp. Muskat

Hefeschmelz:

Das Kokosfett in einem Topf bei mittlerer Hitze schmelzen. In der Zwischenzeit in einer Tasse die Hefeflocken und das Mehl mit einem Teil der Milch glattrühren, sodass es nachher keine Klümpchen gibt.
Dann alle Zutaten in das Kokosöl einrühren, einmal aufkochen, Hitze ein wenig herunterschalten und köchelnd etwas einreduzieren lassen. Abschmecken.
Ich verwende für Hefeschmelz weißes Mehl und weißes Tahin, das hat aber nur optische Gründe. Wer ein bisschen mehr Gelb möchte, kann mit einer Prise Curry oder Kurkuma nachhelfen.

50 g Tomatenmark
20 ml Wasser
½ EL Olivenöl
⅓ TL Salz
1 knapper TL Basilikum
1 knapper TL Oregano
½ TL Paprika Rosenscharf
Pfeffer

15 g Pinienkerne
100 g Räuchertofu
15 g schwarze Oliven
(entsteint)
1 größere Tomate (250 g)
1 Knoblauchzehe

Nährwert

kcal	prot	carb	fett
Gesamt (990 g)			
1.815	109	140	86
1 Stück (145 g)			
266	16	21	13
100 g			
183	11	14	9

Tomatensauce:

Bei der Proteinpizza Hawaii wurde ja eine „vernünftige" Tomaten-sauce gekocht, hier nehmen wir die Express-Variante. Und zwar werden einfach alle Zutaten in einem Schälchen miteinander ver-rührt, abgeschmeckt – fertig.

Belag:

Die Pinienkerne unter wiederholtem Rühren in einer kleinen Pfanne anrösten, bis sie goldbraun werden.
Den Tofu in ganz dünne Scheiben schneiden, vorher evtl. einmal halbieren, so dass man mundgerechte Stücke bekommt.
Die Oliven in Ringe schneiden.
Den Stielansatz der Tomate mit einem spitzen, scharfen Messer kegelförmig herausschneiden, dann die Frucht in nicht zu dünne Ringe schneiden.
Knoblauch in dünne Scheiben schneiden.

Den Ofen auf 190 °C vorheizen.

Der Teig dürfte mittlerweile fertiggegangen sein. Ein Blech mit Backpapier versehen, den Teigklumpen in die Mitte legen und mit den Händen durch Drücken und Ziehen in eine flache, runde Form bringen.
Die Tomatensauce darauf verteilen, dann den Knoblauch, anschließend die Tofuscheiben, darüber die Tomaten und die Oliven. Der Hefeschmelz wird großflächig mit einem Löffel auf-getragen und verteilt, dabei muss man mit etwas Feingefühl zur Sache gehen, damit der restliche Belag bleibt wo er sein soll. Abschließend werden die Pinienkerne über die Pizza gestreut.
30 min backen – Cowabunga.

Variationen: Der Variantenreichtum von Pizza dürfte hinläng-lich bekannt sein. Spinat, Gemüse, Fake-Fisch, Aufschnitt, einge-legter Seitan, Rucola, frische Kräuter, Pilze, Pepperoni, Früchte…
Es gibt auch leckeren veganen Pizzastreukäse, der – im Vorfeld vermischt mit etwas Cuisine – sehr akzeptable Ergebnisse erzielt. Allerdings besteht der in der Regel aus Fett und Kartoffelstärke, also vom Nährstoffprofil nicht so sehr der Burner.

Dazu passt: Ein Teenage-Mutant-Ninja-Turtles-DVD-Abend (nach erledigtem Kampfsporttraining, versteht sich).

KaPü+

Normales Kartoffelpüree ist schon eine leckere Angelegenheit, aber vom Nährwertprofil her etwas einseitig. Da geht doch noch mehr!

ergibt 2 Portionen
Kartoffelstampfer, Pürierstab

Zutaten

300 g Kartoffeln
1 mtl. Karotte (100 g)
100 g Kichererbsen
(gekocht)
100 ml Pflanzenmilch
50 ml Cuisine
1 TL Rapsöl
1 TL Salz
Muskat, Pfeffer
frische Petersilie
(optional)

Nährwert

kcal	prot	carb	fett
Gesamt (635 g)			
500	19	65	16
1 Portion (300 g)			
236	9	31	7
100 g			
79	3	10	3

1. Die Kartoffeln in einem Topf ganz mit Wasser bedecken und kochen, bis sie gar sind. Je nach Größe der Knollen dauert das etwa 20-30 min ab dem Zeitpunkt, wo das Wasser kocht. Zum Testen mit einer Gabel in die größte Kartoffel pieksen. Etwa nach der Hälfte der Zeit die Karotte mit ins Wasser geben.

2. Dann die Kartoffeln abgießen, mit kaltem Wasser abschrecken und pellen.

3. Die Karotte in Stücke schneiden und zusammen mit den restlichen Zutaten, außer den Kartoffeln und den Gewürzen mit dem Pürierstab bearbeiten. Es darf ruhig ein bisschen stückig bleiben. Anschließend das Ganze mit den Kartoffeln zusammenbringen und mit einem Kartoffelstampfer – oder zur Not mit einer stabilen Gabel und einer robusten Unterarmmuskulatur – alles zu einem schönen Püree zermatschen und mit den Gewürzen abschmecken.

Variationen: Man kann dem Kartoffelwasser Salz und gemahlenen Kümmel hinzufügen, wenn man es mag.
Wenn es einen nicht stört, eine Pfanne mehr abzuwaschen, passen angebratene Zwiebeln sehr gut oder auch knusprige Röstzwiebeln.

Tuning: Je höher der Kichererbsenanteil, desto höher Kalorien- und Proteindichte, je höher der Karottenanteil, desto geringer die Energiedichte.

Dazu passt: Ich wollte es auch erst nicht glauben, aber Kartoffelpüree schmeckt top mit Apfelmus. „Himmel und Erde" nennt sich dieses traditionelle Gericht.
Ansonsten passt Kartoffelbrei als Beilage zu Gemüse-, Tofu- oder Seitangerichten oder zusammen mit einem Salat.

Wintereintopf

cheap, lowKCAL, lowCARB, lowFAT, fiber, glutenfree, sugarfree

Eintopf gehört nun natürlich nicht gerade zu den sexiesten aller Gerichte. Aber wir wollen uns ausnahmsweise nicht an Oberflächlichkeiten festklammern – es zahlt sich aus. Die Aromen sind eine kleine Geschmacksexplosion und er wärmt einen von innen auf. Zudem sind die Zutaten saisonal und regional für einen Spottpreis zu haben. Wasser und Ballaststoffe sorgen für Volumen und Substanz bei gleichzeitig sehr geringer Energiedichte, also das ideale Gericht bei Kalorienreduktion. Außerdem ist Muskeleinsatz gefragt, um das ganze Gemüse kleinzukriegen. Ohne großes, scharfes Messer ist man hier verloren.

Ergibt einen ordentlichen Topf mit ca. 5 Portionen voll

Herd

Zutaten

2 EL Rapsöl
1 gr. Zwiebeln
200 g Räuchertofu
3 mtl. Kartoffeln
2 gr. Karotten
2 Stangen Lauch
1 TL Salz
½ Knollensellerie
1 l Wasser
3 EL Ketchup
1-2 DL Stevia
Pfeffer

Nährwert

kcal	prot	carb	fett
Gesamt (2.590 g)			
1.115	63	92	46
1 Teller (500 g)			
210	12	18	9
100 g			
43	2	4	2

1. Alles Gemüse und Tofu in großzügige Würfel bzw. Ringe oder Scheiben schneiden.
2. In einem großen Topf das Öl erhitzen und bei hoher Temperatur den Tofu von allen Seiten anbraten. Dann folgen die Zwiebeln und wenn die glasig gedünstet sind, Sellerie, Kartoffeln, Karotten, Lauch und Salz. Alles kräftig anbraten, dann mit dem Wasser ablöschen, Deckel drauf und bei mittlerer Hitze 35–45 min köcheln, bis das Gemüse gar ist.
3. Mit Ketchup, Pfeffer, Salz und Stevia abschmecken.

Variationen:

[soyfree] Statt Räuchertofu passen auch klassisch Soja- oder Seitanwürstchen.

Das Gemüse kann ebenfalls variiert werden mit dem, was es an Wintergemüse so gibt – z.B. Steckrüben, Petersilienwurzel, Schwarzwurzeln, Süßkartoffeln, Kürbis, Rote Beete… Auch Champignons passen.

Tuning:

[+PROT] Nicht nur der Tofu-Anteil kann etwas erhöht werden, auch eine Linseneinlage passt hier bestens. Dazu einfach etwa 20 min vor Ablauf der Kochzeit ca. eine knappe halbe Tasse Rote Linsen – gründlich im Küchensieb abgebraust – mit in den Topf rühren. Da die viel Wasser ziehen, muss man dann evtl. noch mehr Flüssigkeit hinzugeben.

Stoppt-Jäger-Schnitzel

PROT, sugarfree, quick

Mit Jägerschnitzeln wollen wir nichts zu tun haben (Jäger sind nicht vegan, auch nicht aus artgerechter Haltung), wir basteln uns daher eins aus Seitan.

ergibt 1 Schnitzel
Herd

Zutaten

1½ leicht gehäufte EL Dinkel-Vollkornmehl (ca. 25 g)
½ TL Paprika Rosenscharf
1½ TL Salz
Pfeffer
4 EL Wasser
100 g Seitan
1 EL VK-Paniermehl (ca. 20 g)
1 EL Erdnussöl

Nährwert

kcal	prot	carb	fett
gesamt/1 Schnitzel (195 g)			
380	34	32	11
			100 g
194	17	17	6

1. Mehl, Salz, und Gewürze zusammen mit dem Wasser zu einer dicken Pampe rühren.

2. Seitan ggf. in die passende Form schneiden, dann rundum in der Mehl-Matsche wälzen. Das Paniermehl in einen flachen Teller geben, das Schnitzel hineinlegen, vorsichtig wenden und mit Fingerspitzengefühl das Paniermehl andrücken. Da muss man sanft zu Werke gehen, damit auch alles schön am Seitan kleben bleibt, wie es soll.

3. Und weil wir keine halben Sachen machen, wiederholen wir das Ganze – Mehlpampe und Paniermehl – jetzt nochmals, um eine ordentliche Kruste zu bekommen.

4. Währenddessen schon mal das Öl in der Pfanne erhitzen und wenn es soweit ist, das Schnitzel darin von beiden Seiten knusprig und goldbraun ausbraten.

Variationen: Man kann alles mögliche an Gewürzen in den Mehlbrei oder ins Paniermehl mischen – das hängt vor allem auch davon ab, wie würzig der verwendete Seitan ist.
Statt Paniermehl ist z.B. auch die Verwendung zerdrückter Cornflakes, Haferflocken, gehackter Kürbiskerne oder Sesam möglich.

Dazu passt: Zitronensaft und – ganz klassisch – was Kartoffeliges (z.B. das KaPü+) und Pilz-Sahnesauce. Das macht satt.

Tipp

Man kann Paniermehl auch im Rahmen einer Resteverwertung selber machen, indem man einfach vertrocknete Brötchen fein mahlt oder mixt.
Verwendet man hierfür Proteinbrötchen, verbessert sich das Nähwertprofil des panierten Guts natürlich nochmals zugunsten des Proteingehalts.

Pilzrahmsauce

lowCARB, lowKCAL, cheap, soyfree, glutenfree, sugarfree

Die braune Farbe der gerösteten Pilze macht das Ganze nicht zum ansehnlichsten aller Gerichte, aber manchmal kommt es eben doch auf die inneren Werte an.

ergibt 2 Portionen
Herd

Zutaten

270 g Champignons
knapp 1 EL Rapsöl
1 mittelkleine Zwiebel
(ca. 70 g)
50 g TK-Suppengrün
(oder eben frisches)
6 EL Cuisine
100 ml Pflanzenmilch
½ TL Thymian
1 gr. EL TK-Petersilie
½-1 TL Salz
Pfeffer

Nährwert

kcal	prot	carb	fett
Gesamt (345 g)			
296	14	13	20
1 Portion (170 g)			
146	7	6	10
100 g			
86	4	4	6

1. Die Champignons nicht waschen, nur von etwaigem gröberem Schmutz befreien, dann in breite Scheiben schneiden.
2. In der Hälfte des Öls bei mittelhoher Temperatur anbraten, bis sie zusammenfallen, Flüssigkeit austritt und diese wieder verkocht ist. Die Pilze dann in einen Teller umfüllen und auf die Wartebank setzen. Restliches Öl in die Pfanne geben sowie die gewürfelten Zwiebeln und das Suppengrün. Wenn die Zwiebeln anfangen Farbe zu bekommen, die Pilze wieder mit ins Spiel bringen sowie die restlichen Zutaten, bis auf die Petersilie. Hitze etwas reduzieren und die Sauce bis zur gewünschten Konsistenz einkochen lassen. Falls sie zu dick wird, nochmals etwas Milch nachschütten. Am Ende die Petersilie hinzufügen.

Variationen: Champignons sind am günstigsten und am leichtesten zu bekommen, aber die Sauce kann auch mit anderen Pilzen wie z. B. Pfifferlingen oder Austernpilze gemacht werden – oder einer Pilzmischung.
Weißwein macht sich in Sahnesaucen natürlich auch immer bestens.

Dazu passt: Klassisch das Seitanschnitzel, außerdem Nudeln aller Art.

Spinat-Haferpfanne

lowKCAL, fiber, sugarfree

Haferflocken kennen viele, aber auch das ganze Korn lässt sich gewinnbringend verwenden.

ergibt 3 Teller voll
Herd

Zutaten

125 g Nackthafer
300 ml Wasser
½ TL Öl
1 Zwiebel
1 gr. Zehe Knoblauch
500 g TK-Spinat
1–2 TL Salz
½ TL Muskatpulver
2 kl. Tomaten
3 EL gehackte Petersilie

für die Tofu-Einlage:

2 EL Limettensaft
½ TL Salz
2 EL Kräuter der
Provence
1½ EL Olivenöl
150 g Tofu

Nährwert

kcal	prot	carb	fett
Gesamt (1.275 g)			
970	51	94	39
1 Teller (400 g)			
304	16	29	12
100 g			
76	4	7	3

1. Den Hafer gründlich im Sieb abspülen und mit dem Wasser zum Kochen bringen. Dann Hitze reduzieren und zugedeckt ca. 30 min leise köcheln lassen, bis der Hafer al dente ist.

2. ½ TL Salz in einem ausreichend großen Schälchen in dem Limettensaft auflösen, die Kräuter dazu, dann das Olivenöl und alles gut verrühren. Den Tofu in sehr kleine Würfel schneiden und anschließend mit der Gabel zerdrücken – aber so, dass das Ganze noch stückig ist. Gründlich unter die Marinade mischen und ziehen lassen.

3. In einer Pfanne den ½ TL Öl erhitzen und die gewürfelte Zwiebel hineingeben. Wenn sie gerade anfängt, glasig zu werden auch den in Scheiben geschnittenen Knoblauch dazu. Kurz danach kommen der gefrorene Spinat und das Salz mit ins Spiel – Deckel drauf, Hitze etwas reduzieren und vor sich hin garen lassen.

4. Wenn der Spinat fertig durcherhitzt ist, Platte aus, Deckel ab und schon mal die Tomaten würfeln. Sobald der Pfanneninhalt nicht mehr blubbert, die Tofumasse dazu, die Petersilie, das Muskat und zuletzt die Tomaten. Vorsichtig umrühren, damit nicht alles Matsch wird.

Variationen:

[soyfree] [-KCAL] Da Hafer auch schon über fast 12% Proteingehalt verfügt, kann die Tofu-Einlage auch weggelassen werden. Dadurch verringert sich auch der Kaloriengehalt um 20 kcal pro 100 g.

Dazu passt: Ein Tomaten- oder Gurkensalat. In dem Fall kann man die Tomaten in diesem Rezept direkt mitdünsten, anstatt sie erst hinterher beizugeben.
Die Tofu-Einlage, wahlweise auch in gewürfelter Form, lässt sich auch zu anderen Zwecken gebrauchen, z. B. auf Brötchen oder im Salat.

Reispfanne
mit Gurke und Erdnüssen

easy, cheap, lowKCAL, sugarfree, glutenfree, soyfree

Erdnüsse und Gurke ergänzen diese Gemüsereispfanne, indem sie Proteine und Frische beisteuern.

ergibt 4 Portionen
Herd

Zutaten

125 g Brauner Reis
(am besten Langkorn;
ungekocht)
200 ml Wasser
1 TL Olivenöl
1 Zwiebel
2 Knoblauchzehen
1 Zucchini (200g)
1 Paprika
1 Tomate
2 cm Ingwer
(gehackt 1 TL)
½ TL Oregano
½ TL Rosmarin
Chili
1 TL Salz
45 g Erdnüsse
½ Salatgurke

Nährwert

kcal	prot	carb	fett

Gesamt (1.370 g)

kcal	prot	carb	fett
2.856	195	53	171

1 Teller (350 g)

kcal	prot	carb	fett
732	50	14	44

100 g

kcal	prot	carb	fett
209	14	4	13

1. Den Reis gründlich in einem Sieb abspülen, dann zusammen mit dem Wasser zum Kochen bringen. Salzen, Deckel drauf und bei geringer Hitze weitergaren, bis das Wasser aufgesogen und der Reis weich ist. Je nach Sorte dauert das 30–45min. Während des Kochens nicht im Reis herumrühren, sonst hat man am Ende Matsch.

2. Jetzt ist genügend Zeit, in Ruhe die Zwiebel in Ringe zu schneiden, Zucchini, Tomate und Paprika in Würfel, Ingwer zu schälen und zu hacken. Erdnüsse ebenfalls hacken, aber nur ganz grob.

3. Die Zwiebelscheiben im Öl bei hoher Hitze in einer Pfanne anbraten. Wenn sie anfangen zu bräunen, den Knoblauch dazu. Kurz danach Hitze reduzieren, die Zucchini-Würfel ins Spiel bringen, dann die Paprika und zum Schluss die Tomate. Ingwer unterrühren, Kräuter und Salz ebenfalls, Deckel drauf. Unter gelegentlichem Rühren garen, bis das Gemüse durch, aber noch bissfest ist.

4. Herd ausschalten. Dann sanft und mit Gefühl den Reis unterheben, sowie die gewürfelte halbe Gurke.

Variationen: Das Gemüse lässt sich natürlich wild austauschen.
Durch die Verwendung von weißem Reis verkürzt sich die Kochzeit deutlich.

Dazu passt: Perfekt passt Tzatziki, Salat ist auch eine Option. Sojasauce kann ebenfalls nicht schaden.

Orangen-Blumenkohl
in Tahinsauce

highKCAL, fiber, highFAT, lowCARB, soyfree, sugarfree, glutenfree

Das herbe Sesammus und die frischen saftigen Orangen ergänzen sich in diesem Rezept perfekt und sorgen für die volle Vitamin- und Mineralstoff-Breitseite.

ergibt 3 große Portionen
Herd

Zutaten

1 gr. Blumenkohl
4 EL Erdnussöl
3 Knoblauchzehen
2 Orangen
75 g Cashews
Saft von 2-3 Zitronen
175 g Tahin
1-2 TL Salz
Muskat, Pfeffer

Nährwert

kcal	prot	carb	fett
Gesamt (1.260 g)			
2.385	72	83	174
1 gr. Teller (420 g)			
795	24	28	58
100 g			
190	6	7	14

1. Die Blätter vom Blumenkohl abschneiden, ebenso den Strunk. Den Kohl in mundgerechte Stücke zerteilen und im Abtropfsieb gut durchspülen. In 2 EL Öl den kleingeschnittenen Knoblauch kurz anbraten, dann den Blumenkohl dazu, 1 TL Salz, Deckel drauf und bei mittelhoher Hitze und gelegentlichem Umrühren anbraten. Wenn die Röschen anfangen, stellenweise braun zu werden, die Hitze leicht reduzieren und garen, bis sie die gewünschte Konsistenz erreicht haben.
2. Währenddessen 2 Orangen schälen und in nicht zu kleine Würfel schneiden, den Saft dabei auffangen. Die Cashews grob hacken.
3. In einem Schälchen mit Hilfe einer Gabel das Tahin mit dem Zitronensaft und dem restlichen Salz verrühren. Das Ganze gerinnt dann zumeist erstmal, aber einfach unbeirrt weiterrühren.
4. Kurz bevor der Blumenkohl fertig ist, die Orangen, Cashews und Tahinsauce dazugeben. Alles gut vermischen und noch ein paar Minuten mit durchziehen lassen. Mit Muskat und Pfeffer abschmecken.

Variationen: Ein paar Esslöffel geröstete Sesamkörner - ergänzend zu den Cashews oder stattdessen - passen hier, wie so oft, gut dazu.

Tuning:

[-KCAL] Die Cashews (460 kcal) können reduziert oder ganz weggelassen werden, dann schmeckt es immer noch gut, mit der Hälfte des Öls kommt man auch hin (spart gut 200 kcal). Das Tahin kann um die Hälfte reduziert und dann mit 200 g Sojajoghurt ergänzt werden (670 kcal Einsparung).

Ofengemüse

lowKCAL, lowCARB, lowFAT, fiber, soyfree, sugarfree, glutenfree, cheap, easy

Ofengemüse ist einfach genial. Es ist super-lowKCAL, hat dabei aber so einen großartigen Geschmack, ist wild variierbar und, wenn man's richtig anstellt, billig und wenig aufwendig. Das folgende Rezept dient eher der Demonstration, was alles möglich ist – das braucht dann aber auch 2 Std. Arbeit. Für den Alltagsgebrauch ist es sinnvoll, sich auf 2–3 Gemüsesorten zu beschränken und die Mengenangaben entsprechend zu erhöhen.

ergibt 2 Bleche voll
Ofen

Zutaten

5 mittelgr. Karotten (ca. 450 g)
1 EL Sesam
½ EL Olivenöl
3 EL Balsamico-Essig
Salz

1 Süßkartoffel (450 g)
1 EL Öl
⅓ TL Muskat
Salz

2 Paprika (355 g)
1 EL Sesam
3 EL Zitronensaft
5 Knoblauchzehen
Salz, Pfeffer

2 Schalen Champignons (400 g)
1 EL Sojasauce
2 EL Zitronensaft

3 Tomaten (400 g)
30 g Pinienkerne
Salz, Pfeffer

1. Alles Gemüse, bis auf Zwiebeln und Champignons, gründlich abwaschen, bei Auberginen, Zucchinis und Karotten den Stielansatz entfernen, bei den Pilzen das Stielende abschneiden falls es braun ist, Zwiebeln pellen, Paprika und Tomaten halbieren und Kerngehäuse bzw. Strunk entfernen.

2. Auberginen einmal quer halbieren, auf die Schnittfläche stellen und von oben nach unten dünne Scheiben abschneiden. Großzügig mit Salz bedecken und ca. 20 min später mit Wasser abwaschen. Das zieht die Bitterstoffe aus der Frucht. Den Schritt kann man auch überspringen, aber gerade bei größeren Mengen von Auberginen ist das nur begrenzt zu empfehlen.

3. Karotten der Länge nach durchschneiden und je nach Dicke die Hälften noch ein- oder zweimal längs halbieren (sehr lange Exemplare vorher einmal in der Mitte quer durchschneiden).

4. Die Süßkartoffel mit dem Sparschäler schälen – größere Exemplare vorher einmal halbieren – und in große Würfel schneiden.

5. Zucchini halbieren, längs in breite Spalten schneiden, Paprika ebenso.

6. Pilze, Tomaten und Zwiebeln vierteln.

7. Für den nächsten Schritt ist es optimal, wenn man eine große, runde Plastikschale mit Deckel hat, darin kann man das Gemüse nämlich wunderbar in der Marinade schwenken und alles verteilt sich schön gleichmäßig. Eine große Schüssel oder Topf tut es zur Not aber auch.

8. Nacheinander immer erst die Saucen-Zutaten inkl. der Gewürze in der Schüssel vermengen, anschließend das jeweilige Gemüse darin marinieren und bahnenweise auf ein mit Backpapier belegtes großes Blech ausbreiten.

2 Zucchinis (500 g)
1 EL Öl
Salz, Pfeffer

2 Auberginen (450 g)
1½ EL Öl
Salz, Pfeffer

4 kl. Zwiebeln (140 g)
1 EL Öl
1 EL Agavensirup
Salz

Nährwertø

kcal	prot	carb	fett
			1 Teller (300 g)
172	8	14	7
			100 g
57	3	5	2

9. Beim Salz sollte man erstmal Sparsamkeit walten lassen – die richtige Dosierung zu treffen, ist hier etwas knifflig und nachsalzen kann man zur Not ja immer noch.

10. Das Ganze kommt dann für ca. 45–60 min bei 175 °C in die Röhre. Das hängt davon ab, wie groß die Stücke sind und wie al dente man sein Gemüse mag. Wer eine heikle Verdauung hat, sollte es lieber schön weich backen lassen.

Es gilt zu beachten: Auberginen und Karotten brauchen ziemlich lange zum Garwerden. Man muss sie daher entweder sehr dünn schneiden oder vorzeitig in den Ofen schieben.

Tuning:

[+PROT] [+KCAL] In Sojasauce geschwenkte Tofu-, Räuchertofu- bzw. Tempeh-Würfel oder -Stäbchen dazulegen.

[-CARB] [-KCAL] Bis auf die Kartoffeln und die Agavensirupmarinade sind alle Varianten low-carb.

Variationen:
Wenn man es ein bisschen hübsch haben will, kann man das Ganze auch in passendes Format schneiden und auf Schaschlik-Spieße stecken. Während des Backens immer wieder mit der Marinade vom Blech übergießen.

Für etwas weniger Aufwand hingegen schmeißt man das gewünschte Gemüse einfach zusammen und beschränkt sich auf eine Marinade.

In Alufolie gepackt eignen sich Spieße wie loses Gemüse sehr gut für den Grill.

Dazu passt:
Ich persönlich mag es pur am liebsten (die Aromen!!), aber Joghurt-Dips und Baba Ghanoush passen auch gut.

No Shepherd's Pie

cheap, fiber, lowKCAL, glutenfree, sugarfree, aufwändig, dauert

Dieses mächtige Leckerchen kostet ein bisschen Aufwand, aber den ist er wert.
Der Auflauf besteht aus drei Komponenten: Tofuhack, Wirsing und Kartoffelpüree.

ergibt eine Auflaufform mit
7 Portionen
Herd, Ofen

Zutaten

5 gr. Kartoffeln (ca. 750 g)
etwas Salz fürs
Kochwasser
175 ml Pflanzenmilch
(kalt)
½ TL Muskat
1 TL Salz
1½ EL Rapsöl

1 Wirsing (750 g)
2 Zwiebeln
½ EL Rapsöl
375 ml Wasser
2 Gemüsebrühwürfel
¼ TL Kümmel (gemahlen)
1–2 EL Erythrit
Sojasauce, Salz
50 g
Sonnenblumenkerne

Info

Wenn man Kartoffeln zu aggressiv mit dem Pürierstab attackiert, führt das dazu, dass die Zellen der Kartoffel zerstört werden, die enthaltene Stärke austritt und das Ganze in einen zähen, schleimigen Leim verwandelt.

Kartoffelpüree:

Die Kartoffeln in einem Topf mit Wasser bedecken, Schwung Salz dran und zum Kochen bringen. Je nach Größe dürften sie in 20–40 min gar sein (in der Zeit kann man sich schon mal um Tofu und Wirsing kümmern) – ob es soweit ist, verrät der Gabelpieks in die dickste Kartoffel. Dann die Kartoffeln abgießen, mit kaltem Wasser abschrecken und pellen.

Die noch warmen Kartoffeln zusammen mit Milch, Öl und Gewürzen zu Brei verarbeiten. Das geht am besten mit einem Kartoffelstampfer, zur Not tut es aber auch eine robuste Gabel oder ein vorsichtig eingesetzter Pürierstab (siehe Infokasten).

Wirsing:

Die äußeren Blätter entfernen und den Strunk abschneiden. Den Kohl halbieren, den inneren Strunk keilförmig heraus- und in dünne Scheiben schneiden. Den Kopf weiter vierteln oder achteln und dann quer in Streifen schneiden.

Die Zwiebeln schälen, würfeln und in einer großen Pfanne im Öl glasig dünsten, dann den Wirsing dazu und kurz mitbraten. Mit dem Wasser inkl. der beiden zerbröselten Brühwürfel ablöschen, Deckel drauf und warten, dass das Gebilde in sich zusammenfällt. Es dauert ca. 30 min, bis der Wirsing bissfest gegart ist. Nach der Hälfte der Zeit mit Sojasauce, Erythrit und Salz abschmecken und ohne Deckel weiterköcheln.

Parallel die Sonnenblumenkerne in einer Pfanne trocken und unter gelegentlichem Rühren bei mittlerer Hitze anrösten, bis sie gold-braun werden. Vorsicht, die verbrennen ziemlich schnell, wenn es soweit ist.

200 g Tofu
3 EL Sojasauce
Paprika Rosenscharf
1½ EL Öl

Tofuhack:

Den Tofu abtropfen und würfeln, anschließend mit dem Kartoffelstampfer oder weniger komfortabel mit der Gabel bröselig drücken und dabei Sojasauce und großzügig Paprikapulver einarbeiten.

Das Öl erhitzen und das Hack scharf (also sehr heiß) anbraten bis es anfängt, noch brauner und ein bisschen knusprig zu werden.

⅓ EL Öl für die Form

Zusammenkunft:

Die Auflaufform dünn mit Öl ausstreichen, das Hack einfüllen, darüber den Wirsing verteilen, mit den Sonnenblumenkernen bestreuen und zum Abschluss das Kartoffelpüree gleichmäßig darauf verstreichen.

Bei 200 °C im Ofen 30 min lang überbacken.

Nährwert

kcal	prot	carb	fett
Gesamt (2.300 g)			
1.890	79	156	84
1 Teller (350 g)			
284	12	23	13
100 g			
81	3	7	4

Tofu-Tomaten-Pfanne
mit Shirataki-Nudeln

lowKCAL, lowCARB, glutenfree, sugarfree, easy, quick, expensive

Das gute Stück hier hat niedrige Makros, aber macht echt satt.

ergibt knapp 4 Portionen
Herd

Zutaten

1 geh. EL Sesam
½ EL Erdnussöl
2 Knoblauchzehen
200 g Tofu
500 g Tomaten
100 g Kokosmilch
125 g Joghurt
100 ml Wasser
2-3 TL Chiliflocken
200 g Shirataki-Nudeln
2 EL Balsamico Bianco
3-4 EL Sojasauce

Nährwert

kcal	prot	carb	fett
Gesamt (1.160 g)			
875	42	46	69
1 Teller (300 g)			
226	11	12	18
100 g			
75	4	4	6

1. Optional den Sesam trocken anrösten und beiseite stellen.

2. Tofu und Knoblauch würfeln und scharf anbraten, dabei nicht zu viel in der Pfanne herumrühren, damit der Tofu eine schöne Kruste bekommt. Wenn das passiert ist, die gewürfelten Tomaten dazugeben, ein paar Minuten mitbraten, dann mit Kokosmilch, Joghurt sowie Wasser ablöschen und köcheln lassen.

3. Die Nudeln abspülen und ab in die Pfanne, ebenso den Sesam. Mit Balsamico und Sojasauce abschmecken, noch kurz bei mittelhoher Temperatur durchziehen lassen und fertig.

Variationen:

[billiger] [+KCAL] [+CARB]: Die Shirataki können durch 100 g normalen Reis- oder Glasnudeln ersetzt werden. Die einmal mit kochendem Wasser übergießen (da ist ein Wasserkocher praktisch), ein paar Minuten ziehen lassen, kalt abspülen und zur Sauce geben. Das erhöht die Energiebilanz auf 100 kcal/100 g und verdoppelt den Kohlenhydratanteil.

Tuning:

[+KCAL] Wenn zusätzlich zu dem o. g. Nudelaustausch Wasser und Joghurt durch weitere Kokosmilch ersetzt werden und mehr Öl zum Anbraten verwendet wird, verdoppelt sich der Kaloriengehalt.

Tipp

Wenn man nicht alles auf einmal aufzuessen gedenkt, sollte man evtl. etwas Flüssigkeit ergänzen, da das Ganze nachträglich noch eindickt.

Polentaschnitten
mit Pilzragout

lowKCAL, lowFAT, easy, quick+, cheap, soyfree, glutenfree, sugarfree

ergibt ca. 8 Schnitten
Ofen

Zutaten
50 g Polenta
185 ml Wasser
¼ – ½ TL Salz
1–2 Msp. Muskat
½-1 TL getrockneter
Bärlauch oder Kräuter
nach Geschmack
1 TL Olivenöl

Nährwert

kcal	prot	carb	fett

Gesamt (210 g)

kcal	prot	carb	fett
240	5	36	6

1 Schnitte (25 g)

kcal	prot	carb	fett
29	1	4	1

100 g

kcal	prot	carb	fett
117	3	18	3

Info
Polenta ist reich an B-Vitaminen und Mineralien, besonders Eisen und Magnesium

Polenta ist eine nette Abwechslung zu den klassischen Stärkebeilagen Nudeln und Kartoffeln – als Brei, gebacken oder gebraten.

1. Alle Zutaten zusammen in einem Topf zum Kochen bringen, dabei immer wieder umrühren, damit nichts am Boden festbrennt. Wie lang die Polenta braucht, steht auf der Packung, das unterscheidet sich markenabhängig.

2. Anschließend den Brei auf ein mit Backpapier ausgelegtes Backblech streichen. Bei 175 °C in den Ofen, bis die Oberfläche trocken und fest geworden ist (ca. 30–45 min).

3. Mit einem scharfen Messer die Masse in Rauten oder Streifen schneiden. Wer es etwas kreativer mag, kann auch mit Keks-Ausstechern zu Werke gehen.

Variationen: Die zurechtgeschnittenen oder -gestanzten Stücke können nochmals beidseitig in der Pfanne mit etwas Öl angebraten werden.

Pilzragout

lowKCAL, lowCARB, lowFAT, fiber, easy, soyfree, glutenfree, sugarfree

Viel mehr lowKCAL für ein Hauptgericht geht schon fast gar nicht mehr, gleichzeitig macht der hohe Wasser- und Ballaststoffgehalt gut satt und beim Bratvorgang entstehen die köstlichsten Aromen. Aus der Rezeptereihe „Bei Muttern schmeckts am besten".

ergibt gut 4 Portionen
Herd

Zutaten
2 EL Rapsöl
1 Karotte (ca. 85 g)
¼ Knollensellerie (ca. 130 g)
2 kl. Stangen Lauch (ca. 200 g)
½ – 1 TL Salz
1.200 g TK-Wildpilze
2 Zehen Knoblauch
2 TL TK-Petersilie oder einige Stängel frische
1 TL Thymian
Pfeffer

Nährwert

kcal	prot	carb	fett

Gesamt (1.180 g)

kcal	prot	carb	fett
495	29	27	27

1 Teller (250 g)

kcal	prot	carb	fett
114	7	6	6

100 g

kcal	prot	carb	fett
46	3	2	3

1. Vom Sellerie die Schale abschneiden, von der Karotte den Stielansatz, vom Lauch den Wurzelansatz, die oberen trockenen Blätter sowie die äußere Hautschicht entfernen. Bei Lauch sammelt sich Sand zwischen den Hautschichten, daher muss er der Länge nach aufgeschlitzt und dann gründlich ausgewaschen werden.

2. Anschließend alles in kleine Würfel bzw. Ringe schneiden, salzen und in 1 EL Öl bei mittelhoher Hitze anbraten. Der nächste Schritt ist optional und kann auch übersprungen werden – er dient nur dazu, das Gemüse nicht ganz zu zerkochen und die Röstaromen der Pilze mehr rauszuholen. Die Pilze können aber auch direkt unter das Gemüse gemischt werden. Wenn das Gemüse anfängt, zusammenzufallen und weich zu werden, vorübergehend in ein separates Gefäß kippen, den zweiten EL Öl in die Pfanne geben und die Pilze sowie den kleingeschnittenen Knoblauch dazugeben. So lange braten, bis die austretende Flüssigkeit anfängt, einzureduzieren, dann das Gemüse wieder dazugeben, würzen, abschmecken und fertig garen.

Dazu passt: Die Polenta-Schnitten.
Das Ragout in Blätterteigpasteten ist seit jeher unser traditionelles Weihnachtsessen (auch wenn Blätterteig natürlich nicht gerade durch seine tollen Zutaten glänzt).

Tipp
Suppengemüse gibt es als kleines Bündel, zumeist bestehend aus Sellerie, Karotten, Lauch und Petersilie, fertig im Supermarkt zu kaufen. Wer aber ohnehin viel kocht, kommt mit dem Kauf der einzelnen Komponenten jedoch günstiger weg.

Tipp
Austernpilze geben auch aufgrund ihrer Konsistenz einen ausgezeichneten Fleischersatz ab.

Sahneweißkohl

lowKCAL, lowCARB, cheap, fiber, glutenfree, sugarfree

Wenn der Kohl erstmal bezwungen ist, hat man leichtes Spiel.
Wie immer gilt: Kohl benötigt ein großes, scharfes, böses Messer.

ergibt 5 Teller voll
Herd

Zutaten

2 EL Rapsöl
½ Weißkohl (1 kg)
1 Zwiebel
1 TL Salz
2 Zehen Knoblauch
2 gr. EL Erythrit
250 ml Cuisine
500 ml Pflanzenmilch
1 TL Kümmel
200 g Räuchertofu
½ TL Muskatpulver

Nährwert

kcal	prot	carb	fett

Gesamt (1.710 g)

kcal	prot	carb	fett
1.513	76	74	97

1 Teller (350 g)

kcal	prot	carb	fett
310	16	15	20

100 g

kcal	prot	carb	fett
89	4	4	6

1. Welke äußere Blätter des Kohls entfernen, Strunk keilförmig herausschneiden, den Kohlkopf auf die Schnittkante stellen und erst längs dann quer in Streifen bzw. Stücke schneiden. Alternativ grob raspeln. Zwiebel würfeln, Knoblauch und Tofu ebenso.

2. Öl in der Pfanne erhitzen, Weißkohl und Zwiebeln und Salz hinein, Deckel drauf. Wenn die Zwiebeln anfangen, glasig zu werden, den Knoblauch dazu.

3. Bei recht hoher Temperatur so lange anbraten, bis der Kohl etwas Farbe kriegt, dann mit der Cuisine und der Milch ablöschen. Kümmel, Erythrit und Tofu ins Spiel bringen und köcheln lassen, bis der Kohl gar ist.

4. Mit Muskat abschmecken.

Variationen:

[soyfree] Der Räuchertofu kann durch angebratenes Seitan ersetzt werden oder Lupinenbratstücke.
Trocken angeröstete Sonnenblumenkerne sind ebenfalls eine Option.
Für ein bisschen Kruste kann der Tofu separat in etwas Öl bei hoher Temperatur in einer Pfanne angebraten werden.

Dazu passt: Alles Kartoffelige oder gerösteter Kürbis, dazu ein Salat.

Tipp

Kümmel fördert die Bekömmlichkeit von Kohlgerichten, langes Kochen ebenfalls. Wer einen heiklen Verdauungstrakt hat, sollte es bei diesem Gericht mit seiner geballten Weißkohl-Power aber erstmal langsam angehen lassen.

Rote Linsen
mit Sahnesauerkraut

lowKCAL, PROT, fiber, quick, easy, sugarfree, glutenfree, soyfree

Durch die doppelte Ladung an Ballaststoffen in Linsen und Sauerkraut ist dieses Gericht ein guter Sattmacher bei moderatem Kaloriengehalt und gleichzeitig hoher Mikronährstoffdichte.

ergibt gut 5 Portionen
Herd

Zutaten

1 EL Rapsöl
1 Zwiebel
4 Zehen Knoblauch
250 g Rote Linsen
350 ml Cuisine
2 TL Kümmel
2 TL Ingwerpulver
1 Lorbeerblatt
½ TL Weißer Pfeffer
2 TL Bohnenkraut
1 l Pflanzenmilch
700 g Sauerkraut
3 EL Balsamico Bianco
2 TL Salz

1. Die gewürfelte Zwiebel in der Pfanne im Öl anbraten, kurz danach den in dünne Scheiben geschnittenen Knoblauch dazugeben.

2. Die Linsen ausgiebig und gründlich mit Wasser durchspülen und ab in die Pfanne. Unter eifrigem Rühren kurz bei mittelhoher Temperatur mit anbraten, dann mit der Cuisine ablöschen. Hitze auf halbe Kraft reduzieren.

3. Die Gewürze dazugeben, ebenso die Pflanzenmilch und ca. ein gutes Drittel des Sauerkrauts. Mit Balsamico abschmecken (abhängig davon, wie mild das verwendete Sauerkraut ist) und so lange köcheln, bis die Linsen gar sind. Das dauert ca. 20 min. Erst gegen Ende das Salz dazugeben, sonst brauchen die Linsen länger, um weich zu werden.

4. Vom Herd nehmen und das etwas zerrupfte, restliche Sauerkraut untermischen.

Nährwert

kcal	prot	carb	fett

Gesamt (2.400 g)

kcal	prot	carb	fett
2.094	127	190	89

1 Teller (400 g)

kcal	prot	carb	fett
349	21	32	15

100 g

kcal	prot	carb	fett
87	5	8	4

Tipp

Idealerweise kommt man an frisches, lose verkauftes Sauerkraut, das nicht erhitzt wurde. Dort ist die Milchsäure, die im Rahmen der Fermentation entsteht, nämlich noch aktiv und die ist förderlich für eine gesunde Darmflora. Aber auch das pasteurisierte Kraut aus dem Glas ist noch voll mit Vitaminen und Mineralstoffen. Sauerkraut ist in den Wintermonaten ein wichtiger Lieferant von Vitamin C, wenn man auf importierte Früchte aus dem Ausland verzichten will.

SNACKS & BEILAGEN

Soja-Nuggets

PROT, lowCARB, cheap, sugarfree, easy

Diese Nuggets sind sowohl als Beilage für Gemüse geeignet, als auch als Proteineinlage im Salat oder, in Dip oder Mayo getunkt, als Snack zwischendurch.

ergibt etwa 12 Nuggets
Herd

Zutaten

1 leicht gehäufter EL Senf
(25 g)
½ TL Salz
1 TL Thymian
½ TL Paprika Rosenscharf
250 ml Bier
2 EL Sojasauce
1 EL Liquid Smoke
(optional)
100 g Soja-Medaillons
1–2 EL Vollkorn-
Paniermehl (etwa 25 g)
4 EL Rapsöl

1. Senf, Salz, Gewürze, Bier, Sojasauce und Liquid Smoke in einem Topf miteinander verrühren, dann die Medaillons dazugeben. Deckel drauf, einmal aufkochen und dann bei mittelhoher Hitze so lange weiterköcheln, bis alle Flüssigkeit aufgenommen und die angehenden Nuggets weich sind – das dauert etwa 20–30 min. Zwischendurch immer mal umrühren und mit einem großen Löffel ein bisschen Druck auf die Medaillons ausüben, damit sie sich ordentlich vollsaugen. Gegen Ende, wenn kaum noch Flüssigkeit da ist, die Hitze reduzieren, damit nichts anbrennt.
2. Das Paniermehl kommt in einen Teller und dort werden die Medaillons jetzt einmal durchgewälzt, bis sie lückenlos von allen Seiten eingedeckt sind.
3. Nebenher schon mal in einer Pfanne 1 EL des Öls erhitzen. Wenn es heiß genug ist, die panierten Sojastücke rundum ausbraten, bis sie ordentlich Farbe kriegen, zwischendurch wenden und Öl nachliefern.

Nährwert

kcal	prot	carb	fett
			Gesamt (315.g)
937	58	49	44
			1 Nugget (25 g)
74	5	4	4
			100 g
297	18	16	14

Variationen: Statt Bier kann auch Wasser oder Gemüsebrühe verwendet werden – evtl. muss dann die Würzung nachjustiert werden.
Die unpanierte Variante ist ein Klassiker für vegane Grilleinsätze.

Tuning:

[+CARBS] [+FAT] [+KCAL] Mehr Kalorien, mehr Aufwand und mehr Schweinerei bringt das richtige Panieren der Nuggets, indem sie vor dem Paniermehl-Teller durch eine gewürzte Mehl-Wasser-Pampe gesuhlt werden (siehe Stoppt-Jäger-Schnitzel auf Seite 243).

Dazu passt: Zitronensaft – 3 kcal pro EL – passt gut für die Nuggets und ansonsten alle Arten von Dips.

Ofen-Visch

easy, quick+, PROT, lowCARB, sugarfree

Die pflanzliche Nachbildung von typischen tierbasierten Nahrungsmitteln und Gerichten ist unter VeganerInnen teilweise umstritten – aber das mag jeder und jede für sich selbst entscheiden. Hier also wahlweise ein Ofen-Visch oder eine maritime Seitan-Tofu-Rolle.

ergibt eine ca. 30 cm lange
Rolle
Ofen

Zutaten

200 g Tofu
1 TL Salz
15 g Bratfischgewürz
180 g Gluten
250 ml Wasser
2 EL Liquid Smoke
3 EL Sojamehl
1 EL Sojasauce
1 TL Öl
2 Bögen Nori-Alge

Nährwert

kcal	prot	carb	fett
Gesamt (660 g)			
1.286	193	27	40
100 g			
195	29	4	6

1. Den Tofu erst in kleine Würfel schneiden, in eine Schüssel geben und zusammen mit Salz und Gewürz mit Hilfe einer Gabel oder einem Kartoffelstampfer zerdrücken. Die restlichen Zutaten bis auf Öl und Algen beifügen und mit der Hand zu einer homogenen Masse verkneten.

2. Jetzt müssen die beiden Algen-Bögen zu einem großen Blatt zusammengeklebt werden. Dazu den Rand einer Seite eines Bogens mit den Fingern wenige Zentimeter breit mit Wasser befeuchten, dann einen Rand des anderen Bogens darauf drücken. Jetzt sollte ein großes Algen-Rechteck quer vor einem liegen. Dort wird die Gluten-Tofu-Masse der Länge nach aufgehäuft und zusammen mit dem Algen-Blatt vorsichtig stramm aufgerollt. Anschließend wird die Rolle verklebt, indem der Rand wieder mit Wasser befeuchtet und angedrückt wird. An den Enden überstehende Algenränder zusammenfalten. Die Rolle mit der Naht nach unten auf ein Backblech mit Backpapier legen. Mit dem Öl beträufeln und bei 175 °C 45–60 min backen.

Variationen:

[soyfree] Das Ganze funktioniert auch ohne den Tofu und das Sojamehl, dann ist die Konsistenz allerdings brot- und gummiartiger.
Wer eine Abneigung gegen Gewürzmischungen hat, kann sich natürlich auch selber was anmischen. Pfeffer, Petersilie, granulierte Zwiebel, Zitronenschale, Dill und Koriander bieten sich da z. B. an.
Wer keinen Flüssigrauch im Haus hat, kann den normalen Tofu durch die Räuchervariante ersetzen.

Dazu passt: Der Visch kann nach dem Backen in Scheiben geschnitten und dann vielseitig eingesetzt werden – mit Mayo auf Brötchen oder angebraten als Beilage zu Gemüse und Kartoffeln oder in Streifen geschnitten im Salat.
Besonders gut passt ein Gurkensalat dazu. Hierfür einfach eine Salatgurke hobeln oder in dünne Scheiben schneiden und mit dem Dressing für den Tomatensalat (Seite 148) durchziehen lassen – dabei nicht mit dem Dill geizen!

Erdnusstofu-Ecken

highKCAL, PROT, lowCARB, highFAT, sugarfree, cheap

*Erdnüsse und Tofu sind zwei der großen Verbündeten für die vegane Massephase.
Denn wie der Volksmund sagt: Wer den Bulk nicht ehrt, ist die Gains die wert.*

ergibt 3 große Stücke
Herd, [Multizerkleinerer]

Zutaten

1 EL Dinkelvollkornmehl
1½ EL Wasser
1½ EL Sojasauce
1 gr. EL Erdnussmus
200 g Tofu
80 g Erdnüsse
2 EL Erdnussöl

Nährwert

kcal	prot	carb	fett
Gesamt (354 g)			
1.131	60	29	83
1 Stück (115 g)			
367	19	9	27
100 g			
319	17	8	23

1. Für die Panierung Mehl, Wasser und Sojasauce in einem Teller mithilfe einer Gabel gründlich verquirlen, anschließend das Erdnussmus einarbeiten.

2. Den Tofu quer in dünne Scheiben schneiden (etwa ½ cm) und mit Küchenkrepp und Druck trockentupfen.

3. Die Erdnüsse für ca. 2 Sec. dem Multizerkleinerer aussetzen – es sollen gerne noch ein paar größere Stücke überbleiben. Zur Not geht das auch mit dem Messer, ist aber deutlich mehr Arbeit. Anschließend in einen Teller geben.

4. Jetzt die Tofuscheiben von allen Seiten mit der Mehl-Erdnussmus-Pampe einstreichen – wie üblich gilt, möglichst nur die Finger der einen Hand benutzen, sonst sind anschließend auch Armaturen und Geschirr paniert.

5. Schonmal das Öl in einer Pfanne auf höchster Stufe erhitzen – Erdnussöl kann das ab, es hat einen hohen Rauchpunkt.

6. Als Nächstes steht der Erdnussteller an. Wenn die Tofuscheiben von den gehackten Erdnüssen allseitig umhüllt sind und das Öl ordentlich heiß ist, kommen sie in die Pfanne und werden goldgelb ausgebraten. Dabei die Stücke nicht ungeduldig die ganze Zeit hin und her wenden, sonst hat man am Ende nur nackten Tofu und verbrannte Panierung in der Pfanne.

Variationen: Da Erdnüsse und vor allem Erdnussmus auch allerbestens mit Süße einhergehen, kann man auch die Sojasauce ganz oder teilweise durch Agavendicksaft ersetzen oder ergänzen.

Dazu passt: Erdnusstofu eignet sich als kalorien- und proteinreicher Snack zwischendurch, aber auch als Beilage zu Salat, z.B. dem Fenchel-Orangensalat.

Lupinen-Nuggets

highKCAL, PROT, highFAT, lowCARB, fiber, soyfree, sugarfree

Kleine Mini-Schnitzel, voll mit Protein und Kalorien.

ergibt 7 Stück
Küchenmaschine, Herd

Zutaten

255 g Kichererbsen
30 g Lupinenmehl
1 kl. Zwiebel
1 TL Salz
1 TL Gyrosgewürz
Pfeffer
50 ml Wasser
ca. 6 EL Olivenöl
ca. 15 g Vollkorn-
Paniermehl

Nährwert

kcal	prot	carb	fett
Gesamt (380 g)			
1.050	36	48	72
1 Nugget (55 g)			
152	5	7	10
100 g			
277	10	13	19

1. Die Kichererbsen gründlich abspülen und in der Küchenmaschine mit Klingenaufsatz pürieren – komplett homogen muss es aber nicht werden.

2. Die Zwiebel fein würfeln und mit den restlichen Zutaten außer dem Öl und dem Paniermehl mit dem Kichererbsenpüree verkneten. Das Paniermehl in einem Teller bereithalten und die Hälfte des Öls in einer Pfanne erhitzen (wenn die Pfanne groß genug für alle Nuggets auf einmal ist, das ganze Öl nehmen).

3. Mit den Händen mittelgroße Kugeln aus der Nugget-Masse formen, durch das Paniermehl rollen, vorsichtig in die Pfanne transferieren, ein bisschen plattdrücken und beidseitig goldbraun ausbraten. Dabei mit Fingerspitzengefühl zu Werke gehen, da die rohen Nuggets recht fragile Gebilde sind.

Variationen:

[glutenfree] Es gibt auch spezielles glutenfreies Paniermehl, z.B. auf Maismehlbasis.

Dazu passt: Sauerkraut und Kartoffelpüree.

Tipp

Besonders beim Braten von Paniertem muss das Öl ausreichend heiß sein bevor es losgeht, sonst saugt sich das Gargut massiv mit Fett voll.
Also am Anfang eine Messerspitze voll Teig mit in die Pfanne tun und erst wenn es um die herum richtig ordentlich am Blubbern und Zischen ist, mit dem eigentlichen Ausbraten anfangen.
Paniermehl und Semmelbrösel sind übrigens das gleiche.

Sesam-Tofusticks

PROT, sugarfree, lowCARB, highKCAL, highFAT

Die Tofusticks haben sich als hübsch anzusehendes, gehaltvolles und leckeres Finger-Food bewährt, gerade auch bei geselligen Anlässen.

ergibt 12 Sticks

Zutaten

9 EL Wasser
6 EL Dinkel-Vollkornmehl
1½ TL Salz
½ TL Pfeffer
400 g Tofu
100 g Sesam
2 EL Erdnussöl

Nährwert

kcal	prot	carb	fett

Gesamt (610 g)

kcal	prot	carb	fett
1.712	87	51	123

1 Stick (60 g)

kcal	prot	carb	fett
168	9	5	12

100 g

kcal	prot	carb	fett
281	14	8	20

1. In einem großen, flachen Teller aus Wasser, Mehl, Salz und Pfeffer eine dicke Pampe anrühren, den Sesam in einen zweiten Teller füllen.

2. Den Tofu abtropfen lassen und mit Hilfe von Küchenkrepp und Druck noch etwas mehr trockenlegen. Dann den Tofublock zweimal der Länge nach durchschneiden, sodass drei gleich breite Streifen entstehen. Anschließend nochmals waagerecht, das ergibt nach Adam Riese sechs Sticks. Mit dem zweiten Block ebenso verfahren.

3. Jetzt die einzelnen Sticks in der Panierpampe suhlen und anschließend durch den Sesam wälzen, bis sie von allen Seiten umhüllt sind.

4. In heißem Öl bei mittelhoher Hitze unter gelegentlichem Wenden rundum goldbraun ausbraten.

Variationen: Statt des Sesams lassen sich zum Panieren auch (Vollkorn-)Paniermehl verwenden, zerbröselte Cornflakes, Kokosraspeln, gehackte Nüsse, Kürbiskerne oder Sonnenblumenkerne.

Dazu passt: Die Sticks schmecken am besten mit ein bisschen Sojasauce, sie sind außerdem eine tolle Beilage für Gemüsegerichte.

Protein-Brot

quick+, PROT, lowFAT, fiber, soyfree, sugarfree, easy

Dieses Brot beinhaltet verglichen mit normalem Vollkornbrot weniger Kalorien, mehr Protein, weniger Kohlenhydrate und weniger Fett. Das entölte Mandelmehl hat einen hohen Ballaststoff- und Proteinanteil, Gluten ist fast pures Eiweiß und sorgt durch seine Eigenschaft, sehr viel Wasser zu binden, für eine geringere Energiedichte des Brots, zudem trocknet es nicht so leicht aus – allerdings schimmelt es auch schneller.

ergibt eine 30 cm-Kastenform voll

Ofen

Zutaten
700 g Vollkorn-Dinkelmehl
150 g entöltes Mandelmehl
150 g Gluten
10 g Haferflocken
1 EL Trockenhefe (10 g)
2 TL Salz
5 EL Balsamico
70 g Kürbiskerne
1,1 l Wasser (gut warm)
1 Handvoll Mehl fürs Gehen
2 TL Erdnussöl für die Form
2 kl. Handvoll Haferflocken für die Form

1. Die trockenen Zutaten in einer großen Schüssel gründlich miteinander vermischen, anschließend den Essig und das relativ heiße Wasser – mehr als handwarm – dazugießen und alles einhändig zu einem lockeren, feuchten Teig verkneten.

2. Die Handvoll Mehl darüberstreuen, mit einem Geschirrtuch abdecken und an einem warmen Ort eine Stunde lang gehen lassen.

3. Zwischenzeitlich die Kastenform mit dem Öl einstreichen und mit den Haferflocken ausstreuen, besonders in den Ecken, damit das Brot sich nachher gut löst.

4. Kurz vor Ende der Gehzeit den Ofen auf 200 °C vorheizen, außerdem ein feuerfestes Gefäß voll Wasser mit ins Rohr stellen.

5. Den jetzt deutlich voluminöseren Teig von der Schüssel in die Kastenform kippen und die Oberfläche glattstreichen. Ein großes, scharfes Messer anfeuchten und die Teigoberfläche mehrfach schräg einritzen.

6. Dann in den Ofen damit und eine Stunde backen. Zwischendurch mal einen Blick riskieren, wenn die Oberfläche zu dunkel wird, die Hitze etwas reduzieren.

7. Wenn das Brot fertig ist, es vorsichtig, aber bestimmt aus der Form schütteln – nötigenfalls ein Messer zu Hilfe nehmen – und es zum Auskühlen auf ein Kuchengitter stellen. Wenn man so eines nicht hat, kann man sich auch mit zwei Kochlöffeln oder Suppenkellen behelfen, die man flach hinlegt und das Brot darauf stellt, sodass von allen Seiten Luft daran kommt. Da das Brot durch den hohen Wassergehalt sehr schwer ist, muss man dabei ein bisschen die Statik beachten, damit es nicht kaputt bricht. wEine Brotschneidemaschine ist für den weiteren Verlauf deutlich von Vorteil.

Nährwert

kcal	prot	carb	fett
Gesamt (1.130 g)			
2.150	164	280	38
1 Scheibe (50 g)			
95	7	12	2
100 g			
191	15	25	3

Variationen: Statt Kürbiskernen können auch andere Ölsaaten oder Nüsse verwendet werden – Sonnenblumenkerne, Sesam, Haselnüsse, Walnüsse…

Es gibt fertiges Brotgewürz für den Teig zu kaufen – zumeist eine Mischung aus Koriander, Fenchel und Kümmel – ich persönlich mag das allerdings nicht.

Für ein reguläres, köstliches Brot werden einfach Gluten, Haferflocken und Mandelmehl übersprungen, stattdessen wird das normale Mehl – Weizen-, Roggen-, Dinkel- oder Misch-, ob Vollkorn oder ausgemahlen – auf 1 kg erhöht und das Wasser auf 750 ml reduziert. Das sonstige Prozedere ist das gleiche und das Ergebnis ist so lecker, jedes industriell gefertigte Brot kann dagegen einpacken. Besonders die Weißbrotvariante ist ideal für die KandidatInnen, die auf ihre Kalorien kommen müssen – es schmeckt *so* gut (und ich mag gekauftes Weißbrot gar nicht) und macht mangels Ballaststoffen überhaupt nicht satt, sodass man große Mengen davon vertilgen kann.

Dazu passt: Was man eben so auf Brot macht.

Mediterrane Fladenbrötchen

PROT, easy, quick+, lowFAT, sugarfree, soyfree

Eine Beilage für die mediterranen Momente im Leben, die nach einer großen Extraportion Protein verlangen.

ergibt 8 Brötchen
Ofen

Zutaten

200 g Vollkorn-
Dinkelmehl
125 g Glutenmehl
2½ EL Pinienkerne
2 TL Kümmel
½ TL Paprika Rosenscharf
1 TL Majoran
Chili, Pfeffer
8 getrocknete Tomaten
(25 g)
1 TL Salz
1 Flasche Bier (0,33 l)
1 EL Sesam

Nährwert

kcal	prot	carb	fett
Gesamt (640 g)			
1.554	140	156	27
1 Brötchen (80 g)			
192	18	20	3
100 g			
241	22	24	4

1. Die Tomaten in grobe Stücke schneiden – das geht am bequemsten mit der Küchenschere. Alle Zutaten, bis auf das Bier und den Sesam, miteinander in einer Schüssel vermengen. Dann das Bier dazugießen und alles ausgiebig und mit Kraft durchkneten.

2. Ein Blech mit Backpapier bestücken und den Ofen auf 180 °C vorheizen.

3. Jetzt immer ein kleines Stück Teig abreißen und eine Kugel von der Größe irgendwo zwischen Tischtennis- und Tennisball formen , aufs Blech legen und mit der flachen Hand schön plattdrücken. Kaltes Wasser an den Händen verhindert Festkleben. Anschließend den Sesam auf den Teigfladen verteilen und etwas festdrücken.

4. 30 min ausbacken.

Variationen: Dem Kräuterregal sind hier keine Grenzen gesetzt. Auch kleingeschnittene Oliven passen hier sehr gut, Zwiebeln sind eine Möglichkeit, Knoblauch oder eingelegte Pfefferkörner.
Wenn man den Schritt mit dem Plattdrücken überspringt, bekommt man fluffige Brötchen, die durchgeschnitten und bestrichen oder belegt werden können.
Ein großes Fladenbrot ist ebenfalls eine Option, dann verlängert sich etwas die Backzeit.

Dazu passt: Die Fladenbrötchen passen als Beilage zu Gemüsegerichten, in Tzatziki getunkt oder bestrichen mit Knoblauchbutter (z. B. beim Grillen). Mit „Butter" ist hier natürlich „Margarine" gemeint.

Veltmeister-Proteinbrötchen

easy, PROT, lowCARB, sugarfree, fiber

Die verschiedenen Proteinquellen in diesen Brötchen sorgen für ein 1A-Aminosäureprofil und das Gluten hält die Brötchen zusätzlich mehrere Tage lang frisch.

ergibt 8 Brötchen
Ofen

Zutaten

150 g Dinkelvollkornmehl
100 g Sojamehl
50 g Lupinenmehl
200 g Glutenmehl
2 Prisen Salz
1 Pck. Trockenhefe (10 g)
7 EL Sonnenblumenkerne
570 ml Wasser, mittelheiß
40 g Kürbiskerne
1 EL Sesam
1 EL Mohn

Nährwert

kcal	prot	carb	fett
Gesamt (1.050 g)			
2.558	279	146	88
100 g/1 Brötchen			
243	27	14	8

1. Die vier Mehlsorten, Salz, Hefe und Sonnenblumenkerne gründlich in einer Schüssel miteinander vermischen. Dann das Wasser, etwas heißer als handwarm, dazugießen, schwungvoll mit einer Hand verkneten und zu einer Kugel formen. Sauberes Geschirrtuch darüber und an einem warmen Ort für ½ Std. gehen lassen. Bis dahin sollte sich das Teigvolumen deutlich vergrößert haben.

2. Inzwischen zwei Teller vorbereiten, den einen mit Kürbiskernen, den anderen mit Sesam-Mohn-Mischung.

3. Wenn der Teig fertig gegangen ist, den Ofen auf 175 °C vorheizen und ein feuerfestes Gefäß, z.B. einen Kaffeebecher oder eine kleine Pfanne ohne Plastikbesatz gefüllt mit Wasser mit in den Ofen stellen.

4. Aus dem Teig mit angefeuchteten Händen Kugeln formen – etwas kleiner als ein Tennisball – und dann erst einmal von einer Seite in die Mohn-Sesamschale tunken und dann von der anderen Seite in die Kürbiskerne.

5. Die Brötchen auf ein mit Backpapier versehenes Blech legen, dabei beachten, dass die noch aufgehen und jeweils etwas Platz brauchen. Die Kürbiskernseite kommt nach unten, das ist die Unterseite.

6. Mit einem EL auf jedes Brötchen etwas Wasser träufeln – diesen Schritt kann man auch während des Backens nochmals wiederholen – und in die Röhre damit.

7. Ca. 30 min später, wenn die Oberfläche der Brötchen schön gebräunt ist, sind sie fertig.

Variationen: Natürlich ist man hier nicht beschränkt auf die genannten Ölsaaten, um die Brötchen darin zu wälzen. Denkbar sind z. B. auch Leinsamen, Hanfsamen, Haferflocken…

[soyfree] Das Sojamehl kann ganz durch Lupinenmehl ersetzt werden, dadurch senkt sich der Fettgehalt auch um etwa 1%.

[cheaper] Umgekehrt kann das Lupinenmehl auch durch weiteres Sojamehl ersetzt werden.

Dazu passt: Alles, was man sich eben so aufs Brötchen schmieren kann.

Buchweizen-Birnen-Porridge

easy, fiber, glutenfree, soyfree, sugarfree, lowFAT

Porridge wird üblicherweise aus Haferflocken gekocht, aber mit Buchweizen funktioniert der Getreidebrei ebenso gut. Er hat auch etwas weniger Kalorien und beinhaltet weniger Fett als Hafer.

ergibt 2 gr. Schälchen voll

Zutaten

70 g Buchweizen
400 ml Pflanzenmilch
4 Dörrpflaumen (30 g)
2½ EL Haferflocken
1 Prise Salz
8 DL Stevia
1 TL Zimt
1 TL Chiasamen
2 Birnen (250 g)

Nährwert

kcal	prot	carb	fett
Gesamt (765 g)			
712	26	124	12
Schälchen (380 g)			
352	13	61	6
100 g			
93	3	16	2

Info

Der Proteingehalt von Buchweizen ist nicht astronomisch hoch, aber Buchweizen gehört zu den wenigen pflanzlichen Proteinquellen, die über ein vollständiges Aminosäureprofil verfügen. So kann das Eiweiß aus Buchweizen optimal vom Körper verwertet werden.

1. Den Buchweizen über Nacht in Wasser einweichen. Diesen Schritt kann man auch überspringen, wenn man plötzlich hungrig wird – dann verlängert sich allerdings die Kochzeit und die Mikronährstoffe können möglicherweise aufgrund der Enzyminhibitoren nicht optimal ausgenutzt werden.

2. Das eingeweichte Pseudogetreide gründlich im Sieb abspülen, dann zusammen mit der Milch, den kleingeschnittenen Pflaumen, den Haferflocken, dem Stevia und einer Prise Salz in einen Topf geben. Deckel drauf und bei mittelhoher Temperatur einmal aufkochen. Hitze etwas reduzieren und weiter köcheln, bis die Buchweizenkörner nicht mehr al dente sind. Das dauert etwa eine halbe Stunde. Zwischendurch häufiger umrühren, damit nichts anbrennt.

3. Wenn alles schön weich gekocht ist, die Platte ausschalten und etwas abkühlen lassen. Die Chiasamen, den Zimt und die entkernten und kleingeschnittenen Birnen unterrühren.

Variationen: Porridge ist ein äußerst variables Rezept. Das Getreide bzw. die Getreideflocken können ausgetauscht werden (z. B. Multikorn- oder Hirse-), ebenso wie in diesem Fall das Dörrobst (z. B. Datteln) und die Früchte (z. B. Äpfel oder Beeren). Zimt kann mit Vanille oder Kakao ausgetauscht werden. Die Chiasamen, zuständig für die Omega3-Fettsäuren können durch Lein- oder Hanfsamen ersetzt oder ganz weggelassen werden.

Tuning:

[-KCAL] Wird ein Teil der Haferflocken oder des Buchweizens durch ein paar TL Flohsamenschalen ersetzt, erhöht sich der Ballaststoffgehalt und die Kaloriendichte wird deutlich gesenkt. Etwas mehr Flüssigkeit ist dann u. U. nötig.

Dazu passt: Porridge schmeckt am besten mit einigen EL kalter Cuisine darüber. (20 kcal/EL)

Ahorn-Orangen-Tempeh

PROT, lowCARB, glutenfree, quick, easy

Perfekt für einen Blitz-Protein-Boost zwischendurch.

ergibt 1 Portion

Zutaten

150 g Tempeh
1½ TL Sojasauce
1 EL Ahornsirup
1 EL Orangensaft

Nährwert

kcal	prot	carb	fett

gesamt/1 Portion (185 g)

kcal	prot	carb	fett
319	26	15	16

100 g

kcal	prot	carb	fett
170	14	8	8

1. Tempeh in Scheiben schneiden und auf einem Teller anrichten, Sojasauce, Ahornsirup und Orangensaft darübergießen, essen.

Variationen: Wer sich mit rohem Tempeh nicht anfreunden kann, kann etwas mehr Marinade anrühren und noch Knoblauch, Salz, Balsamico und Ingwerpulver beigeben. Den Tempeh darin ein Weilchen ziehen lassen und dann mit Öl in der Pfanne anbraten. Das Ergebnis macht sich dann auch sehr gut im Salat.

Erdnuss-Kakao-Crunchy

highKCAL, PROT, highCARB, glutenfree, soyfree, easy

Erdnüsse plus Kakao plus Karamell sind bekanntlich eine äußerst exquisite Kombination. Und das geht auch fürs Müsli.

ergibt etwa 5 Portionen
Herd

Zutaten

250 g Erythrit
100 g Ahornsirup
70 ml Cuisine
2 Reiswaffeln
150 g Erdnüsse
2 EL Kakao
90 g Haferflocken

Nährwert

kcal	prot	carb	fett
Gesamt (635 g)			
1.790	56	154	97
für 1 Schälchen (125 g)			
352	11	30	19
100 g			
281	9	24	15

1. Erythrit, Sirup und Cuisine in einem Topf oder einer Pfanne aufkochen. Aufgepasst, es kann notwendig sein, den Topf sehr schnell vom Herd zu nehmen, weil das Karamell einen sehr überschäumenden Charakter entwickelt und das eine eingesaute Küche und schlimmstenfalls Verbrennungen mit sich bringt. Also das Ganze nicht aus den Augen lassen.
2. Währenddessen schon mal die Reiswaffeln kleinbröseln und die Erdnüsse grob hacken.
3. Wenn das Karamell einmal aufgekocht und etwas dunkler geworden ist, von der Platte nehmen und alle übrigen Zutaten unterrühren, bis alles gut vermischt ist, besonders der Kakao.
4. Keine Panik wegen dem Topf, an dem jetzt überall betonhartes Karamell klebt – einfach länger in Wasser einweichen, dann löst sich das Problem wortwörtlich von selbst.
5. Die Masse weitflächig auf ein Backpapier streichen und abkühlen lassen, falls nötig noch weiter kleinhacken oder -brechen, bevor sie ganz fest geworden ist. In einer verschlossenen Dose aufbewahren.

Variationen: Man kann die Masse auch mit einem Löffel in einzelnen Portionen dünn auf das Backpapier klecksen und hat dann nach dem Erkalten so etwas wie sehr knusprige Kekse.

Dazu passt: Pflanzenmilch der Wahl und Haferflocken.

Cashew-Crunchy

easy, soyfree, glutenfree, PROT, fiber

Konventionelle Crunchy-Müslisorten aus dem Supermarkt haben oft Honig auf der Zutatenliste und sind damit nicht vollständig vegan. Außerdem bestehen sie zu großen Teilen aus purem Zucker – und der bereitet gerade in Verbindung mit Getreideprodukten vielen Menschen besondere Probleme in der Verdauungsabteilung. Diese Variante hier beinhaltet zwar auch Zucker in Form von Agavensirup, enthält aber dennoch nur durchschnittlich gut ein Drittel der Kohlenhydrate und zwei Drittel der Gesamtkalorien, verglichen mit der Konkurrenz!

ergibt gut 8 Portionen
Herd

Zutaten

80 g Haselnüsse
150 g Cashews (geröstet & gesalzen)
320 g Erythrit
60 g Agavensirup
50 g Cuisine
2 TL Vanille
20 g Amaranth (gepoppt)
160 g Haferflocken

Nährwert

kcal	prot	carb	fett
Gesamt (840 g)			
2.446	70	194	146
100 g/für 1 Schälchen			
290	8	23	17

1. Haselnüsse unter wiederholtem Rühren bei mittlerer Hitze anrösten, bis sie anfangen Farbe zu bekommen und köstlich zu duften. Dann kommen sie in ein sauberes Geschirrtuch und werden darin kraftvoll hin- und hergerubbelt, bis die braune Haut ab ist. Über die Haselnüsse und die Cashewkerne ggf. einmal grob mit einem großen Messer darüber hacken, man kann sie aber auch ganz lassen.

2. Jetzt das Erythrit zusammen mit dem Agavensirup und der Cuisine in einer Pfanne schmelzen und einmal aufkochen. Gerade wenn die süße Masse anfangen will, dunkel zu werden, vom Herd damit. Nüsse, Kerne, Vanille, Amaranth und Haferflocken unterrühren und alles gut vermischen.

3. Jetzt auf direktem Wege auf einem mit Backpapier bedeckten Blech oder großen Holzbrett ausbreiten. Größere Klumpen der Cerealien-Mischung sollten vermieden werden, da das Ganze beinhart wird, wenn es ausgekühlt ist.

Variationen: Die Kerne und Nüsse können variiert werden – z.B. Erdnüsse, Mandeln oder geröstete Hanfsamen.
Es funktioniert auch ohne das Amaranth – das hat man ja nicht unbedingt immer im Haus – dann ist das Ergebnis etwas dichter.

Dazu passt: Natürlich die favorisierte Pflanzenmilch. Zusätzlich weitere Haferflocken sind ebenfalls eine gute Ergänzung.

Quinoa-Nussmüsli

PROT, fiber, quick+, easy, soyfree, glutenfree

Eine tolle Möglichkeit, übriggebliebenes Quinoa zu verwenden – als Abwechslung zu Getreideflocken im Müsli. Aus dem Grund ist es schlau, Beilagen-Quinoa ohne Zugabe von Salz zu kochen – so bleibt es vielseitig kompatibel.

ergibt 1 großes Schälchen
voll
Herd

1. Nüsse und Cranberries mittelfein hacken und mit Stevia, Chias, Vanille und Quinoa vermischen, anschließend Pflanzenmilch dazugeben.

Zutaten

25 g Haselnüsse
25 g Cranberries
(getrocknet)
1–2 DL Stevia
1 TL Chiasamen
1 TL Vanille
300 ml Pflanzenmilch
90 g gekochtes Quinoa
(etwa 25 g ungekocht)

Variationen:

Statt Quinoa kann auch Hirse zum Einsatz kommen, Nüsse und Trockenfrüchte durch jeweils andere ihrer Art ausgetauscht werden, statt Vanille bieten sich auch Variationen mit Zimt oder Kakao an.

Nährwert

kcal	prot	carb	fett

gesamt/1 Schale (447 g)

kcal	prot	carb	fett
458	18	43	5

100 g

kcal	prot	carb	fett
103	4	10	5

Special: Joghurt-O-Rama

Aus Joghurt lassen sich einfach Dutzende tolle Variationen zaubern. So viele, dass hier schlicht eine Sammlung von Kombiniations-Inspirationen folgt. In den Basics findet sich ein Rezept zum kostensparenden Selbermachen. Statt Stevia kann wie üblich auch ein anderes Süßungsmittel der Wahl verwendet werden. Sojajoghurt an sich ist schon ein exzellenter magerer Proteinlieferant, die mit PROT ausgezeichneten Mischungen haben nochmals einen gesteigerten Gehalt. Low-carb sind ebenfalls alle Varianten, wenn nicht anders gekennzeichnet. Durch die Beigabe von Flohsamenschalen oder Erythrit kann man die Kaloriendichte weiter senken und im Fall von Flohsamen den Ballaststoffgehalt erhöhen.

Mandelmus, zerbröckelte Pecannüsse & Stevia (highKCAL, highFAT, PROT).
Ganz oder teilweise pürierte Beerenmischung, Stevia & Haferflocken (PROT, fiber).
Kakao und/oder Kaffeegranulat & Erythrit, optional Zimt & Schokostreusel oder Mandelsplitter (lowKCAL).
Ordentlich Vanillepulver & Stevia (lowKCAL, lowFAT).
Mohn mit Stevia, Pflanzenmilch & geriebenen Mandeln aufgekocht (highKCAL, highFAT, PROT, fiber).
Cuisine, Mandelmehl, Vanille, frische Blaubeeren & Stevia (PROT, fiber).
Schaumig geschlagene Cuisine, angeröstete Mandelblättchen, Kirschen & Stevia (highFAT).
Geraspelter Apfel, Zimt & Stevia (lowKCAL, lowFAT).
Gehackte Walnüsse mit Agavensirup vermischt (highFAT, PROT, highCARB, highKCAL).
Proteinpulver, etwas Wasser, Stevia, Vanille & TK-Kirschen (PROT, lowFAT).
Cuisine, Erdbeeren, Zimt, Stevia (lowKCAL).

Joghurt ist auch eine gloriose Möglichkeit, unsauberer Leckerlies bzw. Kalorienklopper in sozusagen verdünnter Form zu frönen – so muss man sich den Genuss nicht verwehren, bleibt aber trotzdem im Rahmen, wenn man seine Kalorien in einem limitierten Umfang halten will. Kekse, Halva, Riegel, Karamell, Cookiedough, Nougat, Schokoaufstrich, Kekscreme-Austrich, Krokant, Marzipan, Kuchen- oder Creme-Reste vom Backen… machen sich in Joghurt, gebrösel bzw. püriert, ganz ausgezeichnet. Sie machen durch das wasserhaltige Volumen von Joghurt gut satt und Protein hat man auch noch dabei.

Special: Haferflorado

Wie großartig Haferflocken sind, hatte ich ja schon erläutert. Hier jetzt also einige Müsli-Variationen als Anregung, ausgehend von der Basis Haferflocken plus Pflanzenmilch. Als Haferflocken-Puristin kann ich übrigens auch diese einfache Basis-Variante empfehlen.
Für Haferflocken-Müslis gilt:
highCARB, fiber, PROT

getrocknete, grob gehackte Cranberries (+CARB)
zerdrückte Banane (+CARB)
Agavensirup & Vanille (+CARB)
Mandelmus & Vanille (+FAT, +PROT)
Kakao & Ahornsirup (+CARB)
TK-Obst oder -Beeren & Stevia (-KCAL)
Apfelmark, Stevia & Zimt (-KCAL)
statt Pflanzemilch Orangensaft

Schöne zusätzliche Ergänzungen
Hanf-, Chia- oder Leinsamen fürs Omega3
Proteinpulver für noch mehr Eiweiß (PROT)
Kokosmehl für eine Zusatzladung Protein, Fett, Ballaststoffe und Kalorien (FAT, PROT, fiber, KCAL)
gehackte Nüsse, ebenfalls für mehr Protein, Fett und Kalorien (FAT, PROT, KCAL)
Flohsamenschalen zum Abfedern der Kaloriendichte und für ein großes Ballaststoff-Plus – aber Vorsicht, die saugen sich wirklich voll wie verrückt, 2–4 TL pro Schälchen reichen (-KCAL, -CARB, -FAT, +fiber)
gehackte Schokolade (FAT)

Der Bekömmlichkeit ist es zuträglich, die Haferflocken nicht sofort nach dem Anrühren genüsslich zu verschlingen, sondern sie erst noch einige Minuten eingeweicht zu lassen.
Gesteigert wird dieser Effekt durch die sog. Overnight Oats und Porridge. Bei den Overnight Oats wird – der Name lässt es vermuten – das angerührte Müsli über Nacht in einem Schraubglas durchziehen gelassen und dann üblicherweise zum Frühstück verspeist. Porridge kürzt das Prozedere ab, indem die Haferflocken kurz aufgekocht werden.

Wenn einem – wie mir – gelegentlich der Sinn nach bunten Frühstückscerealien mit großen euphorischen Tieren auf der Schachtel steht, sind Haferflocken (und ggf. Ölsaat, Flohsamen und Stevia) eine gute Möglichkeit, auf der einen Seite den Nährstoffgehalt des Schüsselinhalts ein bisschen zu pimpen und auf der anderen Seite für bessere und schnellere Sättigung zu sorgen.

Ich kann übrigens nach einiger Herumprobiererei empfehlen, fürs Müsli bei Haferflocken ein Markenprodukt zu wählen und zum Backen oder für den Mixer auf ein billigeres Produkt zurückzugreifen.

Apfel-Mandelmusli

highFAT, fiber, lowCARB, PROT, quick, soyfree, glutenfree, sugarfree, easy

Ich erwähnte, glaube ich, dass ich Wortspiele mag, oder?
Hier eine Müsli-Variante ohne Haferflocken oder sonstige Cerealien.

Zutaten

1 kl. Apfel (150 g)
4 TL Mandelmus (40 g)
½-1 TL Vanille
1 TL Chiasamen (10 g)
220 ml Pflanzenmilch
ggf. Stevia

Nährwert

kcal	prot	carb	fett
gesamt / Schälchen (420 g)			
447	20	28	29
100 g			
106	5	7	7

1. Den Apfel in Schnitze schneiden, Kerngehäuse entfernen und mittelgrob hacken.

2. In einem Schälchen mit Mandelmus und Chiasamen mischen, Milch dazu, je nach Süße des Apfels evtl. Stevia ergänzen.

Variationen: Haferflocken oder gehackte Nüsse passen auch gut dazu, ebenso lässt sich Vanille durch Zimt austauschen.

Wirsing-Chips

lowKCAL, lowCARB, lowFAT, sugarfree, soyfree, glutenfree, cheap, quick+

In der Health- und Diät-Szene der USA sind Kale-Chips gerade der Renner überhaupt. Das Problem ist, dass in Deutschland frischer Grünkohl immer nur für eine sehr kurze Zeit erhältlich ist. Wen es bei uns hingegen das ganze Jahr über gibt, ist Wirsingkohl. Der kann zwar bei Mikronährstoffen nicht ganz mit Grünkohl mithalten, steht aber trotzdem noch gut da und bei den Makronährstoffen ist er mindestens gleichwertig.

ergibt 1 großes Blech voll
Ofen

Zutaten

½ kl. Wirsing (geputzt ca. 500 g)
1½ EL Olivenöl
1 EL Zitronensaft
¼ TL Salz
1–2 TL Kümmel
ggf. Pfeffer

Nährwert

kcal	prot	carb	fett
Gesamt (245 g)			
270	14	15	15
100 g/1 Schälchen			
110	6	6	6

Tipp

Weil dem Kohl während des Röstvorgangs das Wasser größtenteils entzogen wird, verdichten sich alle Nährstoffgehalte. Das gilt auch für enthaltene Ballaststoffe – wer also keinen sehr trainierten Verdauungstrakt hat, sollte es mit den Chips erstmal langsam angehen lassen und vor allem gut und gründlich kauen.

1. Den Stielansatz des Wirsings abschneiden und die Blätter einzeln ablösen, die Strünke der größeren Blätter keilförmig herausschneiden. Gründlich abwaschen, das Wasser abschütteln und die Blätter zum Trocknen ausbreiten. Gelegentlich wenden, ggf. zusätzlich mit einem sauberen Geschirrtuch abtupfen. Wichtig ist, dass die Blätter komplett trocken sind, bevor sie weiterverarbeitet werden.
2. Die Marinade anrühren.
3. Ofen auf 175 °C vorheizen.
4. Kohlblätter in mundgerechte Stücke rupfen oder schneiden, in eine große Schüssel geben und gründlich mit der Marinade vermischen. Ein großes verschließbares Gefäß, in dem man Marinade und Wirsing richtig durchschütteln kann ist optimal, alternativ kann man auch einfach die Hände als Schaufeln benutzen.
5. Den Kohl auf einem mit Backpapier versehenen Blech ausbreiten – je mehr Platz die einzelnen Stücke haben, desto besser, sie dürfen nicht zu sehr gestapelt liegen – im Zweifelsfall lieber zwei Fuhren daraus machen.
6. So lange im Ofen lassen, bis die Blätter anfangen, braun zu werden, aber noch Grün zu sehen ist – je nach Ofen dauert das ca. 15-25 min. Auf der Hälfte der Zeit die Chips einmal wenden.
7. Bei Bedarf noch nachsalzen und -pfeffern.

Variationen: 1 EL Sesam mit in die Marinade geben. Wie gesagt auch mit frischem Grünkohl praktikabel.

Dazu passt: Am besten schmecken die Chips frisch und knusprig aus dem Ofen als Snack, aber auch als Beilage zu verschiedenen Gemüsegerichten sind sie nützlich.

SWEETS & DESSERTS

ChocShock Duo

highKCAL, highFAT, lowCARB, PROT, easy, quick+, glutenfree, sugarfree, teuer

Seidentofu verwende ich selten, da er nicht nur sehr teuer ist, sondern mich auch die Verpackung aus Hartplastik stört. Gelegentlich gönne ich ihn mir aber doch. Z.B. für diese schöne Cremespeise.

ergibt 2 große Gläser voll
Multizerkleinerer, Pürierstab

Zutaten

70 g Erythrit
70 g Kakaobutter
800 g Seidentofu
2 TL Vanille
Pr. Salz
2 EL Kakao
ggf. 1–2 DL Stevia

Nährwert

kcal	prot	carb	fett

Gesamt (970 g)

kcal	prot	carb	fett
1.100	45	19	92

1 gr. Glas (480 g)

kcal	prot	carb	fett
546	22	9	46

100 g

kcal	prot	carb	fett
114	5	2	10

Tipp
Für ein schokoladiges Aroma muss unraffinierte Kakaobutter verwendet werden.

1. Das Erythrit im Multizerkleinerer oder Mixer zu Puder häckseln. Die Kakaobutter bei geringer Temperatur schmelzen. Den Seidentofu – möglichst in Zimmertemperatur – mit dem Pürierstab zusammen mit Erythrit, Salz und der Vanille zu einer Creme verarbeiten. Nötigenfalls mit dem Stevia abschmecken. Das flüssige Kakaofett dazugießen und dabei immer weiterpürieren.
2. Ein gutes Viertel der Creme separieren und gründlich mit dem Kakaopulver verrühren.
3. Die Hälfte der weißen Creme in zwei Gläser füllen, dann folgt die dunkle Schicht und obenauf wieder eine weiße.
4. Optional mit gehackter (zuckerfreier) Schokolade dekorieren.
5. Jetzt kommt der schwierige Teil: Das Ganze muss noch für ein paar Stunden in den Kühlschrank.

Variationen: Es lässt sich gut noch eine Schicht TK-Beeren unterbringen. Oder eine Schicht zerbröckelte Kekse oder Kuchen! Zur Abwechslung kann die Farbgebung invertiert werden, so dass es eine Dunkel-Weiß-Dunkel-Verteilung im Glas gibt, dafür braucht man natürlich etwas mehr Kakaopulver.

Tuning:

[+CARB] Für einen epischen, nicht mehr zuckerfreien Triple ChocShock schmilzt man Nougat und vermischt ihn mit einem Drittel des Seidentofus. In dem Fall kann man die Kakaobutter reduzieren, da nur die anderen beiden Drittel welche benötigen. Oder man bemüht den veganen Klassiker der Mousse au Chocolat, indem reichlich geschmolzene Schokolade – weiß oder zartbitter – in den Seidentofu eingearbeitet wird.

[-KCAL] Der Kaloriengehalt steht und fällt mit dem Kakaobutteranteil. Man kann sie auch ganz weglassen, dann sollte man evtl. ein bisschen aufgeschlagene Cuisine unterheben. Die Creme mit etwas Sojajoghurt zu strecken, ist auch eine Möglichkeit.

Protein-Bällchen

highKCAL,PROT, highCARB, glutenfree, soyfree, quick

Die Anregung hierfür entstand mit meiner Nummer1-Sportsfreundin in der Mädels-Umkleidekabine. Einer meiner erklärten Lieblingsorte.

ergibt etwa 20 Bällchen

Zutaten

140 g Proteinpulver
100 g Haferflocken
2 TL Vanille
1 Pr. Salz
4 EL Kakao (40 g)
200 g Zuckerrübensirup
60 g Haselnussmus
220 ml Pflanzenmilch
ggf. 1 Pr. Stevia

Nährwert

kcal	prot	carb	fett
Gesamt (765 g)			
2.170	152	216	60
1 Bällchen (40 g)			
113	8	11	3
100 g			
283	20	28	8

Tipp

Bei Zuckerrübensirup handelt es sich zwar auch um konzentrierten Zucker, aber gleichzeitig auch um konzentrierte Mineralstoffe, besonders Eisen und Magnesium.

1. Alle trockenen Zutaten in einer Schüssel miteinander verrühren, dann alles andere dazu und mit einer Gabel zusammenmanschen. Sollte die Masse noch zu nass sein, mit etwas Proteinpulver nachjustieren.

2. Die Hände mit kaltem Wasser anfeuchten, immer eine kleine Portion mit einem Teelöffel abstechen und zwischen den Handflächen zu Kugeln rollen. Dabei „Chocolate Salty Balls" von Chefkoch trällern.

3. Im Kühlschrank fest werden lassen und dort auch aufbewahren.

Variationen: Nussmuse können natürlich entsprechend durchvariiert werden, wenn keins zur Hand ist, klebt alles auch mit etwas mehr Sirup zusammen.

Wenn einen die Aromazusätze nicht stören, bieten sich hier auch Proteinpulver mit diversen Geschmacksrichtungen an.

Tuning:

[-KCAL] Teile des Sirups durch Puder-Eryhtrit ersetzen (etwas mehr Milch ist dann nötig). Gepoppten Amaranth untermischen. Die nassen Zutaten durch Sojajoghurt mit Stevia ersetzen.

[+KCAL] Weniger Pflanzenmilch, dafür mehr Nussmus oder geschmolzenes Kokosmus, zusätzlich z.B. gehackte Schokolade oder Nüsse. Proteinpulver oder Haferflocken ganz oder teilweise durch gemahlene Nüsse ersetzen. Ein bisschen gutes, kaltgepresstes Öl setzt den Kalorienpegel rauf, macht das Ganze geschmeidiger und bringt ein paar zusätzliche Vitamine mit.

[-CARB] [sugarfree] Sirup ersetzen durch Stevia oder Erythrit plus mehr Nussmus oder zerdrückte Banane.

[+fiber] Entöltes Nussmehl ergänzen (Flüssigkeit entsprechend anpassen).

Dattel-Halva-Würfel

highKCAL, highCARB, highFAT, fiber, sugarfree, glutenfree, soyfree

Hier haben wir Kalorien in maximal komprimierter Form.
Die Würfel sind allerdings nur was für fortgeschrittene Süßmäulchen.

ergibt eine kleine Box voll
Multizerkleinerer

Zutaten

100 g Sesam
120 g Datteln
½ TL Vanille
1 EL Sesamöl

Nährwert

kcal	prot	carb	fett
Gesamt (235 g)			
1.029	24	88	61
1 Würfel (10 g)			
43	1	4	3
100 g			
434	10	37	26

1. Den Sesam unter ununterbrochenem Rühren anrösten, bis er einen Farbton dunkler geworden ist. Die Datteln in kleine Stücke schneiden.

2. Zunächst den Sesam alleine im Multizerkleinerer zu einer pappigen Masse mixen, dann die Datteln, die Vanille und das Öl dazu und alles zu einer süßen, fettigen Pampe verarbeiten. Während des Mixens immer wieder stoppen und den Inhalt umrühren, damit die Klingen auch alles erwischen.

3. Bei der Operation das Wohlergehen des Zerkleinerers im Auge behalten – je nach Leistungsfähigkeit des Modells kann weiteres Öl nötig sein oder auch eine Pause zum Abkühlen.

4. Ein Stück Backpapier bereitlegen und die Masse darauf streichen. Mit den Händen und viel Druck in der Mitte des Papiers einen flachen Block formen. Das Backpapier über dem Block eng zusammenfalten, überschüssiges Papier wegschneiden und die Masse nochmals kräftig von oben zusammenpressen. Idealerweise hat man eine kleine Box in der passenden Größe, da kommt der Block samt Papier rein und wird nochmals richtig festgedrückt. Das kommt dann über Nacht in den Kühlschrank, am besten mit einem Gewicht beschwert – z.B. ein gefülltes kleines Schraubglas oder ein kleines Brett mit einer ganz kleinen Hantelscheibe darauf.

5. Den gut gekühlten Block ggf. auf einem Papiertuch äußerlich etwas entfetten, dann mit einem sehr scharfen, evtl. angefeuchteten Messer in kleine Würfel schneiden.

6. Im Kühlschrank aufbewahren oder noch besser im Gefrierfach, dort bleibt die Konsistenz fester.

Variationen: Es können auch Kakao oder gehackte Pistazien eingeknetet werden.

Dazu passt: Der Wunsch, zuzunehmen.

Protein-Muffins:
Mohn-Heidelbeer, Kirsch-Vanille & DoppelChoc-Macadamia

lowCARB, PROT, easy, quick+, sugarfree, soyfree

Gebäck ist immer recht energiedicht, aber hier haben wir nicht bloß Fett, Stärke und Zucker, sondern eine ordentliche Proteinladung inklusive – und dafür keinen Zucker und auch keine gehärteten Fette. Schnell und einfach gemacht sind die Muffins noch dazu.

ergibt 12 Muffins (wenn man nicht so viel Teig nascht)
Ofen, Muffinform

Zutaten
Basis-Teig
100 g Proteinpulver
70 g Haferflocken
100 g Dinkelmehl (1050er)
130 g Erythrit
2 sparsame TL Backpulver
1 Pr. Salz
3–4 DL Stevia
65 ml Rapsöl
270 ml Pflanzenmilch

1. Für den Basis-Teig in einer Rührschüssel einfach erst die trockenen Zutaten miteinander vermengen, dann mithilfe einer Gabel Öl und Milch einarbeiten.
2. Langsam mal den Ofen auf 180 °C vorheizen.
3. Jetzt den Teig Pi mal Daumen dritteln. In die erste Ladung – wieder mit der Gabel – den Mohn einrühren und dann vorsichtig die gefrorenen Beeren unterheben.
4. In die zweite Teig-Portion erst die Vanille mischen, dann wieder mit besonderer Vorsicht die Kirschen.
5. Für die dritte Variante die Macadamias und die Schokolade grob hacken. Ich habe hier einen Rest der Cashew-Schokoladenglasur der Cake-Pops verwendet (S. 256), es geht aber natürlich auch die Zartbitter-Stevia-Schokolade aus dem Diabetikerregal oder, wenn es nicht zuckerfrei sein braucht, schlicht Blockschokolade aus der Backabteilung oder eine andere vegane Schokolade.
6. Mit der Gabel Kakao, Stevia und Milch in den Teig einkneten und dann Nüsse und Schokolade untermischen.
7. Die Teigportionen in die Muffinform füllen. Ich verwende Silikon, Metallformen muss man vorher noch einölen.
8. Die Leckerchen müssen jetzt etwa 40 min backen, bis die Oberfläche sich mittelstark gebräunt hat.
9. Es passiert mir öfter mal, dass die Muffins in sich zusammenfallen – das sieht etwas deprimierend aus, schmeckt aber noch genauso gut. Die Chancen, dass das nicht passiert, kann man erhöhen, indem man vor allem nicht die Ofentür zwischendurch öffnet und nach Ablauf der Zeit die Muffins nicht durch plötzliches Transferieren aus dem heißen Ofen an die kalte Luft schockt. Lieber bei ausgeschaltetem Ofen noch ein bisschen darin stehen lassen und dann noch einige Minuten bei halbgeöffneter Ofentür.

>>

2 EL Mohn
100 g TK-Heidelbeeren

Mohn-Heidelbeere
lowCARB

Nährwert

kcal	prot	carb	fett
Gesamt (310 g)			
665	40	50	33
1 Muffin (75 g)			
161	10	12	8
100 g			
214	13	16	10

1 TL Vanille
100 g TK-Kirschen

Kirsch-Vanille
lowCARB

Nährwert

kcal	prot	carb	fett
Gesamt (292 g)			
582	35	51	24
1 Muffin (75 g)			
150	9	13	6
100 g			
200	12	18	8

60 g Macadamias
40 g Schokolade
3 großzügige TL Kakao
3 DL Stevia
2 EL Pflanzenmilch

Nährwert

kcal	prot	carb	fett
Gesamt (332 g)			
1.347	45	49	103
1 Muffin (75 g)			
304	10	11	23
100 g			
406	14	15	31

DoppelChoc-Macadamia
highKCAL, highFAT, lowCARB

Variationen: Noch einfacher und schneller geht es, wenn man sich auf nur eine Geschmacksrichtung beschränkt – dafür einfach die Zusatz-Zutaten der auserwählten Richtung verdreifachen, ist ja klar.

Wer Muffins mit aufgebocktem Proteinpegel wünscht, aber kein Proteinpulver verwenden möchte, kann es mal mit pürierten Bohnen versuchen!

Ansonsten kann man Muffins ja mit so ziemlich allem bestücken, was der Küchenschrank hergibt – kreative Eskalation! Apfel-Zimt, Himbeere, Pfirsich, gehackte Nüsse, Banane-Erdnuss, schmelzender Nougatkern, Cranberries, Kakao mit veganer weißer Schokolade, Ananas-Kokos, glitzipinke Zuckerstreusel…

Es gibt auch herzhafte Varianten von Muffins – z.B. mit Zwiebeln, veganem Käse, geraspelter Zucchini, getrockneten Tomaten, frischen Kräutern… – aber ich halte mich lieber an die klassische süße Form.

Tuning: Das Öl kann hier durch eine etwas größere Menge Apfelmark ersetzt werden. Das ist dann allerdings schon ein Kompromiss auf geschmacklicher Ebene. (Faustregel: Kalorien = Geschmack)

Amerikaner auf Bulk

PROT, lowCARB, highFAT, highKCAL, sugarfree, easy

Heute wollen wir mal dem Klischee gerecht werden, dass man als VeganerIn ausschließlich Tofu-zeugs zu sich nimmt. Denn tatsächlich kann man Tofu nicht nur braten, kochen und pürieren – man kann auch damit backen!

ergibt 6 mächtige
AmerikanerInnen
Küchenmaschine,
Multizerkleinerer

Zutaten
100 g Kokosfett
200 g Tofu
125 g Erythrit
3 EL Pflanzenmilch
7 EL Orangensaft
1 TL Vanille
3 EL Sojamehl (35 g)
2 TL Backpulver (10 g)
200 g Dinkelmehl
(1050er)
4–6 DL Stevia
1 Pr. Salz

Glasur:
30 g Kakaobutter
25 g Erythrit
40 g Mandelmus
ggf. 1 DL Stevia

Tipp
Vereinzelt gibt es Puder-Ery-thrit zu kaufen. Das ist eine gute Sache, weil es maximal fein pulverisiert ist

1. Kokosfett erhitzen. Tofu klein würfeln und mit Erythrit, Milch und Orangensaft in der Küchenmaschine mit Klingenaufsatz durchpürieren. Wenn das Fett sich verflüssigt hat, darf es dazu-kommen und auch ein paar Runden drehen.

2. Parallel Vanille, Sojamehl, Backpulver, Dinkelmehl, Stevia und Salz vermischen. Das wiederum kommt mit in den Küchenma-schinenpott (evtl. zum Knetaufsatz wechseln) – bis alles zu einem schönen geschmeidigen Rührteig geworden ist.

3. Ofen auf 200 °C vorheizen.

4. Backblech mit Backpapier versehen. Jetzt mit einem Esslöffel sechs gleich große Teigportionen aufs Blech klecksen. Dabei gebührenden Sicherheitsabstand zwischen den einzelnen Por-tionen wahren, da die Amerikaner beim Backen noch ein gutes Stück aufgehen. Den Löffel unter den Wasserhahn halten und mit der Rückseite die Oberfläche der Teig-Kleckse glätten.

5. Für 15–20 min in den Ofen, bis die Oberfläche anfängt, leicht braun zu werden.

6. Zwischenzeitlich die Glasur präparieren. Dafür das Erythrit im Multizerkleinerer zu Puder verarbeiten. Es sollte wirklich fein werden, andernfalls sieht es hinterher auf dem Gebäck komisch aus. Haut das nicht hin, kann es auch weggelassen werden und durch etwas mehr Stevia ersetzt werden.

7. In einem kleinen Topf die gehackte Kakaobutter mit den rest-lichen Glasurzutaten schmelzen und verrühren.

8. Evtl. ein bisschen abkühlen lassen, damit sie nicht ganz so flüssig ist, wenn sie auf die flache Seite der fertigen Amerikaner aufgetragen wird.

Nährwert

kcal	prot	carb	fett
Gesamt (790 g)			
2.631	79	153	184
1 Amerikaner (130 g)			
430	13	25	30
100 g			
331	10	19	23

Variationen: Eine kalorienarme und fettfreie Alternativ-Glasur erhält man, indem man reichlich Puder-Erythrit mit wenig Zitronen- oder Orangensaft verrührt.

Aus dem Teig kann man übrigens auch einen Zitronenkuchen backen, dann das Rezept evtl. verdoppeln und die abgeriebene Schale von 1–2 unbehandelten(!) Zitronen mitverarbeiten.

Wenn es auch mit Zucker sein darf, kann einfach geschmolzene vegane Weiße Schokolade zum Bestreichen verwendet werden.

Wer seine Amerikaner tofufrei bevorzugt, lässt den einfach weg und stockt das Dinkelmehl um etwa 60 g auf – das Ergebnis hat entsprechend mehr Kohlenhydrate, mehr Fett, mehr Kalorien und weniger Eiweiß.

Cake-Pops

highKCAL, lowCARB, highFAT, PROT, aufwändig, soyfree, sugarfree

Besonders hübsch, wenn man Besuch empfängt (der sich in der Massephase befindet),
als Geschenk oder ganz egoistisch einfach für sich selbst.

ergibt etwa 20 Cake-Pops
Herd, [Gefrierschrank],
Küchenmaschine

Zutaten
75 g Kokosfett
250 g Kichererbsen
50 g Haferflocken
100 g Erythrit
3-5 DL Stevia
Pr. Salz
30 g Lupinenmehl
80 g Gluten
1 Pck. Backpulver
2 TL Vanille
160 ml Pflanzenmilch
95 g Cashewmus
80 ml Cuisine

130 g Kakaobutter
70 g Cashewmus
3 EL Kakao
Pr. Salz
4-6 DL Stevia
Stiele
optional: Deko-Tinnef

Tipp
Professionelle CakePop-Stiele sind nicht überall zu bekommen. Es tun aber auch einfach mit der Küchenschere halbierte hölzerne Schaschlik-Spieße. Oder man lässt die Stäbchen ganz weg und hat eben Kuchenpralinen – schmeckt genauso gut.

1. Das Kokosfett schmelzen.

2. Die Kichererbsen mit Haferflocken, Erythrit, Stevia und Salz in der Küchenmaschine mit Klingenaufsatz gründlich durchpürieren. Kokosöl, Lupinenmehl, Gluten, Backpulver, Vanille und Milch ergänzen – alles zu einem schönen Teig zusammenrühren. Es gibt übrigens keinen Grund für vornehme Zurückhaltung – ohne rohe Eier und damit verbundener Salmonellengefahr kann sich hier genüsslich an der Teigschüssel vergriffen werden!

3. Den fertigen Teig auf ein mit Backpapier bestücktes Blech streichen – je dünner, desto schneller ist er fertig. Bei 180 °C backen, bis die Oberfläche beginnt, Farbe zu bekommen und die Stäbchenprobe positiv ausfällt (Oder negativ? Na, jedenfalls wenn keine Krümel mehr dran hängen). Das dauert etwa 30–40 min.

4. Wenn er fertig ist, den Teig mit einem großen, scharfen Messer kleinhacken oder mit den Händen zerrupfen und zerbröseln, besonders die härteren Randteile.

5. Den zerkrümelten Teig in eine Schüssel geben und mit dem Cashewmus und der Cuisine gründlich verkneten.

6. Jetzt immer mit einem Teelöffel kleine Portionen vom Teig abstechen und zwischen den Handflächen zu Bällchen in der gewünschten Größe rollen. In jedes einen Stiel stecken. Tief genug, damit er ausreichend Halt hat.

7. Die Kugeln müssen jetzt erstmal im Gefrierfach fest werden, zur Not tut es auch der Kühlschrank.

8. In der Zwischenzeit die Schokoladenglasur vorbereiten. Die Kakaobutter hacken und im Wasserbad zusammen mit Cashewmus, Kakao, Stevia und Salz schmelzen. Öfter mal umrühren.

9. Schonmal eine Vorrichtung zum Abkühlen der Pops bereitstellen – z. B. ein großes Stück Styropor, ein angestochener Karton oder ein umgedrehtes Abtropfsieb.

10. Dann die frostigen Cake-Pop immer einzeln einmal durch die Glasur drehen, den Topf dafür schräg halten. Dadurch, dass die Cake-Pops vorher gekühlt wurden, wird die Glasur schnell fest und tropft nicht überall herum. Wenn man vorhat, sich kreativ zu

Nährwert

kcal	prot	carb	fett
Gesamt (870 g)			
3.000	138	112	218
1 'Pop (40 g)			
138	6	5	10
100 g			
345	16	13	25

verwirklichen, ist jetzt der Zeitpunkt, alle bunte, rosafarbige und glitzernde Munition in Stellung zu bringen. Alternativ ist auch eine zweite Schokoschicht möglich – einfach einmal kurz warten, bis die erste Schicht erstarrt ist und dann noch einmal durch die Glasur ziehen.

11.   Die Cake-Pops dann in die vorbereitete Halterung stecken und trocknen lassen.

Tipp

Aufgepasst mit Backdeko! Wer Insekten in seine Vegan-Praxis vollumfänglich miteinbezieht (kein unumstrittenes Thema in der Community) muss auf die Zusatzstoffe E120/Karmin (ausgekochte Schildläuse), E904/Schellack (Läuse-Ausscheidung) und E901 (Bienenwachs) achten.

Variationen: Statt Kichererbsen können auch Bohnen verwendet werden, das Cashewmus kann durch andere Nussbutter ausgetauscht werden und statt Lupinenmehl tut es auch das günstigere Sojamehl. Wer keinen Wert auf Zuckerfreiheit legt, kann als Glasur auch einfach Zartbitter-Kuvertüre verwenden, mit oder ohne Nussmus.

Es wird nicht die ganze Schokoglasur benötigt, man braucht aber eine gewisse Menge, um die Kugeln vernünftig darin wenden zu können. Den Rest einfach in eine Plastikdose o. ä. gießen und bei nächster Gelegenheit, geschmolzen oder gehackt, z. B. für Schoko-Cookies oder -Muffins verwenden.

Kinderträume kann man sich verwirklichen, indem man mal eine Schüssel von dem Teig zubereitet – ggf. mit weniger oder gar keinem Backpulver, dafür aufgemotzt mit grob gehackter Schokolade – und sich ihn einfach so pur einverleibt. Alternativ auch in einen Joghurt gerührt oder als Dip.

Und die gebackene Variante macht, grob zerrupft, eine gute Figur in Schichtdesserts.

Avocado-Himbeer-Schichtdessert

highFAT, highKCAL, lowCARB, easy, soyfree, glutenfree

Hat jemand nach Kalorien gefragt? Ich hab da mal was vorbereitet.

ergibt 1 großes Glas voll
Pürierstab

Zutaten
50 g Cashews
5 EL Wasser
2 EL Zitronensaft
1 TL Vanille
3 DL Stevia
80 g TK-Himbeeren
1 Avocado
30 g Krokant,
z.B. Erdnuss-Sesam
(siehe S. 290)

Nährwert

kcal	prot	carb	fett
gesamt/1 Glas (375 g)			
688	15	25	58
100 g			
184	4	7	16

1. Cashews möglichst im Vorfeld für ein paar Stunden in reichlich Wasser einweichen – zur Not geht's aber auch ohne. Die Cashews dann gründlich abspülen und mit den 5 EL frischem Wasser, 1 EL Zitronensaft, ½ TL Vanille und 1 DL Stevia glattpürieren. Wenn die Cashews nicht eingeweicht wurden, 1–2 EL Wasser zusätzlich ergänzen.

2. Die Himbeeren mit 1 DL Stevia vermischen.

3. Avocado aus der Schale löffeln und zusammen mit 1 EL Zitronensaft, 1–2 DL Stevia sowie ½ TL Vanille mit einer Gabel zu einer homogenen Creme zerdrücken.

4. Den Krokant zerbröckeln.

5. Jetzt in ein großes Glas zuunterst den Krokant füllen, dabei einen kleinen Rest zurückbehalten. Darüber kommt die Avocadocreme, über die die Himbeeren – bis auf eine – geschichtet werden und als letzte Schicht kommt die Cashewsahne. Als dekorativen Abschluss die verbliebene Himbeere obenauf setzen und den restlichen Krokant darüber streuen.

Variationen: Ist kein selbstgemachter Krokant zur Hand und stört der erhöhte Zuckergehalt nicht, tut es auch ein gekaufter Sesam- oder Erdnusskrokant-Riegel.
Varianten mit anderen TK-Beeren – Kirschen oder Heidelbeeren z.B. – sorgen für Abwechslung.
Für die Schoko-Edition die Avocadocreme mit Kakao und etwas mehr Stevia oder Agavendicksaft anrühren.

Zucchinikuchen
mit Avocadofrosting

soyfree, sugarfree, highKCAL, fiber, PROT, lowCARB, highFAT

Dieses Öko-Hippie-Klischee-Rezept ist praktisch sowas wie ein Obstsalat in Kuchenform. Einen Kuchen mit wenig Kalorien gibt es vermutlich nicht, dieser hier ist aber noch vergleichsweise niedrig angesiedelt auf der Energieskala – zudem ist er gerade noch so im low-carb-Bereich.

ergibt 1 Kuchen
Küchenmaschine, Pürierstab, Mixer, Springform

Zutaten

1 mtl. Zucchini (300 g)
1 Banane
120 ml Sonnenblumenöl
250 g Vollkorn-Dinkelmehl
140 g Lupinenmehl
50 g Multikorn- oder Haferflocken
50 g Kakao
3 TL Backpulver
150 g Erythrit
5 DL Stevia
250 g TK-Kirschen
100 g Stevia-Schokolade
1 TL Öl für die Form

1 Avocado (250 g)
100 g Erythrit
2 EL Limettensaft
1 TL Vanille

1. Die Zucchini grob raspeln, die Banane mit der Gabel zerdrücken und beides mit dem Öl ein paar Umdrehungen in der Küchenmaschine mit Rühraufsatz machen lassen.

2. In einer Schüssel Dinkelmehl, Lupinenmehl, Haferflocken, Kakao, Backpulver, Erythrit und Stevia vermischen, dann geschlossen mit in die Küchenmaschine und zu einem Teig verrühren lassen.

3. Die Schokolade grob hacken – evtl. ein bisschen für die Deko obendrauf zurückbehalten – und unter den Teig mischen.

4. Die Springform gründlich mit dem Öl ausstreichen und knapp die Hälfte des Teigs hineingeben, die Kirschen darüber verteilen und darüber den restlichen Teig. Glattstreichen, den Ofen auf 175 °C stellen und den angehenden Kuchen einfahren lassen.

5. Für etwa 60–80 min backen lassen (hängt davon ab, wie schnell der Ofen aufheizt). Er ist fertig, wenn man mit einem Metall- oder Holzstäbchen hineinpieksen kann, ohne dass Krümel daran hängenbleiben.

6. In der Zwischenzeit kann man sich in Ruhe um das Frosting kümmern. Dafür das Erythrit im Mixer zu feinem Puder pulverisieren, die Avocado aus der Schale löffeln und beides, zusammen mit Limette und Vanille, mithilfe eines Pürierstabs oder Handrührgeräts zu einer schönen Creme verarbeiten. In den Kühlschrank stellen.

7. Wenn der Kuchen fertig ist, ihn aus der Form lösen (ein Messer hilft) und abkühlen lassen. Dann das Avocadofrosting darauf verteilen, mit einem großen, evtl. angefeuchteten Messer glattstreichen und ggf. die restliche Dekoschokolade aufbringen.

8. Stolz das Werk betrachten.

Nährwert

kcal	prot	carb	fett
Gesamt (1.865 g)			
4.158	130	316	244
1 Stück (140 g)			
312	10	24	18
100 g			
75	4	8	3

Tuning:

[+KCAL] Fein gehackte oder gemahlene Walnüsse in den Teig einarbeiten.

Tipp

Es ist sinnvoll, direkt eine große Menge Erythrit zu puderisieren, so dass man immer flugs welches zur Hand hat.

1

2

3

4

Himbeer-Pancakes

highKCAL, PROT, highCARB, soyfree, glutenfree, sugarfree

Pfannkuchen sind immer sowas wie der Endgegner für mich – mir fehlt da anscheinend das nötige motorische Talent für. Aber da ich sie so liebe, wage ich es immer wieder mal und wenn es erstmal geschafft ist und die Tränen getrocknet sind, weiß man, dass es sich gelohnt hat.

ergibt etwa 8 Pancakes
Herd

Zutaten

200 g TK-Himbeeren
150 g Kichererbsenmehl
40 g Haferflocken
2½ großzügige TL Backpulver
1 TL Vanille
5 DL Stevia
Prise Salz
240 ml Wasser
ca. 4 EL Erdnussöl

Nährwert

kcal	prot	carb	fett
Gesamt (570 g)			
1.190	38	116	76
1 Pancake (70 g)			
147	5	14	9
100 g			
209	7	20	13

1. Die Himbeeren schon mal rausstellen und antauen lassen.
2. Die trockenen Zutaten miteinander vermischen, dann das Wasser hinzugießen. Gründlich mit dem Schneebesen verquirlen, dann die Himbeeren mit einem Löffel vorsichtig unterheben.
3. 1 EL Öl in der Pfanne bei hoher Hitze auf Temperatur bringen. Es empfiehlt sich, eine beschichtete Pfanne mit abgerundeten Seiten zu verwenden! Dann können die Pancakes wie in einer Halfpipe mit dem Pfannenwender am Pfannenrand hochgeschoben und dann mit einer Gabel geflippt werden.
4. Wenn es heiß genug ist, mit einem Esslöffel portionsweise den Teig in die Pfanne geben – für jeden Pancake etwa einen sehr großen EL voll. Je kleiner die Pancakes, desto einfacher zu wenden.
5. Einen Moment warten und brutzeln lassen. Wenn zu sehen ist, dass die Pancake-Ränder anfangen, ein bisschen hochzukommen, kann man mit dem Pfannenwender gefühlvoll ruckelnd schon mal den Pancake vom Pfannenboden zu lösen beginnen. Mit einer Gabel kann man den Pancake am Rand dann ein bisschen anheben und nachsehen, ob die Unterseite schon gut braun ist. Wenn dem so ist, muss der Pancake gewendet werden, oben ist ja bereits beschrieben, wie man vorgehen kann. Es ist wichtig, furchtlos und schwungvoll zu Werke zu gehen, sonst klappt der Pancake auf halbem Weg zusammen.
6. Wenn die andere Seite auch fertiggebraten ist, kann der Mini-Pfannkuchen Platz für seinen Nachfolger machen.
7. Zwischendurch immer das aufgebrauchte Öl ersetzen – pro Ladung Pancakes und pro Seite ca. ½-1 EL Öl. Wenn die Pancakes zu schnell schwarz-braun werden, Hitze leicht reduzieren.

Variationen: Apfelscheiben, Erdbeeren, Kakao, Schokostücke, gehackte Nüsse, Zimt – es sollte nicht allzu schnell langweilig werden.

Dazu passt: Nicht mehr zuckerfrei aber stilecht und umwerfend: Ahornsirup.
Eine Kugel veganes Eis, das sich schmelzend über den heißen Pfannkuchen ergießt für die ultimative Dekadenz.
Sirup *und* Eis – jenseits jeglicher legaler und moralischer Grenzen.

Kirsch-Mandel-Eiscreme

lowCARB, fiber, PROT, quick, easy, sugarfree, glutenfree, soyfree

An diesem Eis ist besonders toll, dass man keine Eismaschine und auch kein Gefrierfach dafür braucht – nur eine Kühltüte, um die gefrorenen Kirschen vom Supermarkt nach Hause zu bekommen und einen leistungsfähigen Pürierstab. Das Ergebnis ist ein bisschen göttlich.

Ergibt 440 g Eis
Pürierstab

Zutaten

215 g TK-Kirschen
170 ml Cuisine
¾ TL Vanille
5 DL Stevia
55 g Mandelmehl
(teilentölt)

Nährwert

kcal	prot	carb	fett
Gesamt (440 g)			
604	27	29	38
100 g			
137	6	7	9

1. Die Kirschen in einem hohen Rührgefäß mit der Cuisine übergießen und zusammen mit der Vanille und dem Stevia schnell und kompromisslos durchpürieren. Das Mandelmehl dazu und untermixen. Fertig.

2. Wenns ein bisschen hübsch sein soll, kann man als Deko noch ein paar ggf. geröstete Mandelblättchen und einzelne unpürierte Kirschen anbringen.

Variationen: Ein noch eisigeres Ergebnis erhält man, wenn man einen Teil der Cuisine vor dem Pürieren in einer Eiswürfelform anfrieren lässt. Das steht und fällt aber mit der Potenz des vorhandenen Pürierstabs.
Die Tiefkühltruhe bietet außerdem noch einen Haufen weiterer gefrorener Früchte für die Abwechslung.

Tuning:
[-KCAL] [-FAT] Den Kirschanteil erhöhen.
[+KCAL] [PROT] Den Mandelmehlanteil erhöhen.
[+FAT] [+KCAL] Den Cuisineanteil erhöhen oder durch Nussmus ersetzen.

Ananas-Kokoscreme

lowCARB, PROT, highFAT, quick, easy, glutenfree, sugarfree

Tofu roh mag für den einen oder die andere etwas abschreckend klingen, aber diesem südsee-esken Schätzchen sollte man unbedingt eine Chance geben.

ergibt 2 große Gläser voll
Pürierstab

Zutaten

400 g Tofu
170 ml Kokosmilch
150 g Joghurt
8 DL Stevia
1 Pr. Salz
250 g Ananas (fertig geschält)
Kokosraspeln als Deko (optional)

Nährwert

kcal	prot	carb	fett
Gesamt (970 g)			
1.128	66	39	72
1 Glas (480 g)			
558	33	19	36
100 g			
116	7	4	7

Tipp
Das Vitamin C aus der Ananas bzw. dem Zitronensaft verbessert die Verfügbarkeit des im Tofu enthaltenen Eisens.

1. Tofu in kleine Würfel schneiden und zusammen mit den restlichen Zutaten, außer der Ananas, in einen hohen Rührbecher geben. Mit dem Pürierstab zu einer homogenen Creme verarbeiten.

2. Die Ananas würfeln und entweder unter die Kokos-Tofucreme rühren oder adrett abwechselnd in ein passendes Glas schichten und mit Kokosraspeln garnieren. In Verzückung verschlingen. Oder nochmals kaltstellen, wenn man über so viel Disziplin verfügt.

Variationen: Es bieten sich auch andere Früchte statt der Ananas an – besonders ebenfalls 'exotische' wie z. B. Mango oder aber Beeren.
Wenn keine Früchte zur Hand sind, tut es auch der ein oder andere TL Ananas-, Limetten- oder Zitronensaft.

Tuning:
[-CARB] Die Creme schmeckt auch ohne Fruchteinlage toll, außerdem spart man so gut 30 g Kohlenhydrate und der relative Proteingehalt erhöht sich auf 9%.
[+KCAL] Wer auf Kalorien aus ist, kann sich den Joghurt schenken und mit mehr Kokosmilch und Tofu kompensieren. Wer die volle Packung will, arbeitet noch ein paar EL köstliches Kokosmus unter – respektable 130 kcal pro Löffel!
[-KCAL] Erhöhung des Joghurt- und Ananas-Anteils senkt die Energiedichte wiederum.

Tipp
Die restliche Kokosmilch sollte nicht in der Dose aufbewahrt werden, sondern in ein anderes Gefäß transferiert, im Kühlschrank gelagert und zügig aufgebraucht werden.

Apfel-Chiapudding

lowCARB, highFAT, fiber, easy, quick+, glutenfree, soyfree

Die volle Omega3-Packung gibt es hier, und das in köstlicher Verpackung. Ich mag es, mir den Pudding vor einer Lauf-Session anzurühren. Bis ich mich fertig gemacht hab und losgezogen bin, heimgekehrt, geduscht, mich in meinen Sofa-Dress geschmissen und die Beine hochgelegt hab, ist die leckere Belohnung gerade fertig durchgezogen.

ergibt 2 gr. Gläser voll

Zutaten

1 kl. Apfel (etwa 120 g)
½ TL Zimt
1–2 DL Stevia
40 g Mandeln
300 ml Wasser
1 EL Ahornsirup
60 g Chiasamen
30 g Pecannüsse

Nährwert

kcal	prot	carb	fett
Gesamt (565 g)			
851	22	55	60
1 Glas (285 g)			
426	11	27	13
100 g			
149	4	10	11

1. Das Kerngehäuse des Apfels entfernen, den Apfel würfeln und zusammen mit den restlichen Zutaten bis auf die Chiasamen und die Pecannüsse in den Mixer schmeißen. Wenn alles weitgehend verflüssigt ist, die Chias unterrühren. Jetzt nicht mehr mixen!

2. Das Ganze in 2 große Gläser verteilen und die für mindestens 2 Std. oder auch über Nacht im Kühlschrank deponieren. Zwischendurch evtl. mal durchrühren.

3. Die Chiasamen werden sich extrem mit der Flüssigkeit voll-saugen, so- dass man am Ende ein supergesundes Dessert zum Löffeln hat.

4. Vor dem Verzehr noch die zerbröckelten Pecans darüber streuen.

Variationen: Für Chiapudding gibt es endlose Variations-möglichkeiten. In der Health-Szene drüben in den USA sind sie gerade der Renner, die Blogs sind voll mit Chiapuddingrezepten. Mein Favorit Nr. 2 ist eine tropische Variante mit Kokosmilch und Ananas, ansonsten sind Schokoladen-Versionen mit Kakao sehr populär, Blaubeeren, Vanille, Kaffeegranulat, Nussmuse, Hafer-flocken, Cashews… alles ist möglich.

Bodenloser Himbeer-Käsekuchen

easy, quick+, PROT, lowCARB, highFAT, sugarfree

Veganer Käsekuchen ist so oder so schon toll – aber wenn man den Boden weglässt, spart man nicht nur einiges an Kohlenhydraten zugunsten von Protein, sondern obendrein auch noch einen Haufen Arbeit und Zeit. Eine bodenlose Win-Win-Situation!

ergibt etwa 11 flache Stücke
Küchenmaschine, Herd

Zutaten

100 g Kokosfett
600 g Tofu
150 g Erythrit
4-6 DL Stevia
2 TL Vanille
400 g Seidentofu
75 g Dinkelgrieß (oder anderer)
300 g TK-Himbeeren
½-1 TL Öl für die Kuchenform

Nährwert

kcal	prot	carb	fett
Gesamt (1.445 g)			
2.427	117	84	167
1 Stück (130 g)			
218	11	8	15
100 g			
168	8	6	12

1. Das Kokosfett schmelzen. Den Tofu würfeln und zusammen mit dem Erythrit, dem Stevia, der Vanille und dem Seidentofu in der Küchenmaschine mit Klingenaufsatz zu einer homogenen Masse pürieren, dann das Kokosöl dazu und weiterpürieren. Zwischendurch gelegentlich anhalten und mit einem Löffel vorsichtig am Boden und den Seiten des Behälters entlangschaben – das Kokosfett neigt dazu, sich dort festzusetzen und auszuhärten, besonders, wenn die restlichen Zutaten zu kalt sind. Zum Schluss den Dinkelgrieß unterrühren.

2. Den Ofen auf 200 °C vorheizen.

3. Die Kuchenform dünn einölen, die Creme einfüllen, glatt streichen und die gefrorenen Himbeeren gleichmäßig über die Oberfläche verteilen. Mit der flachen Hand ein bisschen eindrücken, damit die Beeren beim Backen nicht verkokeln.

4. Es empfiehlt sich, zwischen Kuchenform und Gitterrost ein Stück Backpapier zu legen, da die Formen oft nicht ganz dicht schließen und dann der Ofenboden eingesaut ist.

5. Die Backzeit hängt jetzt vor allem von dem Durchmesser der Backform ab. Der Käsekuchen ist fertig, wenn die Oberfläche schön gebräunt ist, aber die Himbeeren noch nicht schwarz sind und die Stäbchenprobe krümelfrei ausfällt. Das dauert etwa 45 Min. Wenn die Himbeeren zu schnell dunkel werden, Hitze etwas reduzieren.

Variationen: Zu Käsekuchen passt natürlich auch anderes Obst immer gut, z.B. Kirschen, Johannisbeeren oder Aprikosen.

[glutenfree] Es gibt ebenfalls glutenfreien Grieß, z.B. aus Hirse.

Tuning:

[PROT] [+KCAL] Seidentofu hat nur einen Bruchteil der Proteine und Kalorien von regulärem Tofu. Wer die volle Packung will, kann den Seidentofu also durch normalen Tofu ersetzen. Das wird dann ziemlich massiv und es muss etwas Pflanzenmilch oder Cuisine ergänzt werden.

[PROT] [+KCAL] [+FAT] Das Obst ganz wegzulassen erhöht die Makrodichte.

[-KCAL] Das Kokosfett kann noch etwas reduziert werden. Wird eine Backform mit großem Durchmesser verwendet, können zudem noch mehr Beeren untergebracht werden, was die Kaloriendichte weiter senkt.

Kirsch-Milchreis-Squares

highCARB, lowFAT, soyfree, glutenfree, easy

Die Squares sind vollgepackt mit dem Einfachzucker Dextrose (Traubenzucker), der Zuckerart, die auf direktem Wege verstoffwechselt und so in Energie umgewandelt werden kann. Gleichzeitig sind in der Rezeptur Fett- und Ballaststoff-Anteile minimal gehalten, damit sie der schnellen Zuckeraufnahme ins Blut nicht im Weg stehen. Dieser sehr hohe Glykämische Index ist direkt nach einem kräftezehrenden Einsatz hilfreich, wenn die Speicher schnell wieder aufgefüllt werden sollen.

ergibt 10 Squares
Herd, Ofen

Zutaten

350 ml Pflanzenmilch
100 ml Traubensaft
1 Pr. Salz
200 g Reisflocken
1 TL Zimt
ggf. Stevia
70 g Ahornsirup
215 g TK-Kirschen

1. Milch, Saft und Salz zusammen aufkochen, Reisflocken einrühren, mit Zimt, Stevia und Ahornsirup Geschmack in die Sache bringen. Zuletzt die Kirschen unterheben. Herdplatte aus und bei geschlossenem Deckel einige Minuten quellen lassen.

2. Ofen auf 175 °C vorheizen.

3. Die Masse in rechteckiger Form auf das Blech mit Backpapier streichen und für ca. 45–60 Min. in die Röhre schieben, bis sie sich weitgehend verfestigt hat.

4. Mit einem scharfen Messer in Quadrate schneiden und abkühlen lassen.

Nährwert

kcal	prot	carb	fett

Gesamt (580 g)

kcal	prot	carb	fett
1.196	28	240	11

1 Square (55 g)

kcal	prot	carb	fett
113	3	23	1

100 g

kcal	prot	carb	fett
205	5	41	2

Wassermelonen-Kokossorbet

easy, quick+, cheap, sugarfree, glutenfree, soyfree, lowKCAL

Ideal auch in größeren Mengen zuzubereiten, wenn man zu viel Melone eingekauft hat, die schlecht zu werden droht.

ergibt 1 großes Schälchen voll Gefrierfach

Zutaten

300 g Wassermelone
90 g Kokosmilch
Stevia (optional)

Nährwert

kcal	prot	carb	fett
gesamt/1 Schale (390 g)			
260	3	26	16
100 g			
67	1	7	4

1. Das Fruchtfleisch der Melone mit einem Löffel aus der Schale befördern und in eine kleine Schüssel geben. Mit einer Gabel die Melonenstücke grob zerdrücken, die Kerne heraussammeln. Kokosmilch darübergießen, gründlich durchmischen, nach Wunsch noch nachsüßen und ins Gefrierfach damit, bis das Sorbet anfängt, einzufrieren. Zwischendurch immer mal mit der Gabel gut durchrühren.

2. Wird das Sorbet länger eingefroren, muss es vor dem Verzehr – am besten im Kühlschrank – erst wieder angetaut werden, durch den hohen Wassergehalt friert es nämlich zu einem steinharten Block.

Tuning:

[+/-KCAL] Durch die Anpassung der Melone-Kokos-Ratio kann man sich den gewünschten Kaloriengehalt zurechtjustieren.

Dazu passt: Ein heißer Sommertag.

Gebackene Bananen im Reispapier

highCARB, lowFAT, soyfree, glutenfree, sugarfree

Bastelstunde! Für dieses Rezept braucht es etwas feinmotorisches Geschick, aber die Fummelei zahlt sich am Ende in jedem Fall aus.

ergibt 2 Teller voll
Herd

Zutaten

1 Pck. Reispapier (55 g)
1 EL Erdnusssöl
3 gr. Bananen

Nährwert

kcal	prot	carb	fett
Gesamt (454 g)			
670	6	130	13
1 Teller (220 g)			
324	3	63	6
100 g			
147	1	29	3

1. Das Reispapier in einem großen Teller oder einer flachen Schüssel in heißem Wasser einweichen.

2. Die geschälten Bananen jeweils in 3-4 Stücke zerteilen – die Größe hängt vom Format der Reispapierbögen ab.

3. Das Öl in der Pfanne erhitzen.

4. Wenn die Bögen nach etwas 5 Min. weich und transparent geworden sind, nimmt man sie aus dem Wasser und tropft sie ab. Weiter geht es dann am besten auf einem Glasbrett oder einem großen flachen Teller. Es wird jeweils ein Stück Banane an den Rand eines Reis-Bogens gelegt, eingerollt, die Enden links und rechts zusammengefaltet und nach unten umgeklappt. Dabei aufpassen, dass das hauchdünne Reispapier nicht reißt. Die Päckchen dann mit der ‚Naht' nach unten vorsichtig in das heiße Öl setzen. Darauf achten, dass die Bananen nicht zu dicht beieinander liegen – wenn die noch frischen, nassen Reispapierstücke in der Pfanne miteinander in Berührung kommen, muss man mit der Schere operieren, um die wieder voneinander loszubekommen.

5. Die Päckchen müssen jetzt erstmal eine ganze Weile bei hoher Hitze vor sich hin brutzeln. Gelegentlich mal einen vorsichtigen Blick auf die Unterseite riskieren. Wenn sie von unten schön goldbraun sind, die Bananen wenden. Sie jetzt nach und nach von allen Seiten kräftig anbraten.

6. Wenn das Reispapier sich schneller bräunt als die Banane darin weich wird, Hitze etwas reduzieren und zwischenzeitlich mal den Deckel drauf.

7. Warm verspeisen.

Dazu passt: Bananen, vor allem im gebackenen oder gebratenen Zustand, sind an sich schon köstlich süß, wenn man es aber noch ein Level höher will, ist Ahorn- oder Agavensirup das Mittel der Wahl (40 kcal pro EL). Der kann ebenso wie Zitronensaft (3 kcal pro EL) direkt vor dem Verzehr darübergegossen werden.
Gehackte Erdnüsse oder geröstete Sesamsamen verstehen sich ebenfalls bestens mit diesem Gericht.

Blitz-Proteinmilchreis

quick, easy, cheap, highCARB, PROT, lowFAT, soyfree, glutenfree, sugarfree

Perfekt, wenn man durchgefroren von einem herbstlichen Nachtlauf kommt und schnell die Energiespeicher wieder aufgefüllt haben muss – Reis hat einen hohen Glykämischen Index.

ergibt gut 2 Schälchen voll
Herd

Zutaten

650 ml Pflanzenmilch
130 g Reisflocken
2 EL Proteinpulver (20 g)
3-5 DL Stevia

Nährwert

kcal	prot	carb	fett
Gesamt (730 g)			
746	45	111	14
1 Schälchen (350 g)			
357	21	53	7
100 g			
102	6	15	2

1. Die Milch aufkochen, Reisflocken, Proteinpulver und Stevia einrühren, Herdplatte ausschalten und bei geschlossenem Deckel 10min quellen lassen. Raubtierfütterung.

Variationen: Das Proteinpulver ist kein integraler Bestandteil des Milchreis'. Die Milchmenge muss dann etwas reduziert werden.
Handelsüblicher Milchreis – also der zum Selberkochen – ist natürlich auch vegan und lecker, wenn man statt Kuhmilch das pflanzliche Äquivalent nimmt, dauert aber deutlich länger und hat nicht sonderlich viel Eiweiß.

Dazu passt: Zimt, bzw. eine Zimt-Erythritmischung ist quasi Pflicht. Ein paar Löffel Cuisine kommen auch gut (18 kcal pro EL), ebenso ein Obst der Wahl, vor allem Kirschen oder Pflaumen und gehackte Nüsse.

Erdnuss-Schoko-Proteinriegel

PROT, highKCAL, lowCARB, highFAT, glutenfree, soyfree

Zugegebenermaßen sehen diese Protein-Leckerlis nicht so wahnsinnig ästhetisch aus – mit 24% Proteingehalt können sie sich das aber auch leisten.

ergibt 10 Riegel
Ofen

Zutaten

100 g Erdnüsse
90 g Proteinshake-Pulver
20 g Haferflocken
40 g Kakao
15–18 DL Stevia
90 g Erdnussbutter
330 ml Pflanzenmilch
45 g Ahornsirup

Nährwert

kcal	prot	carb	fett
Gesamt (600 g)			
1.960	140	88	114
1 Riegel (60 g)			
194	14	9	11
100 g			
323	25	15	19

1. Das Salz ein bisschen von den Erdnüssen abschütteln und sie anschließend grob hacken. In einer Schüssel mit dem Protein, den Haferflocken, dem Kakao und dem Stevia vermischen. Dann mit einer Gabel die restlichen Zutaten einarbeiten.

2. Auf einem Blech mit Backpapier aus der Proteinpampe riegelartige Gebilde formen – das geht am besten mit einem angefeuchteten großen Messer oder Löffel. Die Riegel laufen noch ein bisschen auseinander, also Abstand halten.

3. Bei 175 °C für etwa 45 Min. backen, bis sie fest sind.

Variationen: Man kann für eine blonde Version des Riegels den Kakao durch etwas Vanille ersetzen und die Erdnüsse und Erdnussbutter durch Cashews und Cashewmus.

Dazu passt: Ein Glas Pflanzenmilch für den geschmeidigeren Abgang.

Marzipankartoffeln

highKCAL, highFAT, lowCARB, easy, sugarfree, soyfree, glutenfree

Konventionelle Marzipankartoffeln aus dem Supermarkt sind vegan und grundsätzlich auch gut als Snack geeignet, wenn man auf seine Kalorien kommen muss. Allerdings bestehen sie zu zwei Dritteln aus Zucker, was die Zähne natürlich nicht freut. Aber das Schöne ist: Es geht auch ganz einfach zuckerfrei und die Zubereitung dauert nur ein paar Minuten! Eine kalorienreduzierte Variante ist ebenso einfach herzustellen, siehe unten bei den Tuning-Tipps.

ergibt 10 kleine Kartoffeln
Mixer

Zutaten

100 g gemahlene Mandeln
100 g Erythrit
Stevia optional
50 ml Wasser
2 EL Kakao

Nährwert

kcal	prot	carb	fett
Gesamt (225 g)			
645	20	4	55
1 Kartoffel (25 g)			
63	2	0,5	5
100 g			
253	8	2	22

Tipp

Es gehen einfach die gemahlenen Mandeln aus der Backabteilung. Wenn man sich die Mühe machen will, kann man natürlich auch selber ganze Mandeln überbrühen, häuten und ganz frisch mahlen.

1. Erythrit im Mixer zu feinem Puder verarbeiten. Mit dem Mandelmehl und nach Geschmack Stevia vermischen, dann nach und nach das Wasser zugeben und mit der Gabel gründlich zusammenmanschen, bis die gewünschte Konsistenz erreicht ist. Mit einem Teelöffel kleine Portionen abteilen und zwischen den Handflächen zu Kugeln rollen. Die Hände zwischendurch mit kaltem Wasser befeuchten, dann klebt nichts fest.

2. Den Kakao auf einen Teller schütten und die Marzipankartoffeln hindurch rollen. Am besten nochmals für ein paar Stunden in den Kühlschrank stellen.

3. Dort sind sie auch mindestens eine Woche haltbar.

Variationen: Wenn man eine geschmeidigere Konsistenz wünscht, kann man noch etwas Agavendicksaft, Öl oder Mandelmus unter die Masse mischen.

Man muss selbstverständlich keine Kugeln formen. Es geht auch ein Block, indem man eine Plastikdose in passender Größe mit Backpapier oder Frischhaltefolie auslegt und die Masse hineinpresst. Oder man isst es einfach direkt mit dem Löffel aus der Schüssel. (digestive Toleranzgrenze vom Erythrit beachten!)

Das Marzipan eignet sich auch bestens zur Dekoration von Torten: Einfach zwischen zwei Lagen Frischhaltefolie mit dem Nudelholz dünn ausrollen und z.B. mit Keksförmchen passende Motive ausstechen.

Tuning:

[-KCAL] [+PROT] [-FAT] Man kann den Kalorien- und Fettgehalt ganz einfach reduzieren und dabei gleichzeitig den Proteinpegel hochschrauben, wenn man die gemahlenen Mandeln durch teilentöltes Mandelmehl ersetzt. Es braucht dann mehr Wasser und es empfiehlt sich die Zugabe von etwas Mandelmus, damit alles schön zusammenklebt und der Geschmack abgerundet wird. Und voilà: 170 kcal auf 100 g und 12 g Protein!

RawBawlls

highKCAL, PROT, highFAT, highCARB, soyfree, sugarfree, glutenfree

Die hier sind einfach nur göttlich und haben alles dabei – schnell verwertbare Einfachzucker, ungesättigte Fettsäuren, B-Vitamine und diverse Mineralstoffe.

ergibt 10 Bällchen
Universalzerkleinerer

Zutaten
80 g Datteln
80 g Cashews
1 TL Kokosbutter
1 TL Vanille
1 Pr. Salz (optional)

Nährwert (Basis)

kcal	prot	carb	fett

Gesamt (170 g)

kcal	prot	carb	fett
748	17	72	43

1 Kugel (15 g)

kcal	prot	carb	fett
66	2	6	4

100 g

kcal	prot	carb	fett
443	10	43	26

1. Datteln klein schneiden, Kokosbutter im Wasserbad schmelzen und alle Zutaten zusammen im Universalzerkleinerer zermusen.

2. Dann mit Hilfe eines Teelöffels immer eine kleine Portion aus der Masse stechen und zur Kugel formen. Die Hände zwischendurch immer wieder mit kaltem Wasser nass machen, dann klebt es nicht so.

3. Die Bällchen im Kühlschrank aufbewahren.

Variationen: Es sieht auch nett aus, wenn man die Hälfte der Kugeln nach dem Rollen einmal durch Kokosraspeln wälzt.
Die Kokosbutter kann man auch weglassen, dann kann ggf. ein Spritzer Öl oder Agavensirup die Geschmeidigkeit der Masse verbessern.

Süße Proteinbrötchen: Zimt, Choc, Heidelbeere

PROT, sugarfree, lowFAT, lowCARB, cheap, easy

Diese leckeren Brötchen bestehen zu 25% aus köstlich verpacktem Protein und lassen Platz für kreatives Austoben, sodass es nicht langweilig wird.

ergibt 10 Brötchen
Ofen

Zutaten

Basis:
150 g Sojamehl
200 g Gluten
60 g Erythrit
6 DL Stevia
150 g Weißmehl
1 Pck. Trockenhefe
570 ml Wasser (heiß)

Nährwert (Basis)

kcal	prot	carb	fett
Gesamt (990 g)			
1.940	246	133	45
1 Brötchen/100 g			
196	25	13	5

Tipp

Wenn man schlau ist, knetet man nur mit einer Hand und lässt die andere sauber, dann kommt man nämlich evtl. aus der Sache raus, ohne die komplette Küche einzusauen.

1. Die trockenen Zutaten – Mehle, Hefe, Süßungsmittel und ggf. die Zusatz-Zutat (s. u.) – in einer Schüssel miteinander vermischen.
2. Das etwas mehr als handwarme Wasser unterkneten, bis man einen homogenen, lockeren Klumpen hat, der nicht zu trocken sein soll. Diesen mit einem Geschirrtuch abdecken und an einem warmen Ort gehen lassen, bis sich das Volumen deutlich vergrößert hat. Das dauert etwa 30–45 Min.
3. Den Ofen auf 175 °C vorheizen und ein größeres, feuerfestes Gefäß auf den Boden des Ofens stellen. Z.B. eine metallene Pfanne ohne Gummigriff oder eine Auflaufform.
4. Mit Hilfe eines Messers immer eine knappe Handvoll Teig abschneiden, zu einem Brötchen formen und auf ein mit Backpapier bestücktes Blech legen. Und auf, rein in die Röhre!
5. Jetzt mit Schwung einen Pott voll Wasser in die Schüssel auf dem Ofenboden gießen und ganz schnell die Tür zu. Dieser Vorgang nennt sich „schwaden" und gibt den Brötchen eine glänzende Oberfläche. Nach der Hälfte Backzeit kann man die Schüssel wieder herausnehmen. Unterstützen kann man diesen Effekt noch, wenn man die Brötchen vorher mit je einem TL Milch benetzt, in der man ein bisschen Stevia aufgelöst hat.
6. Nach etwa einer halben Stunde, wenn die Oberfläche der Brötchen anfängt zu bräunen, sind sie fertig.

Geschmacksrichtungen:

3 TL Zimt unter das Mehl mischen.
100 g Schokoplättchen oder gehackte Schokolade einkneten (entspricht etwa 480 kcal). Wenn die sich nicht auflösen soll, darf sie aber erst nach dem ersten Verkneten hinzugefügt werden
TK-Heidelbeeren gefühlvoll einarbeiten

Variationen:

[soyfree] Das Sojamehl kann durch Lupinenmehl ersetzt werden.

Tuning:

[+KCAL] 4 EL Öl verwenden und Wasser durch Pflanzenmilch ersetzen – die muss dann aber im Vorfeld erwärmt werden (nicht kochen!), damit die Hefe aktiviert wird.

[-KCAL] Wenn man den Flüssigkeitsgehalt um ca. 140 ml erhöht, werden die Brötchen ziemlich flach, weil sie auf dem Blech auseinanderfließen, das macht sie aber nicht weniger lecker!

[+PROT] Der Glutenanteil kann weiter erhöht werden (und das andere Mehl entsprechend reduziert), dann wird das Resultat allerdings etwas gummiartig.

Dazu passt:

Bestrichen mit Tofubutter oder (Halbfett-)Margarine, am besten noch warm, sind die Brötchen optimal. Alternativ kann man sie auch in Kakao getunkt genießen.

Valdorfsalat

cheap, lowKCAL, lowCARB, fiber, glutenfree, sugarfree

Dieses Leckerchen ist für den Herbst und Winter geeignet. Der originale Waldorfsalat ist mit Mayonnaise angemacht – was für eine Schande! Diese Variante ist bis oben hin voll mit Vitaminen, macht satt und ist einfach unglaublich gut. Das Rezept ist außerdem bestens zur kreativen Resteverwertung geeignet.

ergibt 4 Schälchen voll
Küchenmaschine

Zutaten

½ kl. Sellerie (380 g)
1 gr. Apfel
Saft von 1 Zitrone (ca. 70 ml)
1 Orange
70 g Walnüsse
300 g Joghurt
70 ml Cuisine
2 DL Stevia

Nährwert

kcal	prot	carb	fett

Gesamt (1.260 g)

kcal	prot	carb	fett
1.061	33	69	65

1 Schälchen (300 g)

kcal	prot	carb	fett
253	8	17	16

100 g

kcal	prot	carb	fett
84	3	6	5

1. Den Sellerie mit einem scharfen Messer schälen, in Stücke schneiden und in der Küchenmaschine – oder, wenn man hart drauf ist, mit der Reibe von Hand – raspeln. Die Äpfel ebenfalls, da kann die Schale aber dran bleiben.

2. Alles zusammen in eine große Schüssel kippen und sofort mit dem Zitronensaft begießen, damit nichts oxidiert und braun wird.

3. Orangen schälen, das Fruchtfleisch würfeln und inklusive Saft in die Schüssel damit, gefolgt von den zerbröckelten Walnüssen.

4. Den Joghurt mit der Cuisine und dem Stevia verrühren und unter den Rohkostsalat mischen.

5. Im Kühlschrank durchziehen lassen.

Variationen: Kohlrabi, Karotten, (rohe) Rote Beete, Steckrüben – hier passt alles rein. Die Äpfel können ergänzt oder ersetzt werden durch Trauben oder Ananas (ist natürlich dann weniger regional), die Walnüsse können ebenfalls beliebig ausgetauscht werden.

Tuning:

[+/-KCAL] Dreh- und Angelpunkt für den Kaloriengehalt sind hier Nüsse und Sahne. Für lowKCAL nimmt man weniger Nüsse und ersetzt die Sahne durch Joghurt, für highKCAL umgekehrt, zusätzlich evtl. noch einen Schuss gutes Öl dazu.

Cashew-Eiscreme

highKCAL, highFAT, sugarfree, soyfree, glutenfree, easy

Das hier ist einfach so dekadent.

ergibt gut 2 Schälchen
Gefrierfach,
Küchenmaschine

Zutaten

2 Bananen (je reifer
desto besser)
½ Dose Kokosmilch
(200 g)
1 Dose Cashews (150 g)
75 ml Pflanzenmilch
1 TL Vanille
ggf. Stevia

Nährwert

kcal	prot	carb	fett
Gesamt (730 g)			
1.540	36	100	109
1 gr. Schälchen (365 g)			
793	18	51	56
100 g			
217	5	14	15

Tipp

Es empfiehlt sich, immer eine Ladung eingefrorener, geschnittener Bananen im Gefrierfach zu haben. Als Behältnis kann man gut große Joghurtbecher u. ä. recyceln.

1. Im Vorfeld die Bananen schälen, in dünne Scheiben schneiden, in ein Plastikgefäß mit möglichst großer Fläche geben und mit der Kokosmilch begießen. Ins Gefrierfach damit, bis es hart ist.

2. Wenn es dann soweit ist, die Cashews , falls sie gesalzen sind, mit Hilfe eines Küchensiebs abschütteln oder abspülen. Ein bisschen Salzgeschmack passt aber ganz gut in das Eis.

3. Die Cashews dann in der Küchenmaschine (Klingenaufsatz) solange malträtieren, bis sie anfangen, erst bröselig und dann ein bisschen ölig zu werden.

4. Den Bananen-Kokosblock in Stücke brechen. Falls man nicht so viel Vertrauen in die Durchschlagskraft der Maschine hat, noch ein bisschen antauen lassen, dann mit in den Mixbehälter, ebenso die Milch und die Vanille. Wenn alles eine cremige köstliche Masse ist, ggf. noch mit Stevia abschmecken. Ob dazu Notwendigkeit besteht, hängt vor allem vom Reifegrad der verwendeten Bananen ab.

Variationen: TK-Früchte bzw. -Beerenobst können hier zum Einsatz kommen, ebenso wie Kakao, Schokostückchen, Erdnüsse, Zimt, Proteinpulver oder auch zerbröselte Kekse oder Riegel!

Tuning:
[+KCAL] Die Milch durch Cuisine oder zusätzliche Kokosmilch ersetzen. Nussmus ergänzen.
[-KCAL] Die Kokosmilch durch normale Pflanzenmilch ersetzen, Bananenanteil erhöhen, Nüsse reduzieren. Es verliert dann allerdings ein bisschen an Cremigkeit und bleibt dennoch ziemlich hochkalorisch.

Dazu passt: Ein zerbröselter Erdnusskrokant-Riegel rundet das geschmackliche und optische Bild perfekt ab.

Obstsalat Spezial

easy, lowKCAL, highCARB, fiber, sugarfree, glutenfree

Obstsalat ist üblicherweise auch in seiner herkömmlichen Form vegan und schmeckt ja auch ganz nett. Mit ein bisschen Tuning kann man ihn aber zu einer überköstlichen Angelegenheit machen und dem Nährstoffprofil kommt das auch zugute. Eins unserer bevorzugten Hauptnahrungsmittel im Sommer.

ergibt gut 4 Portionen

Zutaten

2 kl. Bananen
1 kl. Apfel
2 Nektarinen
50 g Walnüsse
250 g Trauben (kernlos)
1 TL Zimt
2 EL Zitronensaft
500 g Joghurt
ggf. Stevia

Nährwert

kcal	prot	carb	fett
Gesamt (1.330 g)			
1.088	25	156	38
1 Schälchen (300 g)			
245	6	35	9
100 g			
82	2	12	3

1. Bananen schälen, längs halbieren und in Scheiben schneiden, Apfel in Schnitze schnitzen, entkernen und stückeln, Nektarinen vom Stein befreien und würfeln, Walnüsse mit purer Griffkraft zerbröckeln oder mit dem Messer grob hacken, Trauben halbieren und alles in eine große Schüssel damit.

2. Separat den Joghurt mit dem Zitronensaft und Zimt verrühren und anschließend mit dem Obst vermischen.

3. Da ich ein überaus süßes Ding bin, mische ich mir immer noch etwas Stevia unter.

Am besten schmeckt der Obstsalat frisch aus dem Kühlschrank.

Variationen: Das Obst lässt sich natürlich frei variieren – es empfiehlt sich jedoch, auf Vielseitigkeit bzw. Geschmackskontraste bei der Auswahl der Komponenten zu achten, sprich säuerliches und süßes Obst, weiches und knackiges Obst usw.
Auch die Walnüsse können durch andere Nüsse oder Ölsaaten ersetzt werden – Mandeln, Sonnenblumenkerne, Pecannüsse…

Tuning:

[+KCAL] [soyfree] Neben der Erhöhung des Nussanteils kann der Joghurt auch ausgezeichnet durch Cashewsahne, cremige Kokosmilch oder anteilig durch Cuisine ersetzt werden.
[-KCAL] Reduzierung des Nussanteils.

GreenCreem

fiber, lowKCAL, easy, quick, sugarfree, glutenfree, soyfree

Das ist im Wesentlichen ein Greenie mit weniger Wasser, aber essen ist allgemein einfach toller als trinken und das hier ist meine unangefochtene Favoriten-Kombination. Gerade für heiße Sommertage in jeder Hinsicht die perfekte Mahlzeit – kühl, frisch und mit hohem Wassergehalt, nicht übertrieben süß und die Pecannüsse liefern im genau richtigen dezenten Ausmaß eine herbe Note.

ergibt einen Mixer voll – entspricht etwa 3½ Schälchen Mixer

Zutaten

250 g TK-Blattspinat
55 g Pecannüsse
430 g Wasser
1 Banane
1 EL Chiasamen
3 EL Multikornflocken
110 g TK-Himbeeren
2 DL Stevia
½-1 TL Vanille

Nährwert

kcal	prot	carb	fett
Gesamt (980 g)			
748	21	53	47
1 Schälchen (350 g)			
268	8	19	17
100 g			
76	2	6	5

Info

Von rohem Spinat ist aufgrund der Oxalsäure eher abzuraten – TK-Spinat wird vor dem Schockfrosten blanchiert, wodurch ein großer Anteil der Säure ausgeschwemmt und unschädlich gemacht wird.

1. Die Zubereitungsanleitung fällt denkbar kurz aus: Man schmeißt alles in den Mixer und schaltet ihn an.
Falls man sein Küchengerät etwas schonen möchte, nimmt man einfach heißes Wasser oder lässt die gefrorenen Zutaten vorher etwas antauen.

Variationen: Die einzelnen Komponenten können frei ausgetauscht werden – Hanf- oder Leinsamen statt Chia-, TK-Brokkoli statt Spinat, Walnüsse statt Pecans, Heidel- statt Himbeeren … usw.

Hirsekirschauflauf
mit Vanillesauce

highCARB, highFAT, highKCAL, easy, glutenfree, soyfree, fiber

Dieser süße Auflauf ist den Zahlen nach zwar nicht besonders niedrigkalorisch, aber ist so gehaltvoll, dass man auch als Vielfraß normalerweise keine riesigen Mengen davon auf einmal schafft. Auch wenn man gerne möchte, weil er so überaus lecker ist.

ergibt eine kleine Auflaufform mit 7 Portionen
Ofen

Zutaten
400 g Hirse
600 ml Wasser
550 ml Pflanzenmilch
3 EL Agavensirup
300 g TK-Kirschen
1 TL Öl
100 g Haselnüsse,
gehackt
240 ml Cuisine
1 TL Vanille
6 DL Stevia

Nährwert

kcal	prot	carb	fett

Gesamt (2.075 g)

kcal	prot	carb	fett
3.000	87	361	133

1 Schälchen (300 g)

kcal	prot	carb	fett
434	13	52	19

100 g

kcal	prot	carb	fett
145	4	17	6

1. Hirse sehr gründlich abspülen, zusammen mit Milch und Wasser und 4 DL Stevia in einen Topf geben, aufkochen und dann bei geringer bis mittlerer Temperatur köcheln lassen, bis die Flüssigkeit aufgesaugt und die Hirse weich ist. Während des Kochens nicht im Topf herumrühren, sonst wird es Matsch. Mit einem großen Löffel kann man den Schaum abschöpfen.

2. Derweil die Kirschen in einem Schälchen mit dem Agavensirup vermischen und die Auflaufform mit Öl einstreichen. Von der garen Hirse die Hälfte in die Auflaufform schütten. Die Kirschen darauf verteilen und darüber die Hälfte der Nüsse. Als nächste Schicht kommt der Rest Hirse und darauf die restlichen Nüsse.

3. Sahne mit der Vanille sowie 2 DL Stevia verrühren und den Auflauf damit begießen.

4. In den Ofen, 180 °C befehlen und 45–60 Min. backen.

Variationen: Man ist natürlich nicht auf Kirschen festgenagelt. Stattdessen kann man es auch mit z.B. Äpfeln oder Pflaumen versuchen, dann bietet sich an, die Vanille durch Zimt zu ersetzen.

Dazu passt: Vanillesauce ist dazu Pflicht.

Vanillesauce

highCARB, lowFAT, easy, quick, glutenfree, soyfree

Herkömmliches Vanillesaucenpulver ist ebenfalls vegan, aber es stellt nicht wirklich einen Mehraufwand dar, sie direkt mittels Speisestärke herzustellen. Dann spart man sich zudem Aroma- und Farbstoffe und kann echte Vanille verwenden.

ergibt knapp 1l

Zutaten

800 ml Pflanzenmilch
40 g Stärke
60 g Agavensirup
1,5 TL Vanille
Pr. Salz
80 ml Cuisine

Nährwert

kcal	prot	carb	fett
Gesamt (910 g)			
747	27	100	26
100 g/1 Kelle			
82	3	11	3

1. Eine Tasse mit ¼ der Milch füllen, den Rest in einem Topf bei mittelhoher Hitze zum Kochen bringen. Aufgepasst, erst tut sich eine ganze Weile gar nichts (Deckel am Anfang drauf, dann geht es schneller) und dann kann es plötzlich ziemlich explosiv vonstatten gehen! Also Vorsicht, dass es nicht überkocht und der ganze Herd eingesaut ist.

2. Parallel in der Tasse die Stärke, Vanille, Salz und den Agavensirup klümpchenfrei glattrühren.

3. Wenn die Milch im Topf kocht, von der Platte ziehen und mit dem Rührbesen den Tasseninhalt flott einrühren. Dann die Hitze etwas reduzieren und noch ein paar Minütchen köcheln lassen. Dabei immer schön mit dem Rührbesen am Topfboden entlang, damit nichts anbrennt.

4. Dann vom Herd nehmen und die Cuisine unterziehen.

Dazu passt: Vanillesauce passt allgemein zu süßen Aufläufen, Pudding und roter Grütze, aber auch zu Mehlspeisen wie Dampfnudeln und Kaiserschmarrn sowie zu kalten oder heißen Obst-Gerichten.

Info

Dass Vanille mit gelber Farbe assoziiert wird, rührt daher, dass klassische Vanillespeisen oft einiges an Ei enthalten – die Vanilleschote und das daraus extrahierte Pulver sind schwarz-braun. Vanillepudding & Co. aus dem Supermarkt enthalten deswegen Farbstoffe.

Sesam-Erdnuss-krokant-Riegel

highKCAL, PROT, highFAT, lowCARB, soyfree, glutenfree, easy, quick+

Die Sesamriegel, die es gemeinhin zu kaufen gibt, sind zwar sehr lecker, bestehen aber zu großen Teilen aus Zucker. Viele beinhalten zusätzlich Honig und sind somit gar nicht vegan. Diese selbstgemachten enthalten hingegen nur einen Bruchteil des Zuckers und sind ganz einfach herzustellen.

ergibt etwa 12 Riegel á 50 g

Zutaten

100 g Sesam
210 g Erythrit
40 g Agavensirup
75 g Cuisine
120 g Erdnüsse

Nährwert

kcal	prot	carb	fett
Gesamt (620 g)			
1.339	53	59	124
1 Riegel (50 g)			
132	4	5	10
100 g			
264	9	10	20

1. Sesam für einige Stunden in reichlich Wasser einweichen.
2. Das Erythrit zusammen mit dem Agavensirup und der Cuisine in der Pfanne erst auf-, dann einköcheln lassen – Vorsicht, dass nichts überschäumt!
3. Wenn die Karamellmischung anfängt, Farbe zu bekommen, den Sesam und die Erdnüsse, ggf. grob gehackt, einrühren.
4. Auf ein mit Backpapier versehenes Blech streichen, sodass ein großes, gleichmäßig dickes Rechteck entsteht.
5. Mit ein paar Messer-Quer- und Längsschnitten Riegel produzieren. Je nachdem wie flüssig die Krokantmasse ist, kann es sein, dass man sie erst noch ein bisschen abkühlen und erstarren lassen muss, damit sie schnittfähig wird.
6. Wenn sie abgekühlt und durchgetrocknet sind, sind die Riegel fertig.

Variationen: Statt die Sesamkörner einzuweichen, können sie auch im Vorfeld geröstet werden.
Es müssen nicht notwendigerweise Sesam und Erdnüsse verwendet werden, auch andere Ölsaaten und Nüsse sind möglich, ob in Kombination oder solo.
Auch zuckerarme gebrannte Mandeln kann man auf diesem Weg herstellen – dafür einfach in Relation zu den Mandeln weniger Karamellmasse zubereiten und die umhüllten Mandeln hinterher weitflächig aufs Blech verteilen, sodass sie nicht aneinander kleben.

Dazu passt: Statt die Riegel pur zu essen, schmecken sie auch ausgezeichnet in Joghurt oder Müsli gebröselt oder als Lage eines Schichtdesserts.

Protein-Schoko-Cookies

lowCARB, lowFAT, PROT, highKCAL, quick+, easy, glutenfree, sugarfree, soyfree

Für einen schokoladigen Proteinboost zwischendurch.
Die Cookies bleiben durch das Proteinpulver allerdings relativ weich.

ergibt 10 Cookies
Ofen

Zutaten

90 g Erythrit
2 TL Vanille
1 TL Backpulver
100 g Buchweizenmehl
50 g Proteinpulver
30 g Haferflocken
4 DL Stevia
300 g Apfelmark
65 g Stevia-Schokolade

Nährwert

kcal	prot	carb	fett
Gesamt (520 g)			
1.100	60	66	5
1 Cookie (50 g)			
106	6	6	0,5
100 g			
212	12	13	1

1. Alle trockenen Zutaten miteinander vermischen, dann mit dem Apfelmark mit Hilfe einer Gabel zu einem Teig verkneten.

2. Die Schokolade grob hacken und einarbeiten. Man kann einen Teil der gehackten Schokolade auch über die fertig geformten Cookies verteilen und etwas eindrücken.

3. Aus dem Teig mit Hilfe eines nassen Löffels runde, relativ flache Gebilde auf dem Blech plus Backpapier formen. Sie sollten möglichst gleichgroß sein, damit die Cookies gleichmäßig gar werden.

4. Dann in den Ofen, den auf 190 °C stellen und etwa 30 min später über das Resultat freuen!

Variationen: Falls kein Proteinpulver vorhanden ist, kann das einfach durch zusätzliches Mehl ersetzt werden.

Wenn kein Wert auf die Abwesenheit von Gluten gelegt wird, tut es auch Dinkel- oder Weizenmehl.

Ich verwende meistens einfach die zuckerfreie Zartbitterschokolade aus der Diabtikerabteilung des Supermarkts, aber man kann natürlich auch selber Hand anlegen und z. B. die Cashew-Schokoladenglasur auf Seite 258 verwenden.

Die Farben der Cookies können invertiert werden, indem man dem Teig Kakaopulver zusetzt und weiße Schokolade verwendet, oder statt Schokolade z. B. Macadamianüsse nimmt.

Tuning:

[+KCAL] Noch besser schmecken die Cookies, wenn das Apfelmark durch etwa 100 ml Öl ersetzt wird.

Dazu passt: 1 Glas Pflanzenmilch, wie sich das für Cookies gehört.

Aber auch in einen Joghurt gebröselt oder mit veganem Eis zu einem dekadenten Shake gemischt sind sie zulässig.

AUFSTRICHE & DIPS

Protuloos-Creme

highKCAL, lowCARB, PROT, highFAT, soyfree

Es ist noch nicht lange her, dass ich überhaupt von der Existenz von Keks-Aufstrichen erfuhr – also Aufstriche aus Keksen. Spekulatius in diesem Fall, ein Export-Schlager aus Belgien (dort heißen die Kekse Speculoos). Und dann gibt es den Aufstrich auch noch ganz normal im konventionellen Supermarkt in vegan! Nachdem ich jedoch in einer kurzen, delirischen Sitzung mit so einem Glas und einem Löffel mir innerhalb weniger Minuten einen fast vierstelligen Kalorienbetrag aus Fett, Zucker und Weißmehl einverleibt hatte, verbot ich mir jeden weiteren Umgang. Aber weil ich von Enthaltsamkeit bekanntlich nicht allzu viel halte, habe ich kurzerhand eine Alternative ausgetüftelt: Nicht mal halb so viel Kalorien und Fett, viermal so viel Protein, nur ein Drittel der Kohlenhydrate, fünfmal so viel Ballaststoffe, kaum Zucker und dafür gute Fette aus Raps und Nüssen. Ganz so fein wie das gekaufte wird es wohl wieder nicht, aber das tut dem Genuss wenig Abbruch.

ergibt ein mittelgroßes Glas
(knapp 500 g)
Küchenmaschine

Zutaten
Protulatius-Kekse:
3 gr. EL Erythrit (50 g)
1 Pr. Salz
1 gr. EL Apfelmark (45 g)
5 EL Pflanzenmilch
1 TL Zimt
¼ TL Muskat
½ TL Kardamom
1 TL Vanille
4 DL Stevia
70 g Vollkorn-Dinkelmehl
3 gr. EL Proteinpulver
(35 g)
2 EL Haferflocken (20 g)
1 EL Rapsöl

1. Für einen Keksaufstrich benötigen wir erst einmal Kekse. Aber nicht irgendwelche Kekse, sondern Protein-Kekse wollen wir! Dazu wird das Erythrit und Salz mit dem Apfelmark und der Milch verrührt, damit es sich ein bisschen auflösen kann.

2. Zwischenzeitlich schon mal die Gewürze, Stevia, Mehl, Protein und Haferflocken miteinander vermischen und dann geschlossen mit den restlichen Keks-Zutaten zu einem relativ trockenen und bröseligen Mürbeteig verkneten. Zu einer festen Kugel formen, mit einem Geschirrtuch abdecken oder in Haushaltsfolie wickeln und erstmal für wenigstens eine Stunde in den Kühlschrank, damit er später besser zu händeln ist.

3. Wenn es soweit ist, den Ofen auf 180 °C vorheizen.

4. Auf einem Bogen Backpapier den Teigklumpen mit viel Druck dünn ausrollen. Mit einigen Längs- und Querschnitten den Teig in Rechtecke unterteilen (oder eben ein entsprechendes Keksförmchen verwenden) und Backpapier samt angehenden Keksen auf das Backblech ziehen.

5. 15 Min. backen, bis die Kekse etwas dunkler geworden sind.

6. Die Protuloos-Kekse werden dann zerbröckelt und mit den restlichen Zutaten in der Küchenmaschine oder einem ausreichend großen Multizerkleinerer zu einer köstlichen Creme verarbeitet – dazu braucht es, je nach Gerätschaft, ein bisschen Ausdauer.

Da der Aufstrich kaum Zucker und nicht so viel Fett enthält, muss er im Kühlschrank aufbewahrt werden und das auch nicht zu lange. Das sollte aber keine allzu schwere Aufgabe sein.

Nährwert Kekse

kcal	prot	carb	fett
Gesamt (250 g)			
609	41	72	16
1 Keks (30 g)			
73	5	9	2
100 g			
244	16	29	6

Creme:
3 EL Rapsöl
1½ EL Agavensirup
120 ml Pflanzenmilch
1 gr. EL Haselnussmus
(25 g)
1 gr. EL Mandelmus
(25 g)

Nährwert Creme

kcal	prot	carb	fett
Gesamt (480 g)			
1.359	56	93	80
1 EL (25 g)			
71	3	5	4
100 g			
284	12	20	17

Variationen: Die Gewürze in den Keksen sind optional, es geht auch ohne oder z.B. nur mit Zimt. Alternativ gibt es auch fertige Spekulatius-Gewürzmischungen zu kaufen.

Es bietet sich an, gleich die doppelte Menge des Teigs herzustellen, dann hat man nämlich nicht nur einen dekadenten Aufstrich sondern auch noch Kekse! Für mustergültige Protein-Spekulatius kann man, der Optik wegen, die Haferflocken im Vorfeld im Multizerkleinerer zu Mehl pulverisieren. Oder man macht direkt Müslikekse – mehr Haferflocken, gehackte Nüsse und kleingeschnittene Trockenfrüchte bieten sich da an. Oder Doppelschoko mit Kakao und Schokoladenstückchen!

[sugarfree] Wenn man den Sirup weglassen möchte, braucht es dafür mehr Stevia und für die Konsistenz etwas mehr Öl oder Nussmus.

Tuning:

[+KCAL] Das Apfelmark in den Keksen kann in gleicher Menge mit Kokosfett ausgetauscht werden – schwupp, gleich 370 kcal mehr! Den Pflanzendrink in der Creme durch ein Plus von Öl, Agavendicksaft oder Nussmus zu ersetzen, pusht den Kalorienregler weiter nach oben.

Dazu passt: Ihr ahnt es schon – ein großer Löffel.

Tipp

Wer kein Nudelholz hat, kann zum Teigausrollen auch eine Glasflasche verwenden. Wenn da Etiketten o. ä. darauf kleben, aus hygienischen Überlegungen einfach ein Stück Küchenfolie herumwickeln.

White Chocness

highKCAL, highFAT, PROT, lowCARB, easy, quick, sugarfree, glutenfree, soyfree

Ein schokoorientierter Aufstrich – ohne Zucker, ohne Palmfett, dafür mit einem guten Satz Protein.

ergibt gut 200 g
[Mixer]

Zutaten

50 g Erythrit
1 Pr. Salz
70 ml Pflanzenmilch
15 g Kakaobutter
(unraffiniert)
40 g Lupinenmehl
1 TL Vanille
1–2 DL Stevia
4 EL Rapsöl

Nährwert

kcal	prot	carb	fett
Gesamt (220 g)			
668	19	3	28
1 EL (25 g)			
78	2	1	7
100 g			
311	9	3	28

1. Erythrit und Salz in der Milch so weit wie möglich auflösen. Das geht besonders gut, wenn man es vorher im Mixer zu Puder gehäckselt hat. Evtl. kann man auch noch einen Pürierstab zu Hilfe nehmen, damit Pflanzenmilch und Erythrit sich gut verbinden – sonst knirscht es nämlich nachher zwischen den Zähnen.

2. Die Kakaobutter kleinschneiden und im Wasserbad oder auf der Heizung schmelzen.

3. Lupinenmehl, Vanillepulver und Stevia homogen mit der gesüßten Milch verrühren, zuletzt Kakaobutter und Öl einarbeiten.

4. Im Kühlschrank aufbewahren.

Variationen: Ein Schwung Kakaopulver und man bekommt das schwarze Äquivalent. Etwas mehr Flüssigkeit ist dann nötig. Wenn keine Kakaobutter zur Hand ist, tut es zur Not auch Kokosfett oder, falls einen die entsprechend weiche Konsistenz nicht stört, einfach etwas mehr Öl. Das Lupinenmehl kann durch das günstigere Sojamehl ausgetauscht werden.

Tuning:

[-KCAL] [-FAT] Mit weniger Öl und dafür etwas mehr Milch ist die Creme immer noch lecker, allerdings weniger geschmeidig im Abgang.

[+PROT] Das Lupinenmehl ganz oder teilweise durch Proteinpulver ersetzen.

[+CARB] Das Erythrit durch eine etwas geringere Menge Agavendicksaft ersetzen. Dann evtl. etwas weniger Pflanzendrink verwenden.

Tofu-Agavencreme

highKCAL, PROT, easy, quick, glutenfree

Früher mochte ich sehr gerne diesen einen bekannten Frischkäse, zusätzlich bestrichen mit Honig aufs Brot. Dann wurde ich vegan. Zugegebenermaßen hat dieses Rezept nicht ganz so viel mit dieser ursprünglichen Kombination zu tun, aber es ist auch cremig und es ist süß und es ist frisch. Außerdem gab es damals noch nicht fünf verschiedene vegane Frischkäsesorten im Bioladen zur Auswahl und man musste mit dem arbeiten, was da war – wir hatten ja nix!

ergibt knapp 300 g
Pürierstab

Zutaten
200 g Tofu
2 EL Rapsöl
2 EL Zitronensaft
3 EL Agavensirup (50 g)

Nährwert

kcal	prot	carb	fett
Gesamt (290 g)			
651	28	39	38
1 geh. EL (25 g)			
56	2	3	3
100 g			
225	10	14	13

Info
Das Vitamin C aus der Zitrone verbessert die Aufnahme des Eisens aus dem Tofu!

1. Tofu fein würfeln und mit den restlichen Zutaten ausgiebig zu einer geschmeidigen Creme pürieren.

2. Im Kühlschrank aufbewahren.

Variationen: Nicht direkt eine Variation – aber manchmal mache ich mir auch die doppelte Menge und esse die Tofucreme einfach so.

Tuning: Die Makros lassen sich hier gut, den eigenen Bedürfnissen gemäß, feinjustieren.
Agavensirup ist für die Kohlenhydrate zuständig – man kann sie auch ganz oder teilweise durch Stevia ersetzen, sollte dann aber mehr Öl verwenden, damit es nicht zu Lasten der Konsistenz geht. Das Öl bestimmt natürlich den Fettgehalt und damit auch maßgeblich die Kaloriendichte – mehr, bedeutet schönere Cremigkeit. Weniger Öl kann man mit etwas Cuisine oder Pflanzenmilch kompensieren.

Hummus

lowCARB, PROT, highKCAL, fiber, easy, quick, glutenfree, soyfree, sugarfree

Eine gehaltvolle, traditionelle Beilage aus dem Nahen und Mittleren Osten, die schnell gemacht und vielseitig verwendet werden kann. Wenig Kohlenhydrate, viel Protein, sehr viel Genuss.

ergibt ein großes Schälchen
voll
Pürierstab

1. Kichererbsen in einem Sieb gut abbrausen, dann alle Zutaten miteinander pürieren – zack, fertig.
2. Im Kühlschrank aufbewahren und zeitnah alle machen.

Zutaten

400 g Kichererbsen
Saft von 1 Zitrone (ca. 50 ml)
40 g Tahin
¾ TL Salz
2½ EL Oliven- oder Sesamöl
60 ml Wasser

Nährwert

kcal	prot	carb	fett
Gesamt (600 g)			
912	40	57	52
1 gr. EL (40 g)			
60	3	4	3
100 g			
150	7	9	9

Variationen: Das da oben ist die Basisversion, man kann sie aber noch vielseitig aufmotzen. 1–2 Knoblauchzehen, 2 Msp. Kumin (Kreuzkümmel), 2 TL Paprikapulver, Cayennepfeffer, frische Petersilie, Chili, Curry, Pfeffer…

Ein Verwandter des Hummus mit fast genauso viel Protein bei gleicher Energiedichte ist Baba Ghanoush. Hier bilden statt Kichererbsen Auberginen die Grundlage. Diese werden rundum mit der Gabel eingestochen und im Ofen bei hoher Temperatur weichgebacken, bis die Schale schwarz geworden ist. Die wird dann abgezogen, bevor es wie oben beschrieben weitergeht,

Tuning:

[+/-KCAL] Das Rezept lässt einige Varianz bzgl. des Öl-Anteils zu – das macht pro EL 100 kcal aus.

[-KCAL] Durch die Zugabe von Sojajoghurt verringert sich der relative Kaloriengehalt.

Dazu passt: Hummus ist äußerst vielseitig einsetzbar. Traditionellerweise wird es mit Fladenbrot gestippt, es taugt aber auch als Brotaufstrich, als Dip für Cracker und Gemüsesticks oder einfach pur.

Ich persönlich nehme gerne einen kleinen Römersalat und benutze die Blätter, eins nach dem anderen, als eine Art essbaren Löffel für den Hummus. Oder ich nehme zwei Eisbergsalatblätter, klackse mir ein paar Löffel Hummus darauf und rolle alles zu einem Blitz-Salatrollo zusammen.

Bohnenstreich

easy, quick, glutenfree, sugarfree, soyfree

*Aus Hülsenfruchtresten kann man kreativ alle möglichen Aufstriche zaubern.
Z. B. diesen hier mit Hefeflocken.*

ergibt 1 mtl. Schraubglas
voll

Zutaten
10 g Kokosfett
200 g Weiße Bohnen
10 g Hefeflocken
¼ TL Salz
1 TL kaltgepresstes Öl

Nährwert

kcal	prot	carb	fett

Gesamt (230 g)

kcal	prot	carb	fett
373	26	32	17

1 EL/für 1 Toast (20 g)

kcal	prot	carb	fett
33	1	3	2

100 g

kcal	prot	carb	fett
163	7	14	8

1. Das Kokosfett schmelzen, dann alle Zutaten in einem Schälchen mit der Gabel zu einer Paste zerdrücken.
Und das wars auch schon.

Variationen: Ich bevorzuge den puren Geschmack, aber ansonsten kann natürlich mit Kräutern und Gewürzen experimentiert werden.

Tuning:

[+/-KCAL] Je mehr Öl bzw. Fett involviert ist, desto geschmeidiger wird der Aufstrich im Abgang, er kommt nötigenfalls aber auch ganz ohne aus und hat dann auf 100 g etwa 55 fettige Kalorien weniger.

Kokos-Streichfett

Eine simple Alternative zu Margarine, die ohne ökologisch bedenkliches Palmöl oder gesundheitlich problematische, gehärtete Fette auskommt – und dafür mit mittelkettigen Fettsäuren, Vitamin E und Omega3-Fettsäuren punktet.

Ergibt 100 g

Zutaten

25 g Kokosfett
40 g Rapsöl
35 g Sojajoghurt
1 Pr. Salz

Nährwert

kcal	prot	carb	fett
Gesamt (100 g)			
592	1	1	62
1 gestr. EL (10 g)			
59	0	0	6

1. Kokosfett und Rapsöl auf dem Herd bei geringer Temperatur oder im Wasserbad schmelzen. Salz im Joghurt auflösen und alles schwungvoll zusammenrühren.

2. Beim Erkalten und Festwerden immer mal wieder mit einer Gabel durchrühren.

3. Im Kühlschrank aufbewahren.

Variationen: Je nachdem wie fest das Streichfett werden soll, ggf. die Kokosfett-Rapsöl-Ratio verändern.

Tuning:
[+KCAL] [soyfree] Der Joghurt dient in erster Linie zur Dämpfung der Kalorienbilanz und kann auch weggelassen werden.
[-KCAL] Umgekehrt kann er aber auch erhöht werden, um die Energiedichte noch etwas zu senken.
Im o. g. genannten Mischungsverhältnis liegt der Kaloriengehalt unter dem von Vollfettmargarine, aber noch ein gutes Stück über Halbfett-.

Dazu passt: Darunter ein Brot und darüber ein Brotbelag.

Haselcreme:
Vanille, Zimt, Kakao

highKCAL, highFAT, PROT, lowCARB, sugarfree, glutenfree, soyfree

Ein Ausbund überirdischen Geschmacks und überirdischer Kalorien.
Was natürlich ein Vorteil oder ein Nachteil sein kann.

ergibt etwa 350 g
Mixer, Küchenmaschine

Zutaten
Basis:
300 g Haselnüsse
40 g Erythrit
1 Pr. Salz
1 TL Vanille
2 DL Stevia

Nährwert

kcal	prot	carb	fett
Gesamt (345 g)			
2.008	36	18	185
1 EL (25 g)			
145	3	1	13
100 g			
582	11	5	54

1. Die Haselnüsse entsprechend Schritt 1 und 2 beim Nussmus-Rezept behandeln (S. 128).
2. Erythrit und Salz im Mixer zu Puder pulverisieren, Vanille und Stevia können auch gleich mit dazu. Das ist notwendig, weil sich die Kristalle in einem öligen Medium mangels Wasser nicht auflösen können und dann knirscht es später beim Essen.
3. Die Haselnüsse in die Küchenmaschine mit Klingenaufsatz schütten, Lärmschutzköpfhörer aufsetzen und Gas geben. Je nach Leistung der Maschine kann es jetzt eine Weile dauern, aber nachdem die Nüsse fein zerkleinert worden sind, fängt irgendwann an, Öl auszutreten, um sich kurz darauf ganz zu verflüssigen. Die restlichen Zutaten ergänzen und noch ein paar Runden drehen lassen.

Variationen: Die so entstandene Basiscreme ist bereits unglaublich gut, aber man kann sie noch verfeinern und zwar mit Kakao, Zimt oder noch mehr Vanille.
Wenn man die oben genannte Creme drittelt, empfiehlt sich ½-1 TL Vanille, 2 TL Zimt und 1–2 EL Kakao. Für die Kakao-Variante sollten noch 2 TL Agavensirup ergänzt werden und – vor allem, wenn die Creme nicht sofort verzehrt wird – 5–10 EL Pflanzenmilch, da das Kakaopulver die Flüssigkeit aufsaugt.

Tuning: Die sehr hohe Energiedichte kann durch Erhöhen des Erythrit-Anteils gesenkt werden, aber das kann zu geschmacklichen Nachteilen führen. Eine andere Möglichkeit ist das Unerrrühren einer kleinen Menge Halbfettmargarine.

Dazu passt: Die Creme verträgt sich gut mit Brot, Shakes, Joghurt, Müsli und vor allem mit einem großen Löffel direkt aus dem Glas.

Räucher-Aufstrich

easy, quick, PROT, lowCARB, glutenfree, sugarfree

…man könnte auch sagen Lebervurst oder Lebenswurst. Wenn man möchte.

ergibt 1 kleines Glas voll
Pürierstab

Zutaten

25 g Kokosfett
175 g Räuchertofu
½ mittelgroße Zwiebel
(65 g)
Pfeffer & Piment (frisch
gemahlen)
1 TL Majoran

Nährwert

kcal	prot	carb	fett

Gesamt (270 g)

kcal	prot	carb	fett
548	33	6	43

1 EL (20 g)

kcal	prot	carb	fett
41	3	0,5	3

100 g

kcal	prot	carb	fett
204	13	2	16

1. Kokosfett schmelzen. Den Räuchertofu in kleine Würfel schneiden. Falls in der Packung etwas Sud ist, den sichern und gleich, wenn es ans Pürieren geht, mitverwenden. Zusammen mit den Gewürzen und dem verflüssigten Fett in ein hohes Rührgefäß geben.

2. Mit der Zwiebel ist es jetzt so eine Sache: Man kann sie ebenfalls würfeln und mitpürieren, dann besteht aber das Risiko, dass der Aufstrich bitter wird. Der austretende Zwiebelsaft enthält Allicin und wenn das an der Luft oxidiert, wird es eben leicht bitter. Das muss allerdings nicht unbedingt störend im Endprodukt sein – Geschmackssache. Wer auf Nummer Sicher gehen will, kann alternativ die Zwiebel mit einem scharfen Messer sehr fein hacken und unter den Aufstrich rühren; die Zwiebel in dem Fall aber erst schneiden, wenn der restliche Aufstrich fertig ist und dann gleich untermengen – sonst hat man wieder das gleiche Allicin-Problem. Oder aber man dünstet sie im Vorfeld einmal kurz an und püriert sie dann mit.

3. Wie die Entscheidung auch ausfällt – jetzt den Pürierstab sprechen lassen, bis der Tofu schön cremig ist.

Variationen: Das ist die Aufstrich-Basis – man kann sie so bereits für erfolgreich abgeschlossen betrachten.
Oder man verfeinert das Ganze noch, z. B. mit einer kleinen Handvoll Walnüsse, 1 EL Zitrone, 1 EL Balsamico, je 2 EL Schnittlauch und Petersilie und 3 EL Bierhefe.

Tuning:
[+KCAL] Mehr Kokosfett macht den Aufstrich geschmeidiger und kalorienhaltiger.
[−KCAL] Mit weniger Fett wird er entsprechend trockener, das kann aber ein Stück weit mit anderer Flüssigkeit (Gemüsebrühe, Zitronensaft) kompensiert werden. Auch die Erhöhung des Zwiebelanteils senkt die relative Kaloriendichte.

Dazu passt: Ein schönes frisches Vollkornbrot oder auch Cracker.

Info
Das gute native Kokosöl ist hier nicht gut geeignet, da der Kokosgeschmack im Aufstrich zu dominant wäre.

Joghurt-Dips:
Senf-Agave, Ketchup, Tahin

Zwei schöne leichte und ein schöner gehaltvoller Dip auf Joghurtbasis, die in wenigen Minuten – wenn nicht gar Sekunden – fertig sind.

1. Einfach alle Zutaten gründlich zusammenrühren, abschmecken – voilà!

ergibt 150 g Dip

Senf-Agave

quick, easy, lowFAT, lowKCAL, glutenfree

Zutaten

1 leicht gehäufter EL Senf
1½ EL Agavensirup
100 g Joghurt
1 TL TK-Dill

Variationen:

[soyfree] Nötigenfalls kann der Joghurt durch eine Cuisine ausgetauscht werden.

Dazu passt: Mir schmeckt der Dip so gut, ich könnte ihn fast pur weglöffeln. Er passt aber besonders gut zu maritimen Gerichten, zu Gemüsesticks oder auch als Salatsauce.

Nährwert

kcal	prot	carb	fett
Gesamt (150 g)			
141	6	21	4
1 EL (30 g)			
28	1	4	0,5
100 g			
94	4	14	3

Zutaten

220 g Joghurt
30 g Ketchup

Nährwert

kcal	prot	carb	fett
Gesamt (250 g)			
122	10	10	5
1 EL (30 g)			
15	1	1	0,5
100 g			
49	4	4	2

Ketchup

quick, easy, lowFAT, lowKCAL, glutenfree, sugarfree, cheap

Dazu passt: Der Dip passt gut zu Gemüsesticks. Meine favorisierte Einnahme-Methode ist dabei, eine rote Paprika in breite Spalten zu schneiden und sie mit dem breiten Ende nach unten zu halten, so dass eine Art Kelle entsteht. Dorthinein kommt eine entkernte schwarze Olive und damit wird dann eine ordentliche Menge Dip aufgenommen und samt Paprika-Kelle und Olive verspeist. Profitipp.

Zutaten

250 g Joghurt
100 g Tahin
3 EL Zitronensaft
½ TL Salz

Nährwert

kcal	prot	carb	fett
Gesamt (390 g)			
744	32	18	57
1 EL (30 g)			
57	3	1	4
100 g			
191	8	5	15

Tahin

quick, easy, highFAT, lowCARB, highKCAL, glutenfree, sugarfree

Variationen: Wenn keine sozialen Interaktionen mehr anstehen, kann eine sehr feingehackte Knoblauchzehe untergemischt werden.
Durch die Zugabe einiger EL Wasser oder Öl bekommt man eher ein sauciges als ein dippiges Ergebnis, passend je nach Einsatzziel.

Dazu passt: Ich habe die Tahin-Sauce in einem Libanon-Imbiss, der mich während meines Anerkennungsjahrs ernährt hat, kennengelernt. Dort gab es sie zum Falafel-Rollo. Irgendwann habe ich mir immer eine Portion Sauce extra mitgeben lassen und sie… naja, quasi aus der Plastikbox getrunken, sie hat einfach *so* gut geschmeckt. Rückwirkend betrachtet war sie vermutlich allerdings nicht vegan. Da diese Einnahmepräferenz wohl nicht was für jedermann ist, kann sie natürlich auch einfach zu Gemüsepfannen und Nudeln eingenommen werden oder eben als Dip für Gemüsesticks.

Sonnenstreich

easy, quick+, glutenfree, soyfree, PROT, lowCARB, highFAT, highKCAL

Sonnenblumenkerne – geröstet am besten – kommen nicht nur gut als Snack, auf Aufläufen, in Saucen oder über Salat, sie sind auch als proteinreiche Basis für süßen oder herzhaften Brotaufstrich mit endlosen Variationsmöglichkeiten großartig geeignet.

ergibt Aufstrich für ca.
8 Scheiben Brot
Universalzerkleinerer

Zutaten

Basis:
90 g
Sonnenblumenkerne
1 guter TL Rapsöl
1 EL Wasser
1 TL Zitrone
1 TL Agavensirup
Salz

Special:
z. B. Salatgurke,
eingelegte Pfefferkörner,
noch mehr Agavensirup,
frisch gemahlener
Pfeffer, frische Kräuter,
Stevia, Apfel und
geröstete Zwiebeln,
Kresse, Tomatenmark,
Knoblauch, Ajvar,
Meerrettich,
Mandelmus…

1. Sonnenblumenkerne in ausreichend Wasser für mehrere Stunden oder über Nacht einweichen. Dafür muss ein ausreichend großes Behältnis verwendet werden, da sich die Kerne ziemlich stark vollsaugen.

2. Die Sonnenblumenkerne gründlich im Sieb abspülen und zusammen mit dem Öl und dem Wasser in einen Universalzerkleinerer geben. Geduldig durchmixen, bis eine weitgehend homogene Creme entstanden ist. Mit Zitrone, Agave und Salz abschmecken, dann die gewünschte Spezialzutat unterheben. Im Kühlschrank aufbewahren und zügig verbrauchen.

Tuning:

[-KCAL] Ein Teil der Sonnenblumenkerne kann durch etwas Sojajoghurt ersetzt werden.

Nährwert

kcal	prot	carb	fett
Gesamt (190 g)			
617	20	17	39
für 1 Scheibe Brot (25 g)			
80	3	2	5
100 g			
321	11	9	20

Tempeh-Pâté

PROT, lowCARB, highFAT, highKCAL, fiber, quick, easy, sugarfree, glutenfree

Tempeh ist mit seinem sehr eigenen Geschmack nicht jedermanns Sache, vor allem roh, aber er bleibt eine ausgezeichnete Proteinquelle. Z. B. aufs Brot.

ergibt 1 kl. Dose voll

Zutaten
100 g Tempeh
2 EL Rapsöl
1 TL Salz

Nährwert

kcal	prot	carb	fett

Gesamt (130 g)

kcal	prot	carb	fett
394	20	2	31

1 Portion (25 g)

kcal	prot	carb	fett
75	4	0,5	6

100 g

kcal	prot	carb	fett
301	15	2	24

1. Den Tempeh erst fein würfeln, dann zusammen mit dem Öl und dem Salz mit einer Gabel zerdrücken. Alternativ kann man auch den Pürierstab ansetzen.
Und das wars auch schon.

Variationen: Ich bin eine Tempeh-Puristin, aber andernfalls kann man natürlich auch mit Kräutern experimentieren.
Wem die Vorstellung der lebenden Pilzkulturen nicht geheuer ist, kann den Tempeh vorher einmal abkochen. Normalerweise sollte er aber roh keine Probleme machen.

Dazu passt: Eine Scheibe schönes frisches Vollkornbrot.

Chia-Kaviar

quick+, easy, lowKCAL, fiber, glutenfree, sugarfree

Ehrlich gesagt, habe ich noch nie echten Kaviar gegessen (nur als Kind einmal ein Fischauge), aber wie das Geschmackserlebnis gemeinhin beschrieben wird – salzig, fischig, glibberig – das kann ich auch! Und sowohl Chiasamen als auch Algen sind bis oben hin voll mit den verschiedensten schönen Nährstoffen.

ergibt Aufstrich für etwa
6 Toasts

1. Das Nori-Stück mit der Schere in winzig kleine Fetzen schneiden und in einer Schale mit Sojasauce und Wasser vermischen, zuletzt die Chiasamen unterrühren.

2. Für mehrere Stunden oder über Nacht im Kühlschrank quellen lassen. Zwischendurch öfter mal umrühren und, falls nötig, bzgl. Konsistenz und Geschmack nachjustieren.

Zutaten

1 Stck. Nori-Algenblatt,
ca. so groß wie 4–5
Briefmarken
140 ml Wasser
3 EL Sojasauce
3 EL Chiasamen

Dazu passt: Schmeckt gut auf Toast oder Cracker.

Nährwert

kcal	prot	carb	fett
Gesamt (208 g)			
178	9	16	10
1 Portion (35 g)			
30	2	3	2
100 g			
86	4	8	5

Berrylicious Marmelade

easy, quick, cheap, sugarfree, glutenfree, soyfree, lowKCAL, lowFAT, lowCARB

Normale Marmelade besteht zur Hälfte aus Zucker und das, was an Obst drin ist, ist totgekocht. Nicht so diese Marmelade, die so simpel wie gesund und köstlich ist und dabei ganz ohne zugesetzten Zucker auskommt. Entsprechend verfügt sie – neben einem Vielfachen an Vitaminen – nur über gut ein Zehntel der Kaloriendichte herkömmlichen Fruchtaufstrichs. Man kann also reinhauen und das will man auch.

ergibt ein Schraubglas voll
Pürierstab

Zutaten

300 g
TK-Beerenmischung
7–10 DL Stevia
1 großzügiger TL Vanille
1 großzügiger TL
Johannisbrotkernmehl

Nährwert

kcal	prot	carb	fett
Gesamt (310 g)			
153	4	28	3
1 TL (15 g)			
7	0	1	0
100 g			
49	1	9	1

1. Die Beeren etwas auftauen lassen, dann mit den restlichen Zutaten so weit pürieren, bis die gewünschte Konsistent erreicht ist. Anschließend für etwa eine Stunde in den Kühlschrank, damit sie etwas eindicken kann.

Die Vorteile dieser Marmelade – ungekochtes Obst und kein Zucker – haben nur einen Nachteil: Die Haltbarkeit ist dadurch deutlich heruntergesetzt.
Sie muss unbedingt im Kühlschrank aufbewahrt werden und sollte mit einem Löffel aufs Brot transferiert werden, der mit nichts sonst in Berührung kommt. So werden Bakterien, Brotreste und dergleichen in der Marmelade verhindert, die zu Schimmel führen.

Variationen: Statt einem Beerenmix kann natürlich auch gezielt das persönlich präferierte Beerenobst verwendet werden, statt Vanille ist Zimt eine Alternative. Auch nicht-tiefgekühltes Obst, das seinen Zenit schon leicht überschritten hat, kann man so verwerten.
Als Beerensauce lässt sich das Rezept ebenfalls vielseitig einsetzen – in dem Fall kann man sich das Johannisbrotkernmehl sparen – auf Eis, im Joghurt, für die Haferflocken… Bei Bedarf kann man die Sauce durch ein Sieb streichen, um störende Kerne zu entfernen.

Dazu passt: Schmeckt großartig mit Tofubutter oder Margarine auf Toast und Brötchen.

Tofubutter

glutenfree, sugarfree, lowCARB, lowKCAL, easy, quick

Ich habe früher wirklich große Mengen an Margarine und später Halbfettmargarine zu mir genommen. Da Margarine ein ziemlich stark verarbeitetes Lebensmittel und zudem normalerweise ökologisch bedenkliches Palmfett verarbeitet ist, bin ich zu großen Teilen auf Tofubutter umgestiegen, die nur aus Tofu, Wasser und Sonnenblumenöl besteht. Und wenn man Plastikmüll und Geld einsparen will, kann man die auch ganz einfach selber machen.

Küchenmaschine

Zutaten

400 g Tofu
130 ml Wasser
60 ml Sonnenblumenöl
2 EL Zitronensaft
Pr. Salz (optional)

Nährwert

kcal	prot	carb	fett
Gesamt (615 g)			
1.174	56	3	94
für 1 Scheibe Brot (15 g)			
29	1	0	2
100 g			
191	9	0,5	15

1. Einfach alles zusammen in der Küchenmaschine cremig pürieren.

Die Tofubutter lässt sich auch problemlos einfrieren. Was sich auch empfiehlt, da sie durch den hohen Wassergehalt nicht sehr lange haltbar ist.

Tuning:

[+KCAL] Öl-Anteil erhöhen.
[-KCAL] Wasser- und Zitronensaft-Anteil anheben.

Tipp

Geschmack ist eine total lernbare Angelegenheit. Obwohl ich jahrelang großzügig und gerne Vollfettmargarine benutzt habe, kam mir die eklig fettig vor, nachdem ich auf Halbfett umgestiegen bin. Und die wiederum erscheint mir grenzwertig fett, nachdem ich mich an Tofubutter gewöhnt habe.
Es lohnt sich also, neuen Nahrungsmitteln erstmal eine Probezeit zu geben, bevor man sie vorschnell disqualifiziert.

Erdmandelmus

quick, easy, highKCAL, highFAT, fiber, glutenfree, sugarfree, soyfree

Eine mögliche Abwechslung zu Nussmusen.

Zutaten

5 EL Erdmandelmehl
(60 g)
½ TL Vanille
½-1 DL Stevia (optional)
4 EL Rapsöl

Nährwert

kcal	prot	carb	fett
Gesamt (115 g)			
670	5	20	60
1 EL (25 g)			
149	1	5	13
100 g			
596	4	18	53

1. Die drei trockenen Zutaten miteinander vermengen, dann mittels Gabel das Öl einarbeiten. Und schon fertig.

2. Erdmandeln haben von Hause aus einen süßen Geschmack, nur wer es intensiver mag – wie z.B. ich grundsätzlich – süßt eben noch ein bisschen nach.

3. Wem das Erdmandelmehl zu grob ist, der kann versuchen, ihm im Vorfeld mit dem Multizerkleinerer zu Leibe zu rücken.

Variationen: Statt Vanille kann man auch mit Zimt oder Kakao experimentieren.

Dazu passt: Das Erdmandelmus ist als Brotaufstrich gut geeignet, aber auch in Shakes, im Joghurt oder Müsli macht es sich gut.

Tipp

Die Erdmandel, auch Tigernuss oder Chufa genannt, ist reich an Ballaststoffen, Vitamin E und Kalium. Sie ist allerdings weder eine Nuss noch eine Steinfrucht (wie die Mandel), sondern eine Knolle.

Cashew-Vrischkäse

quick+, PROT, lowCARB, highKCAL, highFAT, glutenfree, sugarfree

Die Cashew ist ein echter Tausendsassa – ob als salziger Snack, für cremige Desserts, als knackige Einlage in Gemüsegerichten oder, wie in diesem Fall, für eine frische Kräutercreme.

Küchenmaschine

Zutaten

150 g Cashews
1 kl. Zwiebel
Saft zweier Limetten
(3 EL)
Saft einer kl. Zitrone
(2 EL)
120 g Sojajoghurt
½-1 TL Salz
Pfeffer
2 EL frische Kräuter (z. B. Dill und Schnittlauch)

Nährwert

kcal	prot	carb	fett
Gesamt (505 g)			
1.056	34	71	78
1 gr. EL (30 g)			
62	2	4	5
100 g			
208	7	14	15

1. Die Cashews für mehrere Stunden oder über Nacht in Wasser einweichen, anschließend gründlich abspülen. Zwiebel schälen und würfeln. Alle Zutaten zusammen in der Küchenmaschine mit Klingenaufsatz solange durchhäckseln, bis es cremig ist.

Tuning:
[+/-KCAL] Je höher der Joghurtanteil, desto niedriger die Energiedichte und umgekehrt.

Variationen: 1 EL Agavensirup ergänzt das Geschmacksspektrum.
Statt die Zwiebel mit zu pürieren, kann man sie auch sehr fein hacken und anschließend unterrühren. Dann umgeht man auch das Risiko, dass sie bitter wird.
Wünscht man mehr Biss, passen 1–2 EL gehackte Sonnenblumenkerne dazu.

Dazu passt: Passt nicht nur gut auf Brötchen, sondern auch zu Pellkartoffeln oder als Dip.

Tipp
Das Einweichen der Cashews ist nicht zwingend notwendig, sorgt aber für ein cremigeres Ergebnis. Eine Alternative zu diesem Zweck ist, die Cashews einmal kurz aufzukochen.

Zwiebelmett

lowKCAL, lowFAT, cheap, quick, easy, glutenfree, sugarfree, soyfree

Der Geheimtipp, der sich innerhalb und außerhalb der veganen Szene geradezu viral verbreitet. Wenn man sich die Zutatenliste ansieht, denkt man nie im Leben, dass das irgendwas in Richtung Zwiebelmett bewerkstelligen könnte. Ein echter Überraschungseffekt.
Nicht aus meiner Feder, aber ein Muss!

Zutaten

50 g Reiswaffeln (6-7 Stck.)
1 Zwiebel
50 g Tomatenmark
200 ml Wasser
knapp 1 TL Salz
Pfeffer & optional Curry

Nährwert

kcal	prot	carb	fett
Gesamt (470 g)			
302	9	58	2
1 Brötchenbeladung (70 g)			
45	1	7	0
100 g			
64	2	12	0,5

Tipp
Dieses Rezept hat sich mehrfach schon bei ahnungslosen Omnivoren bewährt.

1. Die Reiswaffeln zu Kleinholz machen – mit den Händen zerbröseln, mit einem großen Messer grob hacken oder mit der Küchenschere zerschneiden. Zwiebel relativ fein hacken.

2. Separat Wasser, Tomatenmark, Zwiebel, Salz und Gewürze in einem ausreichend großen Pott mit einer Gabel verquirlen. Jetzt noch die Reiswaffel-Brösel einarbeiten – von Hand oder mit der Gabel – und fertig!

3. Richtig gut schmeckt es aber erst, wenn es über Nacht im Kühlschrank durchgezogen ist, dann passt auch die Konsistenz.

4. Im Gegensatz zum Original muss man sich hier keine Sorgen wegen Haltbarkeit machen, das bleibt gekühlt mehrere Tage gut.

Variationen: Mit 1 EL Öl oder geschmolzenem Kokosfett wird das Ganze noch etwas geschmeidiger.
Wenn man zu viel Mett gemacht hat, kann man die Masse mit Haferflocken oder Paniermehl zum Binden verkneten, kleine Frikadellen formen und dann vorsichtig beidseitig in Öl anbraten.

Dazu passt: Passt am besten auf Brötchen oder Ciabatta, optional mit noch ein paar zusätzlichen Zwiebelringen obendrauf.

DRINKS & SHAKES

Greenie

lowKCAL, fiber, easy, quick, sugarfree, soyfree, glutenfree

Greenies, unter dem eindeutig uncoolen Namen „Green Smoothies", erfreuen sich derzeit zunehmender Verbreitung. Ich war lange Zeit sehr skeptisch aufgrund dieser Kombination Grünzeug/Obst. Irgendwann habe ich dem dann aber doch eine Chance gegeben – und jetzt gehören Greenies fest zu meinem Grundversorgungsrepertoir an heißen Sommertagen. Für mich ist der Schlüssel, ausreichend Nüsse zu vermixen – aber das ist natürlich Geschmackssache. Ich verwende hierfür TK-Gemüse, weil es schneller geht und der resultierende Shake dann gleich eisgekühlt ist. Für die Obst-Komponenten eignen sich gerade Exemplare, die schon ein bisschen drüber sind.

ergibt 2 große Gläser voll

Mixer

Zutaten

35 g Mandeln
120 g TK-Brokkoli
450 ml Wasser
1 Banane
1 EL Leinsamen
1 Nektarine
ggf. Stevia

Nährwert

kcal	prot	carb	fett
Gesamt (825 g)			
429	16	38	21
1 Glas (400 g)			
208	8	19	10
100 g			
52	2	5	3

1. Die Mandeln im Vorfeld möglichst für ein paar Stunden einweichen, den Brokkoli je nach Mixer-Leistung ggf. etwas antauen lassen – oder im Folgenden warmes Wasser verwenden.

2. Alle Zutaten zu einem homogenen Shake mit gewöhnungsbedürftiger Farbe mixen („Ein Glas Schlamm, irgendjemand?"). Abhängig von persönlichen Präferenzen und dem Reifegrad des verwendeten Obstes evtl. noch mit ein bisschen Stevia nachsüßen.

Variationen: Greenies lassen sich mit wechselnden Zutaten immer neu kombinieren. Ich achte dabei aber darauf, immer folgende Rollen zu besetzen: ein grünes Gemüse, Blattgemüse oder dunkler Salat (Spinat, frischer Grünkohl, Feldsalat…) – Banane, um den Shake süß und cremig zu machen – ein bis zwei weitere Obst- oder Beerensorten (Heidelbeeren, Birne, Himbeeren, Mango…) – eingeweichte Nüsse oder auch Nussmus für den Proteingehalt und die Konsistenz (Walnüsse, Cashews, Pecannüsse…) – eine Omega3-Ölsaat (Hanf-, Lein- oder Chiasamen). Nach Geschmack gelegentlich auch mal Vanillepulver, Ingwer oder Zitrone.
Es empfiehlt sich, nicht zu viele verschiedene Zutaten in einen Greenie zu schmeißen – weniger ist manchmal mehr.
Fortgeschrittene Green-SmoothistInnen (zu denen ich nicht gehöre) verwenden für ihre Kreationen so ziemlich alles, was grün und nicht niet- und nagelfest ist – Wildkräuter, Löwenzahn, Birkenblätter, Karottengrün…

Tuning:

[-KCAL] Gemüseanteil erhöhen, stärkere Verdünnung mit Wasser, weniger Nüsse und Ölsaat.
[+KCAL] Mehr Nüsse, Dörrfrüchte, Avocado, Kokosmilch oder -mehl, ein gutes Öl.

HazelChoc

highKCAL, PROT, highFAT, highCARB, fiber, quick, easy, glutenfree, sugarfree, soyfree

Energiespeicher restlos leergepumpt? Rettung naht in cremigster, süßester und schokoladigster Form! Protein! Kohlenhydrate! Fett! Ballaststoffe! Von seinem Nährwert her stellt er dementsprechend auch weniger ein Getränk, als eine vollwertige Hauptmahlzeit dar. Eine besonders köstliche, vollwertige Hauptmahlzeit.

ergibt 1 mächtiges Glas voll
Pürierstab

Zutaten

9 Datteln (70 g)
3 sehr gr. EL
Haselnussmus (80 g)
300 ml Pflanzenmilch
1 gr. EL Kakao
½ TL Vanille
1 Pr. Salz (optional)

Nährwert

kcal	prot	carb	fett

gesamt/1 gr. Glas (465 g)

887	26	59	59

100 g

191	6	13	13

1. Die Datteln kleinschneiden und mit den restlichen Zutaten gründlich durchpürieren oder -mixen.
2. Falls der Pürierstab nicht genug Power hat, kann es helfen, die Datteln im Vorfeld in Wasser oder Pflanzenmilch einzuweichen.
3. Am besten noch kaltstellen oder einfach mit einem oder zwei Eiswürfeln bestücken.
4. Genießen.

Variationen: Experimente mit anderen Nussmusen – Mandel-, Macadmia-, Erdnuss- z.B. – bieten sich an, ebenso mit anderen Geschmacksrichtungen und Gewürzen, wie beispielsweise Zimt, mehr Vanille oder Chili.

Tuning:

[-KCAL] Die Datteln ganz oder teilweise durch Stevia ersetzen, Nussmus reduzieren. Die dadurch verlorene Dickflüssigkeit kann man ggf. mit etwas Johannisbrotkernmehl kompensieren (muss dann eine Weile im Kühlschrank quellen).

Erdbeer-Hafershake

highCARB, fiber, lowKCAL, quick, easy, sugarfree, soyfree, glutenfree

Ein weiterer erfrischender Power-Shake mit lauter guten Sachen darin.
Ein Glas, und der durchschnittliche Tagesbedarf an Vitamin C ist abgehakt.

ergibt 2 große Gläser voll
Mixer

Zutaten
300 g TK-Erdbeeren
30 g Mandeln
300 g Wasser
35 g Haferflocken
1 TL Vanille
1 TL Chiasamen
5–7 DL Stevia

Nährwert

kcal	prot	carb	fett
Gesamt (695 g)			
450	16	46	22
1 gr. Glas (350 g)			
227	8	23	11
100 g			
65	2	7	3

1. Idealerweise die Mandeln vorher einige Stunden in Wasser einweichen, anschließend gründlich abspülen.

2. Mandeln, Haferflocken und Wasser im Mixer zu einer homogenen Milch verarbeiten, dann die restlichen Zutaten dazu und zu Ende mixen.

Variationen: Eine – evtl. ebenfalls gefrorene – Banane kann für weitere Süße und Cremigkeit ergänzt werden.
Die Chiasamen können auch durch Hanf- oder Leinsamen ersetzt werden.

Tuning:
[-KCAL] Die Ölsaat wegzulassen spart auf die Gesamtmenge 50 kcal ein.
[+KCAL] [+PROT] Mandel- oder Cashewmus ins Gefecht bringen – 150 kcal und gut 7 g Protein pro EL.

Dazu passt: Cuisine macht sich hierzu ausgesprochen gut und weitere nachträgliche Haferflocken.

Vanillemilch

lowKCAL, lowCARB, PROT, sugarfree, glutenfree, soyfree, easy, quick+

Ich erinnere mich, damals in der Grundschule standen wir in der großen Pause immer Schlange, um unseren Becher, wahlweise Kakao oder Vanillemilch, abzuholen. Kakao ist toll, aber Vanille lag bei mir immer knapp vorne – schon immer ein Vanilla-Girl! Es gibt auch leckere pflanzliche Vanillemilch zu kaufen, aber da hat man dann auch gerne mal an die 60 g Zucker pro Liter (das entspricht 20 Würfeln Zucker!), außerdem Stabilisatoren, Säureregulatoren und was nicht alles. Stattdessen kann man sich ganz einfach selber eine machen, mit echter Vanille, ohne Zucker und schön dickflüssig.

ergibt ein großes Glas voll

Zutaten

300 ml Pflanzenmilch
1 TL Vanille
1 leicht gehäufter TL
Johannisbrotkernmehl
2-3 DL Stevia

Nährwert

kcal	prot	carb	fett
gesamt/1 gr. Glas (305 g)			
110	9	7	5
100 g			
36	3	2	2

1. Vanille, Johannisbrotkernmehl und Stevia mit hoher Umdrehung in die Milch einrühren. Das Johannisbrotkernmehl soll keine Klümpchen bilden, also das Pulver mit der einen Hand vom Löffel mit kleinen Rüttelbewegungen in die Milch einrieseln lassen. Mit der anderen Hand unentwegt rühren.

2. Dann für eine halbe Stunde bis Stunde im Kühlschrank eindicken lassen, zwischendurch erneut umrühren.

Variationen:

[fiber] Statt des Johannisbrotkernmehls kann ein großer EL Flohsamenschalen verwendet werden – dann entfällt auch die Wartezeit, da sie sofort anfangen, zu quellen. Allerdings hat man dann vom Gefühl her so etwas wie Fruchtfleisch in der Vanillemilch. Da kann man im Zweifel den Pürierstab sich drum kümmern lassen.

Tuning:

[+KCAL] Mit einem großzügigen Schuss Cuisine oder etwas Mandelmus ergänzen.

Mango-Lassi

lowKCAL, lowFAT, highCARB, glutenfree, sugarfree

Die volle Ladung Vitamine in einer erfrischenden, köstlichen und toll anzusehenden Verpackung.

ergibt gut 3 große Gläser
voll

Mixer

Zutaten

2 Mangos
1 kl. Apfel
1 kl. Banane
2 EL Zitronensaft
500 g Joghurt
ggf. Stevia
optional Eiswürfel

Nährwert

kcal	prot	carb	fett
Gesamt (1.175 g)			
637	27	100	12
1 gr. Glas (350 g)			
190	8	30	4
100 g			
54	2	9	1

Tipp
Eine Mango hat den richtigen Reifegrad, wenn sie sich mit den Fingern leicht eindrücken lässt und am Stielansatz verlockend duftet.

1. Als erstes verarzten wir die Mangos. Da sie sowieso püriert werden, kann einfach die Schale mit einem scharfen Obstmesser oder einem Sparschäler entfernt und anschließend das Fruchtfleisch rund um den Kern herum abgesäbelt werden. Über einem Teller oder einem großen Glasbrett operieren, damit von dem Saft nichts verloren geht. Apfel und Banane entkernen bzw. schälen und kleinschneiden. Wenn's schnell gehen soll, einfach auf die TK-Variante zurückgreifen. Die Früchte zusammen mit dem Zitronensaft und dem Joghurt in den Mixer geben und verflüssigen.

2. Je nach persönlichem Geschmack und Reifegrad der verwendeten Früchte evtl. noch mit Stevia nachsüßen.

Variationen: Ich mag es auch gern, den Joghurt nicht mitzumixen, sondern erst im Glas dazuzugeben und nur kurz umzurühren, sodass eine Art marmorierter, nicht homogener Shake entsteht.

Tuning:
[+PROT] [+KCAL] Haferflocken!
[-KCAL] Mit etwas Wasser verdünnen.

Karottenshake

Haselnüsse passen nicht nur geschmacklich gut zu Karotten, sie liefern in diesem Fall auch das notwendige Fett, damit das Provitamin A vom Körper aufgenommen werden kann.

ergibt 2 große Gläser voll
Mixer

1. Karotten und Apfelhälfte vom Strunk bzw. Kerngehäuse befreien, kleinschneiden und mit den restlichen Zutaten via Mixer in einen trinkbaren Vitamin-Booster verwandeln.

Zutaten

2 mittelkl. Karotten
(150 g)
½ Apfel
1 Handvoll Haselnüsse
(30 g)
1½ EL Zitronensaft
250 ml Wasser
1 EL Haferflocken
1 EL Leinsamen
1–2 DL Stevia

Variationen: Ein Teil des Wasser kann durch Orangensaft oder noch besser durch eine mitpürierte Orange ersetzt werden. Oder man reduziert den Flüssigkeitsanteil und hat dann einen schönes rohköstliches Obst-Gemüsepüree. Ich habe mir eine Zeitlang immer diese Pürees im Glas für Babys gekauft, aber das hier ist natürlich viel besser!

Dazu passt: Mit einer Pflanzenmilch der Wahl und weiteren, nicht mitgemixten Haferflocken bekommt man ein sättigendes Zwischending von Shake und Müsli.

Nährwert

kcal	prot	carb	fett
Gesamt (570 g)			
383	12	26	24
1 gr. Glas (280 g)			
188	6	13	12
100 g			
67	2	5	4

Seidenshake

PROT, lowCARB, highFAT, easy, quick+, glutenfree, sugarfree

Ein weiterer, mächtiger Shake, der auch ohne Proteinpulver einigen Baustoff für die Muskeln mitbringt.

ergibt ca. 2½ große Gläser voll

[Gefrierfach], Mixer

Zutaten

1 Banane
200 ml Pflanzenmilch
3 TL Leinsamen
2 DL Stevia
1½ EL Nussmus (knapp 40 g)
400 g Seidentofu

Nährwert

kcal	prot	carb	fett
Gesamt (775 g)			
659	43	38	38
1 Glas (300 g)			
255	17	15	15
100 g			
85	6	5	5

1. Die Banane einige Stunden zuvor schälen, in schmale Scheiben schneiden und einfrieren. Der Punkt ist optional aber sehr empfehlenswert. Dann einfach so kurz wie möglich mit den restlichen Zutaten im Mixer verflüssigen.

Variationen: Kakao, Dörrfrüchte, Zimt, Schokostückchen, gehackte Nüsse – wenn Du es träumen kannst, kannst Du es tun!

Tuning:

[+PROT] [+KCAL] Wer sich dem gewachsen fühlt, kann statt Seidentofu auch regulären verwenden, zusammen mit mehr Wasser oder Pflanzenmilch.

Softdrinks: Zeronade, SteCola & Ginger Ale

lowKCAL, lowFAT, lowCARB, sugarfree, soyfree, glutenfree, easy, cheap, quick

Konventionelle Softdrinks sind Zuckerbomben, was, speziell in Verbindung mit der Säure, wortwörtliches Gift für die Zähne ist. Darüber hinaus sind oft auch noch Farbstoffe, Aromen, Säuerungsmittel, künstliche Süßstoffe, Säureregulatoren und was nicht alles im Preis mit inbegriffen, die zudem versteckte unvegane Bestandteile verschleiern können.

Hier kommt daher eine Erfrischungs-Alternative, die nicht nur zucker- und annähernd kalorienfrei ist, sondern auch spottbillig, im Handumdrehen gemacht und obendrein mit kaum Verpackungsmüll auskommt. Ein paar Vitamine sind auch noch mit dabei.

Basis-Zutaten

für 1 großes Glas

Wasser, wahlweise mit
oder ohne Kohlensäure
2 EL Zitronen- oder
Limettensaft
2 DL Stevia
Eiswürfel oder
Crushed Ice (optional,
aber empfohlen!)

Nährwert

kcal	prot	carb	fett

1 gr. Glas (300 ml)

6	0	1	0

100 ml

2	0	0	0

Für die Zeronade wird der Zitronenanteil noch weiter erhöht oder auch z. B. durch einen Schwapp Orangen- oder Ananassaft ergänzt.

Für die SteCola wird ein guter ½ TL löslichen Kaffees eingerührt.

Für das Ginger Ale wird sehr, sehr fein gehackter Ingwer hinzugefügt, am besten unter Zuhilfenahme eines Mixers. Für ein 300 ml Glas reicht ein Stück Ingwer von der Größe der Kuppe des kleinen Fingers, alternativ eine großzügige Messerspitze gemahlener Ingwer. Wird ein Mixer verwendet und ein Ergebnis mit Kohlensäure gewünscht, kommt ins Mixergefäß nur eine kleine Menge Wasser, das Mineralwasser wird dann nachträglich ergänzt.

Variationen: Den maximalen Erfrischungs-Effekt dieser Getränkereihe kann man aber auch umkehren – mit heißem Wasser angerührt sind sie – neben heißem Kakao – das beste herzerwärmende Wintergetränk überhaupt.

Dazu passt: Eine superschweißtreibende Trainings-Session als Vorspeise.
Oder für die Wintervariante: Ein Outdoor-Workout bei Schneesturm und Eiseskälte.

Tipp

Koffein wird von vielen SportlerInnen pre-workout als sanftes Dopingmittel genutzt. In dem Fall sollte man eher die Variante ohne Kohlensäure wählen, um lästiges Aufstoßen während des Trainings zu vermeiden.

Apfel-Mandel-Shake

quick, easy, sugarfree, glutenfree, soyfree, lowKCAL, lowFAT, PROT

Entöltes Mandelmehl kommt zwar nicht ganz an das Makronährstoffprofil von Proteinshakepulver heran, liegt dafür aber im Mikronährstoffbereich vorne und ist auch deutlich naturbelassener. Also eine gute Alternative zum konventionellen Eiweißshake.

ergibt 2 große Gläser voll
Mixer

Zutaten

1 Apfel
50 g Mandelmehl, teilentölt
1½ EL Haferflocken
1 TL Chiasamen
1 TL Vanille
6 DL Stevia
450 ml Pflanzenmilch

Nährwert

kcal	prot	carb	fett
Gesamt (723 g)			
527	36	48	17
1 gr. Glas (300 g)			
219	15	20	7
100 g			
73	5	7	2

1. Kerngehäuse des Apfels entfernen und in Stücke schneiden, dann mit den restlichen Zutaten pürieren.

Variationen: Ich mag meine Shakes gerne so dick, dass man sie mit dem Löffel essen muss. Natürlich kann einfach noch zusätzliches Wasser oder mehr Sojamilch für ein trinkbareres Ergebnis dazugegeben werden.

Tuning:
[+KCAL] Das entölte Mandelmehl durch die gleiche Menge geriebene Mandeln zu ersetzen, führt zu einem Gesamtplus von 115 kcal, einige große EL Mandelmus – 155 kcal pro Löffel – sind natürlich noch effektiver.
[-KCAL] Mehr Apfel, weniger von den restlichen Zutaten, Wasser statt Pflanzenmilch spart etliche Kalorien ein.

Dazu passt: Mit etwas zusätzlicher Flüssigkeit und Haferflocken hat man ein wirklich gehaltvolles Müsli.

Cashew-Chiashake

highKCAL, easy, quick+, glutenfree, soyfree, sugarfree

Einen guten Shake erkennt man daran, dass der Löffel darin stehen bleibt. Also los.

ergibt 1 gr. Glas voll [Gefrierfach], Mixer

Zutaten

60 g Cashews
1 sehr reife Banane
2 EL Multikornflocken
200 ml Wasser
½ TL Vanille
2 DL Stevia
1 EL Zitronensaft
1 EL Chiasamen

Nährwert

kcal	prot	carb	fett

gesamt/1 gr. Glas (400 g)

kcal	prot	carb	fett
580	16	34	32

100 g

kcal	prot	carb	fett
146	4	9	8

1. Die Banane im Vorfeld schälen, in Scheiben schneiden und einfrieren.

2. Die Cashews für einige Stunden in Wasser einweichen, anschließend gründlich abspülen. Dann alle Zutaten zusammen ausgiebig durch den Mixer jagen. Schwelgen.

Variationen: Wenn es schnell gehen soll, geht es auch mit uneingeweichten Cashews und unverfrorenen Bananen, das Ergebnis ist dann möglicherweise etwas weniger cremig. Einen Teil des Wasser kann man dann, falls vorhanden, in Form von Eiswürfeln zuführen.

Tuning:
[+PROT] Das Wasser durch Sojamilch ersetzen macht ein Plus von 6 g Eiweiß aus (und 70 kcal).

Vayran

easy, quick, glutenfree, sugarfree, lowFAT, lowKCAL, lowCARB, PROT

Der perfekte Post-Workout-Erfrischungs-Drink, besonders an heißen Sommertagen.

ergibt 1 großes Glas voll

Zutaten

250 g Sojajoghurt
40 ml Zitronensaft
150 ml Wasser
2-3 gute Prisen Salz

Nährwert

kcal	prot	carb	fett
gesamt/1 gr. Glas (440 ml)			
135	11	8	5
100 g			
30	3	2	1

1. Alles miteinander verquirlen. Genüsslich hinunterschlingen. Fertig.

Dazu passt: Eiswürfel sollten nicht fehlen.

Variationen: Ein paar Blättchen gehackte Zitronenverbene, Minze oder Zitronenmelisse verfeinern den Vayran.

INDEX

Rezept	Seite	lowKCAL	highKCAL	PROT	lowCARB	highCARB	lowFAT	highFAT	fiber	sugarfree	soyfree	glutenfree	easy	quick	quick +	cheap
BASICS																
Seitan	126		x	x			x			x	x		x		x	x
Nussmus	128		x	x	x			x	x	x	x	x	x	x		x
Hülsenfrüchte einkochen	130	x		x		x		x				x			x	x
Walnuss-Parmesan	132		x	x				x		x	x	x	x	x		
Pflanzenmilch	133	x		x		x						x				x
Sojasahne (Cuisine)	134			x			x			x		x	x			x
Hefeschmelz	136			x			x			x	x		x	x		x
Gewürz-Ketchup	137	x					x			x	x	x	x	x		x
Mayonnaise	138		x	x				x		x		x	x		x	x
Sojajoghurt	140	x		x	x		x			x		x				
Cashewsahne	141		x	x	x			x		x	x	x			x	
Kokosmus	142		x	x				x		x	x	x	x			x
SUPPEN & SALATE																
Orange-Allstars-Cremesuppe	146	x				x				x	x	x		x		
Tomaten-Kichererbsensalat	148	x							x	x	x	x	x			x
Express-Salat	150				x					x	x	x	x	x		x
Blitz-Bohnensalat	151		x							x	x	x	x	x		x
Orangen-Fenchelsalat	152				x					x	x	x	x	x		x
RAWbstsalat	154								x		x	x		x		x
Granatsalat	156				x		x				x	x				
Miso-Ramen	158	x								x			x	x		
Apfel-Bohnen-Salat	159									x	x	x	x	x		x
Hirse-Petersiliensuppe	160	x								x	x	x	x	x		x
Ohne-Hering-Salat	161			x	x					x		x				
Tzatziki	162	x			x		x			x		x	x	x		x
Asia-Rosenkohl-Salat	164	x			x				x	x		x	x			
Blumenkohlcreme-Suppe	166	x					x			x	x	x				x
HAUPTGERICHTE																
Seitan-Geschnetzeltes in Erdnusssauce	170		x	x	x			x		x		x	x	x		
Butternutkürbis mit Zitrus-Räuchertofufüllung	171	x		x		x			x	x		x		x		
Hafer-Paprika auf griechische Art	172	x		x		x			x	x	x		x			x
Rührki'	174		x	x		x		x	x	x	x	x	x	x		
Knipp	176			x				x	x	x	x		x			x
Ana-Nasi Goreng	178	x				x				x		x	x			
Protein-Bratspaghetti mit Cashew-Miso-Sauce	180		x	x	x			x	x	x		x	x	x		
Sahnegeschnetzeltes	182		x	x						x		x	x			
Vham!burger	184	x		x				x	x							x
Burgerbrötchen	184			x		x				x	x		x		x		x

Rezept	Seite	lowKCAL	highKCAL	PROT	lowCARB	highCARB	lowFAT	highFAT	fiber	sugarfree	soyfree	glutenfree	easy	quick	quick+	cheap
Remoulade	185		x	x				x		x		x	x	x		x
Vrikadellen	186		x	x		x				x	x					
Kokos-Pilz-Nudelpfanne	187		x	x				x		x	x		x	x		
Chili con Tofu	188	x			x					x	x	x	x			x
Proteinpizza Hawaii	190			x						x						x
Grünkohl	193	x			x	x		x		x	x	x				x
Mediterrane Tagliatelle mit Aubergine	194		x		x			x		x	x	x				x
Asia-Gemüsepfanne	196	x								x		x	x			
Kichererbsen-Ratatouille	198	x				x				x	x	x	x			
Proteinpizza Margherita	200			x						x	x					
KaPü+	202	x				x	x			x	x	x				x
Wintereintopf	203	x			x		x			x	x	x				x
Stoppt-Jäger-Schnitzel	204			x						x				x		
Pilzrahmsauce	205	x			x					x	x	x				x
Spinat-Haferpfanne	206	x								x	x					
Reispfanne mit Gurke und Erdnüssen	208	x								x	x	x	x			x
Orangen-Blumenkohl in Tahinsauce	210		x		x			x	x	x	x	x				
Ofengemüse	212	x			x		x			x	x	x	x			x
No Shepherd's Pie	214	x								x	x	x				x
Tofu-Tomaten-Pfanne mit Shirataki-Nudeln	216	x			x					x		x	x	x		
Polentaschnitten mit Pilzragout	218	x				x				x	x	x	x		x	x
Pilzragout	219	x			x		x			x	x	x	x			
Sahneweißkohl	220	x			x					x	x	x				x
Rote Linsen mit Sahnesauerkraut	221	x		x						x	x	x	x	x		

SNACKS & BEILAGEN

Rezept	Seite	lowKCAL	highKCAL	PROT	lowCARB	highCARB	lowFAT	highFAT	fiber	sugarfree	soyfree	glutenfree	easy	quick	quick+	cheap
Soja-Nuggets	224			x	x					x		x				x
Ofen-Visch	226			x	x					x		x		x		
Erdnusstofu-Ecken	227		x	x	x			x		x						x
Lupinen-Nuggets	228		x	x	x			x		x	x	x				
Sesam-Tofusticks	229		x	x	x			x		x						
Protein-Brot	230			x			x			x	x	x		x	x	
Mediterrane Fladenbrötchen	232			x			x			x	x	x		x		
Veltmeister-Proteinbrötchen	234			x	x					x	x		x			
Buchweizen-Birnen-Porridge	236						x			x	x	x	x	x		
Ahorn-Orangen-Tempeh	237			x	x							x	x	x		
Erdnuss-Kakao-Crunchy	238		x	x		x						x	x			
Cashew-Crunchy	239			x						x	x	x		x		
Quinoa-Nussmüsli	240			x				x			x	x	x		x	
Apfel-Mandelmusli	244			x	x		x	x	x	x	x	x	x			
Wirsing-Chips	245	x			x			x		x	x	x			x	x

Rezept	Seite	lowKCAL	highKCAL	PROT	lowCARB	highCARB	lowFAT	highFAT	fiber	sugarfree	soyfree	glutenfree	easy	quick	quick +	cheap
SWEETS & DESSERTS																
ChocShock Duo	248	x	x	x			x		x		x	x			x	
Protein-Bällchen	249	x	x		x						x	x		x		
Dattel-Halva-Würfel	250	x			x			x	x	x	x	x				
Protein-Muffin	251		x	x						x	x		x		x	
Amerikaner auf Bulk	254	x	x	x				x	x				x			
Cake-Pops	256	x	x	x				x	x	x						
Avocado-Himbeer-Schichtdessert	258	x	x					x			x	x	x			
Zucchinikuchen mit Avocadofrosting	260	x	x	x				x	x	x	x					
Himbeer-Pancakes	262	x	x		x				x	x	x					
Kirsch-Mandel-Eiscreme	264		x	x					x	x	x	x	x	x		
Ananas-Kokoscreme	266		x	x				x		x	x	x	x			
Apfel-Chiapudding	267			x				x	x		x	x	x			x
Bodenloser Himbeer-Käsekuchen	268		x	x				x		x			x			x
Kirsch-Milchreis-Squares	270					x	x				x	x	x			
Wassermelonen-Kokossorbet	271	x								x	x	x	x		x	x
Gebackene Bananen im Reispapier	272					x	x			x	x	x				
Blitz-Proteinmilchreis	274			x		x	x			x	x	x	x	x		x
Erdnuss-Schoko-Proteinriegel	275	x	x	x				x		x	x					
Marzipankartoffeln	276	x			x			x		x	x	x	x			
RawBawlls	278	x	x		x			x		x	x	x				
Süße Proteinbrötchen: Zimt, Choc, Heidelbeere	280		x	x		x				x			x			x
Valdorfsalat	282	x			x						x	x				x
Cashew-Eiscreme	284		x					x		x	x	x	x			
Obstsalat Spezial	286	x			x			x	x		x	x				
GreenCreem	287	x						x	x	x	x	x	x			
Hirsekirschauflauf	288		x		x		x	x		x	x	x				
Vanillesauce	289					x	x			x	x	x	x			
Sesam-Erdnusskrokant-Riegel	290	x	x	x				x			x	x	x		x	
Protein-Schoko-Cookies	292	x	x	x				x		x	x	x	x		x	

Rezept	Seite	lowKCAL	highKCAL	PROT	lowCARB	highCARB	lowFAT	highFAT	fiber	sugarfree	soyfree	glutenfree	easy	quick	quick +	cheap
AUFSTRICHE & DIPS																
Protuloos-Creme	296		x	x	x			x			x					
White Chocness	298		x	x	x			x		x	x	x	x	x		
Tofu-Agavencreme	299		x	x								x	x	x		
Hummus	300		x	x	x				x	x	x	x	x	x		
Bohnenstreich	302									x	x	x	x	x		
Kokos-Streichfett	304		x		x			x		x		x	x	x		x
Haselcreme: Vanille, Zimt, Kakao	305		x	x				x		x	x	x				
Räucher-Aufstrich	306			x	x					x		x	x	x		
Sonnenstreich	310		x	x	x			x			x	x	x			x	
Tempeh-Pâté	312		x	x	x			x	x	x	x	x	x			
Chia-Kaviar	313		x						x	x	x	x			x	
Berrylicious Marmelade	314	x			x	x				x	x	x	x	x		x
Tofubutter	316	x			x					x		x	x	x		
Erdmandelmus	317		x					x	x	x	x	x	x	x		
Cashew-Vrischkäse	318	x		x	x			x		x		x			x	
Zwiebelmett	320	x				x				x	x	x	x	x		x
DRINKS & SHAKES																
Greenie	324	x							x	x	x	x	x	x		
HazelChoc	326		x	x		x		x	x	x	x	x	x	x		
Erdbeer-Hafershake	328	x				x				x	x	x	x	x		
Vanillemilch	330	x		x	x					x	x	x	x			x	
Mango-Lassi	332	x				x	x			x		x				
Karottenshake	334	x			x					x	x	x	x	x		x
Seidenshake	335			x	x			x		x		x	x		x	
Softdrinks: Zeronade, SteCola & Ginger Ale	336	x			x	x				x	x	x	x	x		x
Apfel-Mandel-Shake	337	x		x		x				x	x	x	x	x		
Cashew-Chiashake	338		x							x	x	x	x		x	
Vayran	339	x		x	x	x				x		x	x	x		

V.-
ANH

Links / Danke

ANG

LINKS

Im Folgenden einige hilfreiche Links zu vegan- und sportrelevanten Seiten, die ich Euch empfehlen möchte.

Kick it vegan
Die „online Kick it vegan Community" für alle, die darüber hinaus spezielle Infos, Tipps, neue Rezepte, Motivation, Unterstützung und Austausch mit Gleichgesinnten und mir suchen.
http://www.kickitvegan.com
http://www.facebook.com/kickitvegan

VeganTakeover
Mein digitales Hauptqartier und Zuhause meiner V-Projekte.
http://vegantakeover.de

This Vegan's Life
Mein Blog. Hier gibt es vor allem Rezepte, aber auch vegane Produkt- und Buch-Rezensionen, Artikel und Rants zu Veganismus, Tierrechten und der Szene sowie Link-Empfehlungen.
http://runvegan.blogspot.de

Vegan-Forum
Die Community für alle veganinteressierten Menschen. Unterbereiche sind neben allgemeinen Vegan-Fragen und Rezepten z.B. Sport, Gesundheit, Familie & Kinder, Aktions-Möglichkeiten, Tierrechte sowie Umweltschutz.
http://vegan-forum.de

vegan.with.attitude
Für Menschen mit Herz *und* Style.
Vegan-Klamotten & -Merch aus der Modelinie Eurer ergebenen Autorin.
http://runvegan.spreadshirt.de

Vegan Bodybuilding & Fitness (en)
In diesem (visuell etwas überladenen) Portal gibt es Artikel zu den Themen Sport, Ernährung und Lifestyle. Aber am praktischsten ist die sehr umfangreiche Galerie veganer AthletInnen. Auf die kann man ohne weitere Worte verlinken, wenn einem mal wieder irgendein Schlaumeier oder eine Schlaumeierin mit dem drögen Klischee der mangelernährten, siechenden VeganerInnen kommt.
http://veganbodybuilding.com

Vegan Strength Germany

Ein Portal, das sich vor allem auf Kraftsport bezieht, mit Artikeln, Rezepten und weiterführenden Links. Das beste ist aber das dazugehörige Forum. Geballte Kompetenz vor allem zu den Themen Ernährung, Trainingsmethodik und Diät, alles in vegan. Auch wer keine schweren Eisen schwingt, findet hier nützlichen Input. Und ansehnliche Fotos.
http://veganstrength.de

Fitocracy (en)

Eine Art Facebook mit Game-Charakter für SportlerInnen. Man loggt seine sportlichen Aktivitäten, bekommt dafür Punkte, kann Quests bestreiten, steigt in den Levels auf, erhält Trophäen und Zuspruch von den virtuelle SportsfreundInnen. Zusätzlich gibt es eine Artikelsammlung und eine hilfreiche Community, die einem bei Fragen und Problemen weiterhilft.
Für mich war es letztlich verantwortlich dafür, dass ich 12 kg abgenommen und mir wieder eine Hantelbank gekauft habe.
Fitocracy baut auf dem Freemium-Prinzip auf, sprich, es ist im Basis-Paket (das völlig ausreichend ist) kostenlos.
http://fitocracy.com

HabitRPG

Es ist weder explizit sport- noch veganspezifisch, lässt sich aber ausgezeichnet dafür einsetzen. Es handelt sich hierbei um einen Habit-Tracker, der von Prinzip und Ästhetik angelehnt ist an oldschool 8bit Computer-Rollenspiele. Das heißt, je mehr man seine alltäglichen Gewohnheiten verbessert und seine Aufgaben abarbeitet, desto schneller erreicht man neue Levels und kann seinen Character mit Zubehör und lustigen Tierchen ausstatten.
Die Seite ist sowohl bestens geeignet, wenn man sich gerade im Übergang zum Vegansein befindet (z.B. indem man Pluspunkte sammelt, jedesmal wenn man etwas Unveganes abgelehnt hat) oder wenn man einen Trainingsplan verfolgt (Minuspunkte fürs Schwänzen, Pluspunkte für Aktivitäten oder neue Rekorde).
http://habitrpg.com

Starting Strength (en)

Mark Rippetoes Programm ist eines der führenden Einsteigerprogramme ins Krafttraining. Es wird auf die großen Verbundsübungen gesetzt – Kniebeugen, Bankdrücken, Kreuzheben, Schulterdrücken und Power Cleans – und an drei Tagen in der Woche trainiert. Das Konzept setzt auf schnelle Kraftzuwächse durch lineare Progression, also beständige Steigerung des Arbeitsgewichts.
Das Buch ist in Deutschland schwierig zu bekommen, aber es gibt ein eBook und das Online-Wiki.
http://startingstrength.wikia.com

C25K

Couch to 5k, also vom Sofa zum 5-km-Lauf ist das Laufprogramm für EinsteigerInnen. Es ist super-niedrigschwellig aufgebaut und führt einen systematisch und schrittweise an das Ziel der 5 km am Stück heran. Selbst ich habe es damit geschafft und das, obwohl Laufen meine große Achillesferse ist. Der Plan ist gratis und es gibt auch eine deutsche Übersetzung.

http://c25k.com

SuperHeroFitness

Kanal der großartigen Keaira LaShae mit tollen schweißtreibenden Home-Workouts und Choreographien aus den Bereichen HipHop, Twerking, Dancehall, Latin… Zusätzlich gibts ein paar Fitness- und Gesundheits-Tipps

http://youtube.com/user/superherofitnesstv

Karl Ess

Veganer Swole Bro mit hohem Sendungsbewusstsein. High-Carb/Low-Fat- und Clean-Eating-Advokat. Er hat einen riesen Youtube-Kanal, mit informativen Videos zu so ziemlich allen Themenbereichen von Bodybuilding, Ernährung und Fitness, viele in kurzen, mundgerechten Häppchen, manche auch länger und ausführlich. Zudem gibt's noch eine Extra-Abteilung mit Übungen für zu Hause. Den Output außerhalb der trainingsbezogenen Inhalte sollte man sich allerdings leider besser sparen.

http://www.youtube.com/user/karlessdotcom

FDDB

Große Nährwert-Datenbank (hauptsächlich Makros), optional mit Ernährungs-Tagebuch-Funktion für registrierte User. Angaben auf 100 g berechnet und teils zusätzlich pro Stück bzw. Portion. Allerdings User Generated Content, daher nicht immer alles ganz akkurat.

http://fddb.info

cronometer (en)

Umfassende Lebensmittel-Datenbank, die nicht nur die standardmäßigen Makros, sondern auch Mikronährstoffe und Aminosäuren und was es noch so alles gibt aufschlüsselt. Wer dort sein Ernährungs-Tagebuch führt, kriegt genau angezeigt, wo etwaige Defizite in der Versorgung liegen. Gibt es auch als App für unterwegs. Nachteil ist, dass die Fertigprodukte sich auf den US-Markt beziehen.

http://cronometer.com

Mein Naschbalkon

Elisabeth Mecklenburg zeigt, was für verblüffende Möglichkeiten es gibt, auf engstem Raum eigenes Gemüse, Obst, Beeren, Kräuter und Kartoffeln anzupflanzen. Da weiß man dann ganz genau, was man isst. Und wenn es durch der eigene Hände Arbeit entstanden ist, schmeckt es sowieso gleich nochmals so gut.

http://mein-naschbalkon.de

DANKE

An meinen Bruder, meine Mutter, Akayi und Sebastian, die überhaupt erst die Idee heraufbeschworen bzw. mich bestärkt haben, dass ich ein veganes Kochbuch schreiben könnte. Außerdem an Spreewaldgurke, Vampy und nochmals Akayi für den entscheidenden Wegweiser in die richtige Richtung und damit das Öffnen von Pandoras Büchse! An Manuel F., ohne den ich erst viiiele Jahre später vegan geworden wäre. An meine Eltern, die mir von klein auf Achtung und Liebe zu Tieren und der Natur beigebracht haben. An meinen Schatz, der immer wieder die besten veganen Rezepte erfindet, obwohl er quasi vom anderen Ufer ist. An das Vegan-Forum und alle User – meine digitale Homebase! Liebe! Nervenzusammenbruch! Liebe! Den VeggieTable und den Veg-BBQ-Squad ROW/NDS – endlich nicht mehr forever alone! Meine Follower auf Facebook, TumblR und Twitter – knutschii! Ihr haltet mich am Laufen. Walter und Kristina von NeunZehn – danke, dass Ihr meiner Idee eine Chance gegeben habt. Mal sehen, was wir davon haben! Meine Beta-LeserInnen, vor allem die besonders fleißigen Bienchen Muttern, Akayi und Phoenix. Anja fürs Aufhübschen und Ausstatten. Arni fürs Tollaussehenlassen und einen supercoolen Tag im Sportpark. Pat fürs geniale Adaptieren An Merlin – wenn Du nicht so lange gequengelt hättest, bis wir die Kamera gekauft haben, wäre alles ganz anders gekommen. OMG, OMG – danke!! Sascha K. – Du hast mir gezeigt, was Sport sein kann und damit meinen Lebensweg entscheidend verändert – R.I.P., Dein Baby ist in guten Händen. Kusi Fight Club, beeester Verein – Blut! Schweiß! Family! Dick und Brian – Fitocracy war das Ticket zum nächsten Level! Ty sweetie-pies :3 An alle veganen BloggerInnen und TierrechtsaktivistInnen – keep up the fight … bis alle frei sind.

Und an alle anderen, die meinen Weg bereichert haben und bereichern. Danke.

Impressum

© Neun Zehn Verlag Walter Unterweger
Kreuzstraße 21, 13187 Berlin - Germany
www.neunzehn-verlag.de

1. Auflage 2014
ISBN 978-3942491433
Printed 2014

Fotographie: all images © Arnold Pöschl
www.arnoldpoeschl.com
Texte und Rezepte: Ilja Lauber
Illustrationen: Patrick Kohtz
Satz: Satz-& Verlagsservice Ulrich Bogun